PHILIPP MARKHARDT

Komm, lass uns wandern

HAMBURGER UMLAND
ALTES LAND
LÜNEBURGER HEIDE
OSTSEEKÜSTE

emons:

Das ist drin

Zum Herunterladen der GPS-Daten auf den Computer und zur Nutzung auf GPS-Geräten:
www.emons-verlag.de/gps-tracks-wandern

Von Undeloh über den Wilseder Berg nach Oberhaverbeck

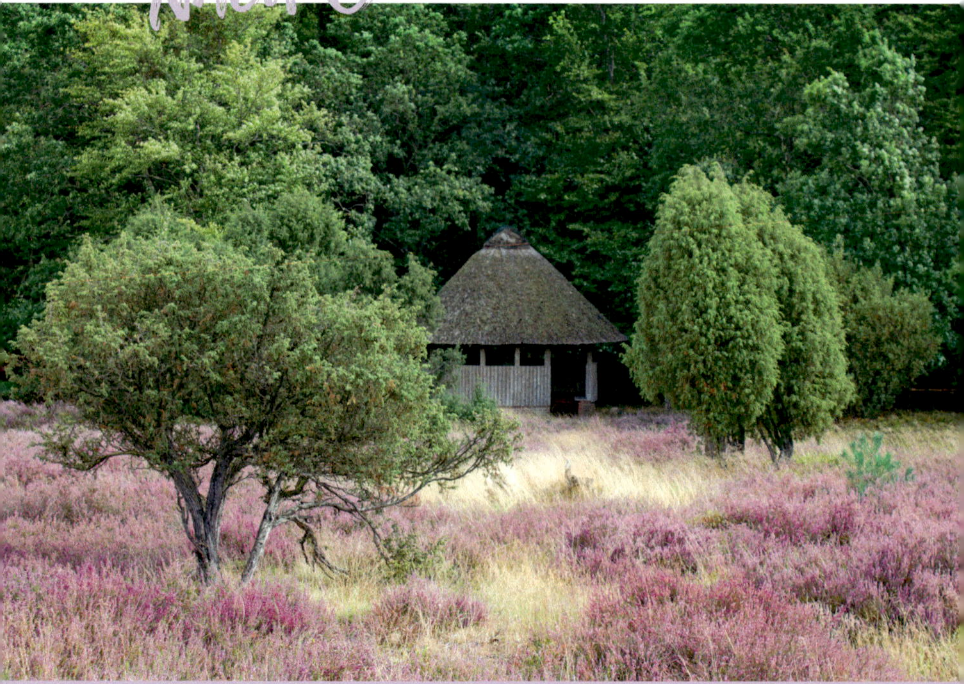

Schwierigkeit: mittel // 8,2 Kilometer // 140 Höhenmeter
Für Familien mit Kindern geeignet

LILAFARBENE AUSZEIT
MIT GIPFELBESTEIGUNG
UND TOLLEN AUSBLICKEN

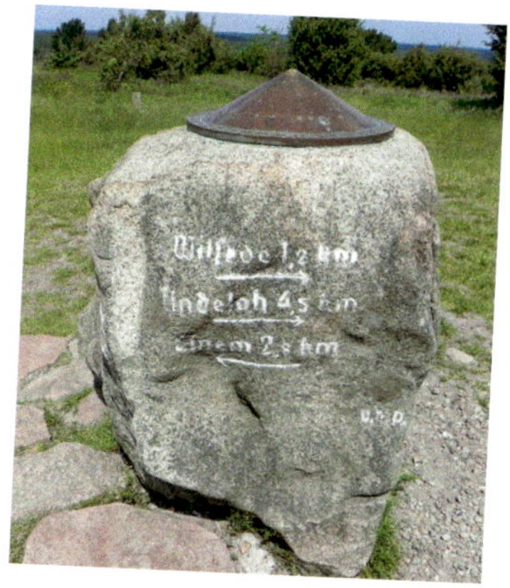

Gipfelstein auf dem Wilseder Berg

Eine Wanderung zum beziehungsweise über den Wilseder Berg gehört eigentlich zu den Must-do's für den Bewohner der norddeutschen Tiefebene, mindestens aber für Menschen aus dem Norden Niedersachsens. Kein Wunder, ist doch der Wilseder Berg mit seinen 169 Metern die mit Abstand höchste Erhebung weit und breit. Dazu kommt, dass er – landschaftlich äußerst reizvoll – mitten im Naturschutzgebiet Lüneburger Heide liegt. Das bedeutet allerdings auch, dass er insbesondere zur Heideblüte von Busladungen wanderfreudiger Menschen bestiegen wird, weshalb es sich bei dieser Wanderung anbietet, die Wochen vom 8. August bis 9. September auszusparen, wenn man es eher etwas ruhiger mag. In dieser Zeit, so die Faustformel, steht die Heide nämlich in voller Blüte und leuchtet in einem kräftigen Lila. Allerdings kommt es natürlich auch ein wenig aufs Wetter an. Wer den Heerscharen an Heidetouristen entgehen und dennoch einen Blick auf dieses magische Schauspiel werfen möchte, dem sei bei der Planung das Heideblütenbarometer im Internet empfohlen. Generell bietet sich diese Wanderroute von Mitte Juli bis Mitte Oktober an. Dann nämlich verkehrt mehrmals täglich an jedem Wochentag der kostenlose Heideshuttle (siehe Alles, was ihr wissen müsst). Ein Schauspiel ganz anderer Art erwartet euch hier zum Jahreswechsel, doch dazu später mehr.

Von der Bushaltestelle Undeloh-Osterdiecksfeld lauft ihr nur wenige Meter zurück, an der TOURISTINFORMATION UNDELOH (1) vorbei in Richtung Wilseder Straße, die, der Name verrät es, nach Wilsede führt, der ersten Etappe. Wer möchte, macht vorher noch einen Abstecher zur Kirche St. Magdalenen, einer der ältesten und

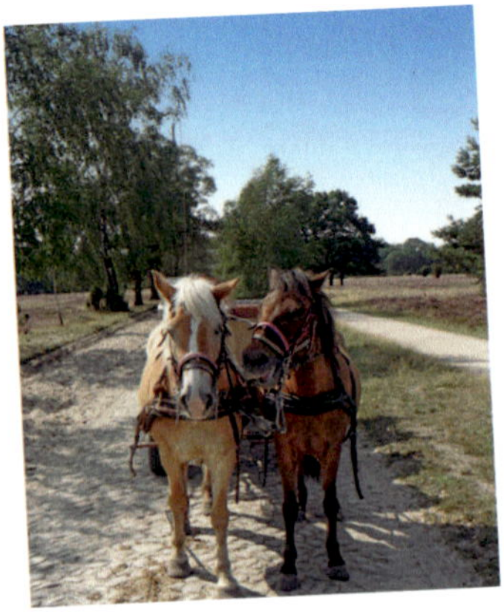

PFERDEKUTSCHEN IN DER HEIDE

typischsten Heidekirchen, die im 12. Jahrhundert aus Findlingssteinen erbaut worden sein soll. Erste urkundliche Erwähnung fand sie 1244. Besonders interessant ist das hölzerne Kruzifix. Es stammt wahrscheinlich aus dem 13. Jahrhundert und wäre damit das älteste Zeugnis christlicher Kunst im Kirchenkreis Winsen. Der Altar entstand schließlich 1656/57 und wurde 1985 restauriert.

DIE GROSSE GEBETSGLOCKE IM HÖLZERNEN GLOCKENTURM, DER FREI NEBEN DEM KIRCHSCHIFF STEHT, STAMMT NOCH AUS DEM MITTELALTER UND WURDE 1490 GEGOSSEN. DIE ZWEITE, ETWAS KLEINERE GLOCKE WURDE 1508 GEGOSSEN. 1974 KAM NOCH DIE CHRISTUS-GLOCKE HINZU.

Bereits in der Wilseder Straße bemerkt man, dass man sich in einem der touristischen Zentren der Lüneburger Heide befindet. Hier gibt es Cafés, Imbisse und Hotels, dazu kommen zahlreiche Verkaufsstände, die neben touristischen Andenken Heidespezialitäten wie Honig oder Heidschnuckenschinken, Würste und Felle anbieten. Wer sich nicht auf Schusters Rappen begeben möchte, findet hier notfalls auch eine Pferdekutsche, die ihn in Richtung Wilsede fährt.

PFERDEKUTSCHEN SIND FAST DIE EINZIGEN GEFÄHRTE, DIE ES HIER GIBT, DENN WILSEDE IST EIN AUTOFREIER ORT. DAS SCHLÄGT SICH IN DER GERÄUSCHKULISSE NIEDER. WER NÄHER HINHÖRT, WIRD FESTSTELLEN, DASS HIER EINE GANZ HIMMLISCHE RUHE HERRSCHT.

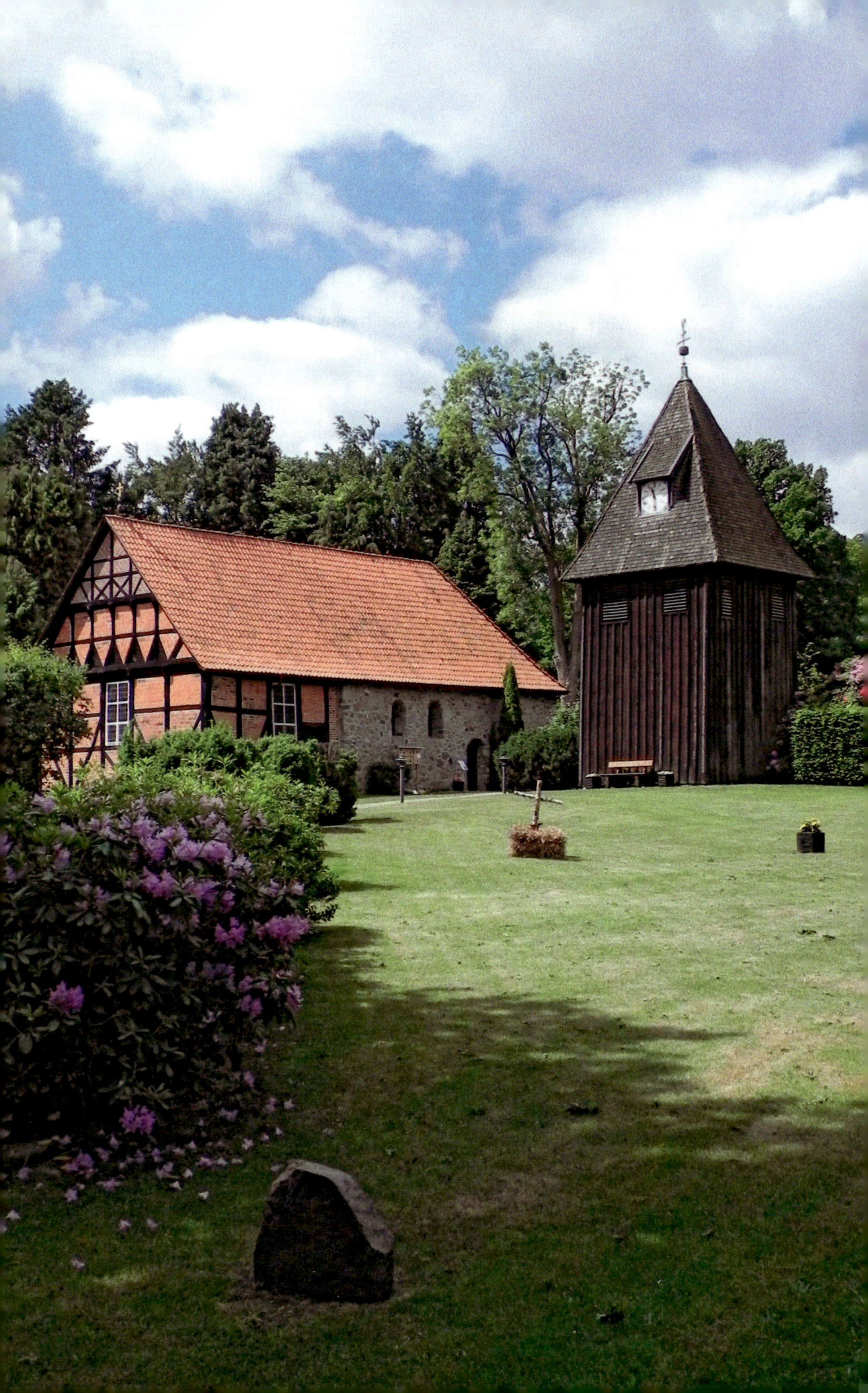

Bereits nachdem ihr das letzte Haus in Undeloh hinter euch gelassen habt, befindet ihr euch mitten in der malerischen Heidelandschaft, die auch den Journalisten und Dichter Hermann Löns inspirierte. Oder besser gesagt an ihrem Rand, denn rechter Hand säumt erst noch Wald den Weg. Doch je näher Wilsede kommt, desto tiefer taucht ihr ein in die Heide, werden Laubbäume weniger und Wacholdersträucher zahlreicher. Fast erwartet man, dass im nächsten Moment ein Schäfer mit seiner Heidschnuckenherde auftauchen müsste, jenen Wappentieren der Heide, die nicht nur Fleisch und Wolle liefern, sondern auch als tierische Landschaftspfleger fungieren: Durch ihren Verbiss von jungen Gehölzen, Gräsern und der Heide selbst bleibt diese kurz und der nährstoffarme Boden erhalten. Leider ist ein Treffen mit einer Heidschnuckenherde alles andere als selbstverständlich, denn die gefräßigen Kurzschwanzschafe ziehen stetig umher, um satt zu werden.

Auf dem Wilseder Hof genießt man typische Heidespezialitäten im Ambiente eines historischen Schafstalls

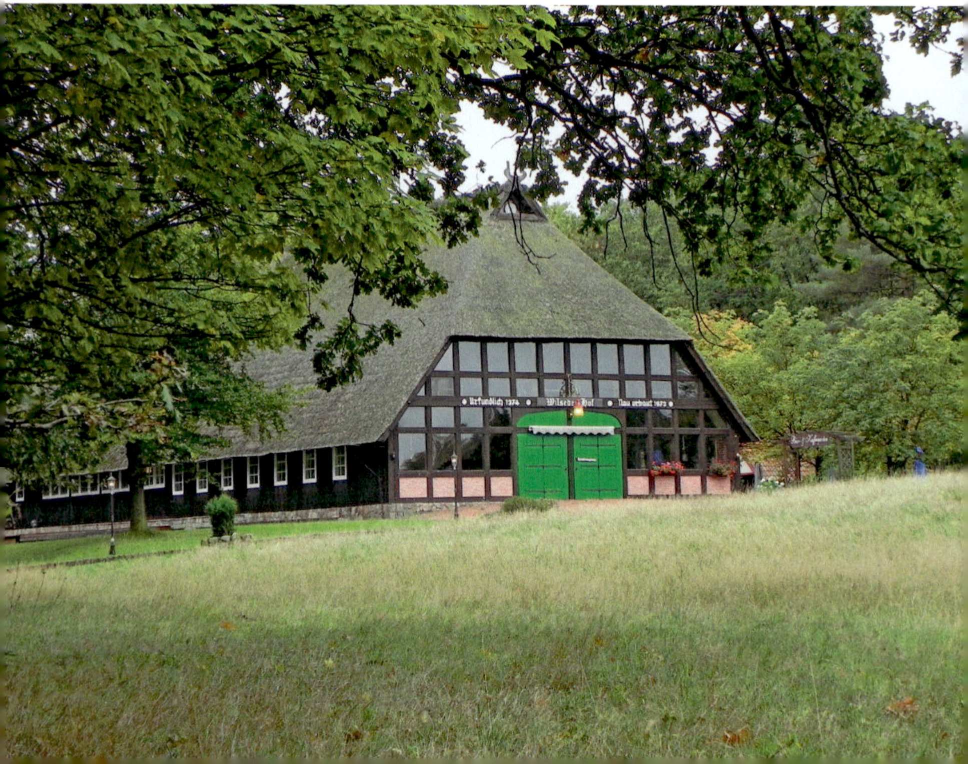

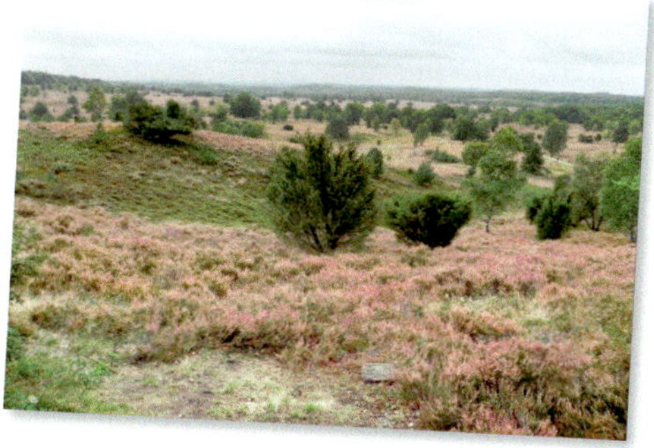

Wilsede kündigt sich an durch das massive Gebäude des GASTHOFES WILSEDER HOF ②, ein typisches reetgedecktes Fachwerkhaus in der Optik eines Schafstalls. Dort lässt es sich ausgezeichnet im Biergarten bei heidetypischen Spezialitäten rasten: Heidschnuckengulasch und Buchweizentorte. Frisch gestärkt bietet sich vor dem »Gipfelsturm« eine Erkundungstour durch das kleine Heideörtchen an, das sein historisches Aussehen bis heute erhalten hat. Ganz agile Wanderer können noch einen Abstecher in den etwa einen Kilometer entfernten Totengrund unternehmen, einen 30 Hektar großen, mystischen Talkessel, in dem Heide und Wacholderbüsche ein malerisches Bild abgeben. Mancher behauptet sogar, es handele sich um eine der schönsten Heideflächen überhaupt. Der Weg dorthin ist ausgeschildert.

In Richtung des Wilseder Bergs biegt ihr hingegen direkt hinter dem Wilseder Hof rechts ab. Von hier ist es nicht mehr weit. Vorbei an Buchen und Wacholderbüschen und immer wieder kleinen Heideteppichen steigt der Weg bald moderat an. Der Wilseder Berg erhebt sich. Auf dem Gipfel angekommen, könnt ihr bei klarer Sicht sogar den Hamburger Fernsehturm am Horizont erkennen. Reizvoller ist allerdings die Heidelandschaft in der näheren Umgebung des in der Saale-Eiszeit entstandenen Berges. Der Bereich in dieser Region war damals ein Endmoränengebiet. Es lohnt sich, nicht direkt weiterzuwandern, sondern sich auf eine der Bänke auf dem GIPFELPLATEAU ③ zu setzen und den Blick schweifen zu lassen. Die Mulden, Täler, kleinen Schluchten und die imposanten großen Heideflächen im Norden und Westen sind herrliche Fotomotive.

DER WILSEDER BERG IST EIN GEHEIMTIPP AN SILVESTER. DANN ZIEHT MAN AUF DEN GIPFEL UND BEOBACHTET

DIE FEUERWERKE DER UMLIEGENDEN ORTE, MIT GLÜCK SOGAR DAS LEUCHTSPEKTAKEL ÜBER HAMBURG. DA WILSEDE UND DER WILSEDER BERG IM NATURSCHUTZGEBIET LIEGEN, IST FEUERWERK HIER STRENG VERBOTEN, DIE GEGEND ALSO EIN ECHTES REFUGIUM FÜR LÄRMEMPFINDLICHE GEMÜTER!

Nach dem Abstieg sind am westlichen Fuß des Berges Niederhaverbeck und OBERHAVERBECK 4 bereits ausgeschildert. Der Weg dorthin, immer Richtung Süden, führt ausschließlich durch die Heide, kaum ein Baum oder Strauch ist auf den riesigen Heideflächen zu sehen. Wer sich ausruhen muss oder nur die friedlich daliegende Landschaft genießen möchte, findet hier alle paar 100 Meter eine Bank zum Setzen, teilweise gibt es auch überdachte Unterstände. Zudem stehen am Wegesrand Hinweise auf die zweite Tierart, deren natürliches Verhalten man sich in der Heide zunutze macht: klassische historische Bienenkörbe.

Wer es noch historischer mag, der folge dem Wegweiser zum Hünengrab, das allerdings nicht ganz auf dem Weg liegt. Dieser führt nämlich durch das Heidetal nach Oberhaverbeck. Das Fleckchen Heide, wo sich das Haus Heidetal, eine Pension, befindet, ist eine idyllische Mischung aus Heidefläche, Wald, einem kleinen Bach und Fischteichen. Von dort sind es nur noch etwa 800 Meter bis in den Ort Oberhaverbeck, von wo man die Rückfahrt antreten kann. Übrigens: Der Heideshuttle verkehrt nicht von der Bushaltestelle an der Landesstraße 211 am Parkplatz für Kutschen und Busse, sondern an der Bushaltestelle Ortsmitte. Nichtsdestotrotz lohnt sich zum Abschluss dieser Wanderung ein Abstecher zu oben genanntem Parkplatz. Dort befindet sich nämlich neben einem Souvenirshop auch der Calluna Imbiss, wo ihr vor der Rückfahrt noch eine kleine Stärkung zu euch nehmen könnt. Der Name »Calluna« deutet dabei übrigens nicht auf südländische Spezialitäten hin. Vielmehr handelt es sich bei »Calluna« mit dem Zusatz »vulgaris« um die Besenheide, die hier wächst.

Alles, was ihr wissen müsst

keine Rundtour: auf teils unbefestigtem Untergrund // festes Schuhwerk und Trittsicherheit erforderlich // Tipp: Das Heideblütenbarometer auf lueneburger-heide.de gibt Auskunft über den Stand der Heideblüte // Tour ist von Mitte Oktober bis Mitte Juli nicht oder nur unter erschwerten Bedingungen möglich, da der Heideshuttle nicht fährt // **nicht kinderwagentauglich**

Markierung: Hinweisschilder am Wegesrand, teils jedoch verwittert

Entfernung von Hamburg: 46 Kilometer
ÖPNV: RE 4 bis Tostedt, dann kostenloser Heideshuttle, Rückfahrt: Heideshuttle ab Overbeck Ortsmitte bis Tostedt, dann RE 4 nach Hamburg
Auto: P + R-Parkplatz Tostedt 1, Am Bahnhof, 21255 Tostedt

Einkehr: **Wilseder Hof,** Wilsede 2 c, 29646 Bispingen, wilsederhof.de // **Calluna Imbiss,** L 211, 29646 Bispingen

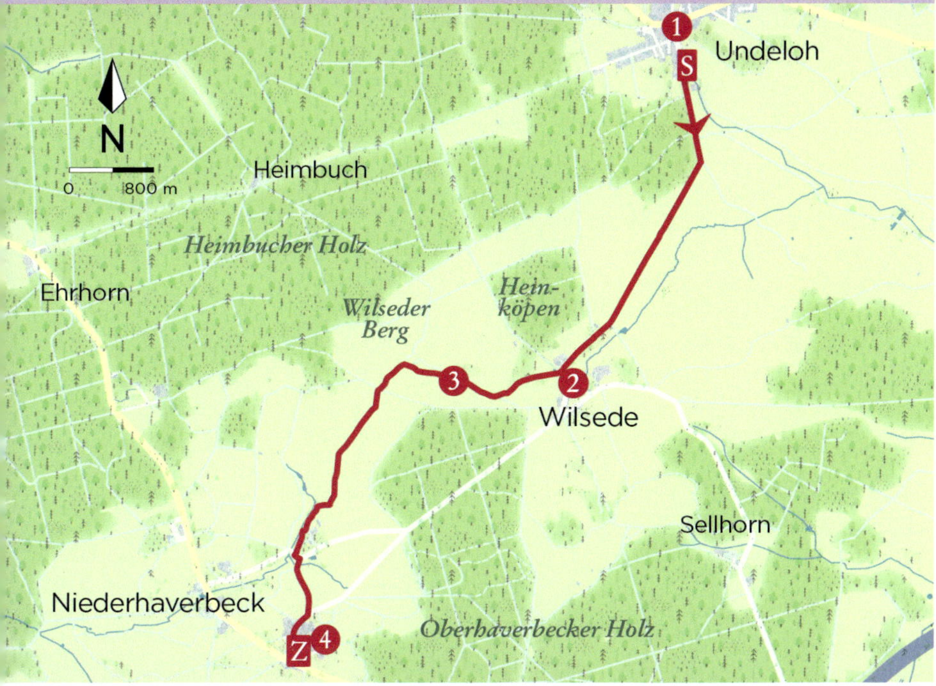

Eine Runde durch das Büsenbachtal

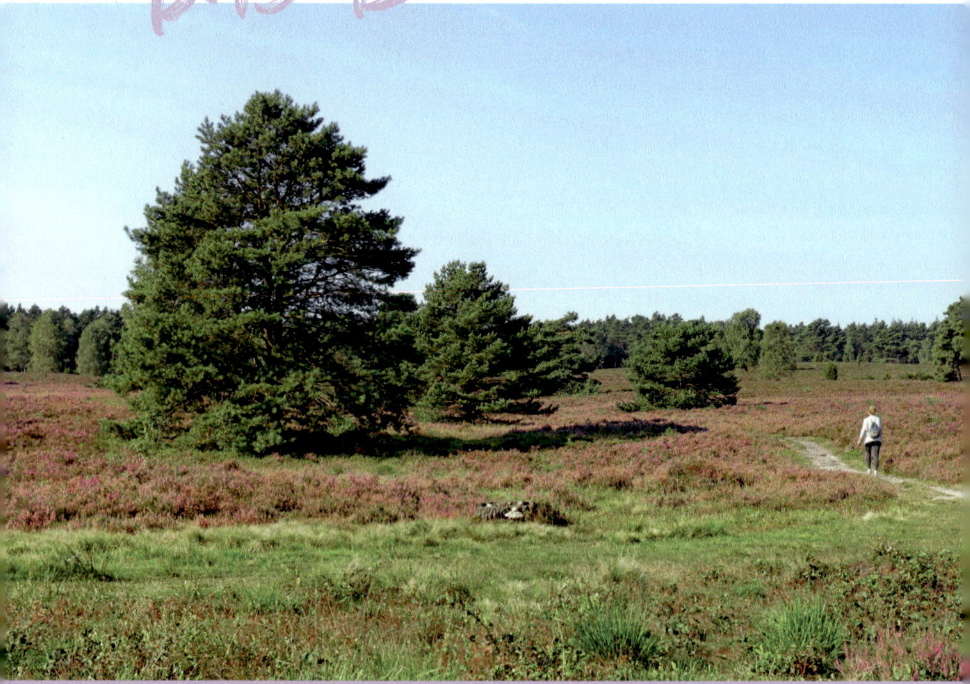

Schwierigkeit: leicht // 4,3 Kilometer // 30 Höhenmeter
Für Familien mit Kindern geeignet

HEIDELANDSCHAFT WIE IM BILDERBUCH: HIER WIRD JEDER ZUM NATURFREUND

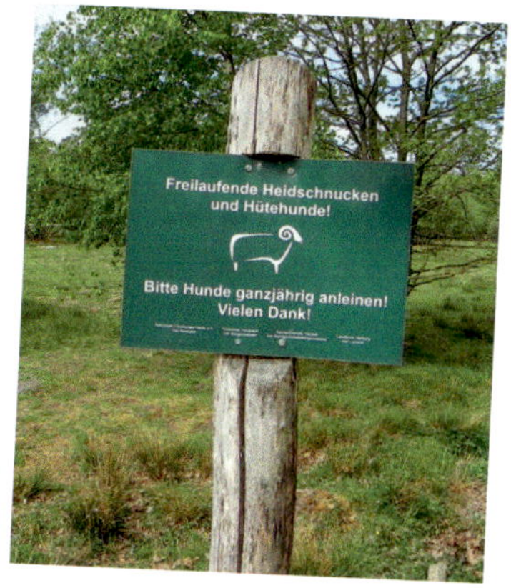

NUR MIT GLÜCK ZU ENTDECKEN

Undeloh? Wilsede? Schneverdingen? Diese Orte kennt jeder, denn sie sind vollkommen zu Recht beliebte Ziele für Touristen. Doch kurz hinter den Toren von Buchholz, am östlichen Ende der Samtgemeinde Tostedt, liegt ein Kleinod, das den meisten Menschen nicht direkt in den Sinn kommt, wenn sie an die Lüneburger Heide denken. Die Rede ist vom Büsenbachtal samt dem Pferdekopf, der mit 79 Metern höchsten Anhöhe im Tal, von der man einen hervorragenden Überblick hat.

DER BACH, DER DEM TAL SEINEN NAMEN GIBT, BESITZT ÜBRIGENS EINE BESONDERHEIT. HIER KANN MAN DAS NATURPHÄNOMEN DER BACHSCHWINDE BEOBACHTEN. DER BÜSENBACH VERSICKERT NÄMLICH AN EINER STELLE UND TRITT ETWAS WEITER ABWÄRTS WIEDER ZUTAGE. DAS WAR ES ÜBRIGENS AUCH SCHON: EINE HEIDEFLÄCHE MIT EINEM TAL IN DER MITTE, DURCH DAS EIN BACH FLIESST.

Das klingt erst mal wenig spektakulär, doch es ist das nahezu perfekte Naturerlebnis. Versprochen!
Die Wanderung beginnt am Parkplatz Büsenbachtal, der nicht weit vom Bahnhof entfernt liegt. Über einen sandigen, jedoch festen Weg geht es von hier in Richtung des Pferdekopfes. Rechter Hand säumt Wald den Wegesrand, links liegt das Bachtal. Schon nach wenigen Metern werden Familien mit Kindern hier eine Pause einlegen, denn neben den heidetypischen Wacholderbüschen gibt es an dieser Stelle auch anderes Gehölz. Nicht wenige knorrige Bäume – ob lebendig

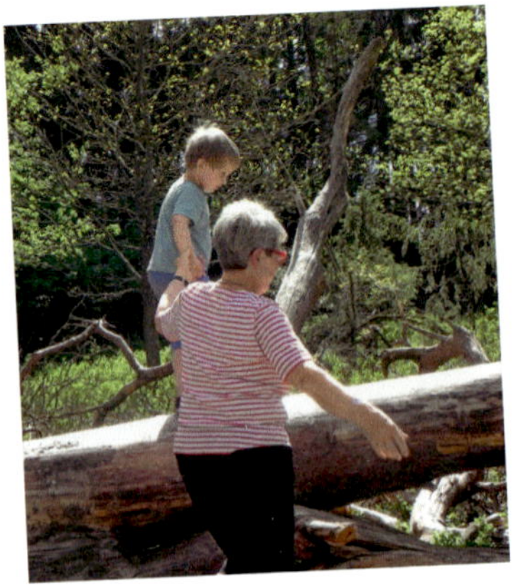

ABENTEUER BÜSENBACHTAL

oder bereits abgestorben – laden aktive kleine Menschen zum Klettern ein. Entdecker kommen bei dieser Tour bereits von Anfang an auf ihre Kosten. Nicht zuletzt wegen der Wollmäuse, die an zahlreichen Stellen zu finden sind: haarige Hinterlassenschaften der Heidschnuckenherde, die ihr mit Glück beim Weiden beobachten könnt.

Generell eignet sich das Tal hervorragend, um Kinder zu beschäftigen. Sei es durch eine Schnitzeljagd oder andere Aktivitäten. Und so kommt ihr mit Kindern nur schwer voran, denn es dauert nach dem Kletterspaß nicht lange, da taucht bereits der Büsenbach selbst auf der linken Seite des Wanderweges auf. Er ist gesäumt von Wiesen und Sandboden, hohe Bäume spenden Schatten. Eine kleine Brücke führt über das Gewässer, und spätestens hier wird es schwierig, den Nachwuchs davon zu überzeugen weiterzulaufen. So ist die Brücke über den Bach an sonnigen Tagen umlagert von Familien, die an dieser Stelle ihre Picknickdecken ausbreiten. Während die Eltern in der Sonne liegen, verlustieren sich die Kinder beim Planschen im Bach und bei der Jagd auf Kaulquappen, die hier reichlich vorkommen. Wenn ihr eure Kids loseisen möchtet – apropos Eis, der Bach ist eiskalt –, solltet ihr darauf hinweisen, dass ihr an der Brücke auf dem Rückweg wieder vorbeikommt. Jedenfalls, wenn ihr wollt.

Wer den Bach erst mal links liegen lässt, der befindet sich bereits auf Höhe der Brücke im Aufstieg auf den Pferdekopf, der sich auch mit weniger Fitness problemlos bezwingen lässt. Auf dem GIPFEL 1 erwartet euch nicht nur ein famoser Ausblick über das malerische Büsenbachtal, sondern es gibt dort auch Bänke und Tische, die zu

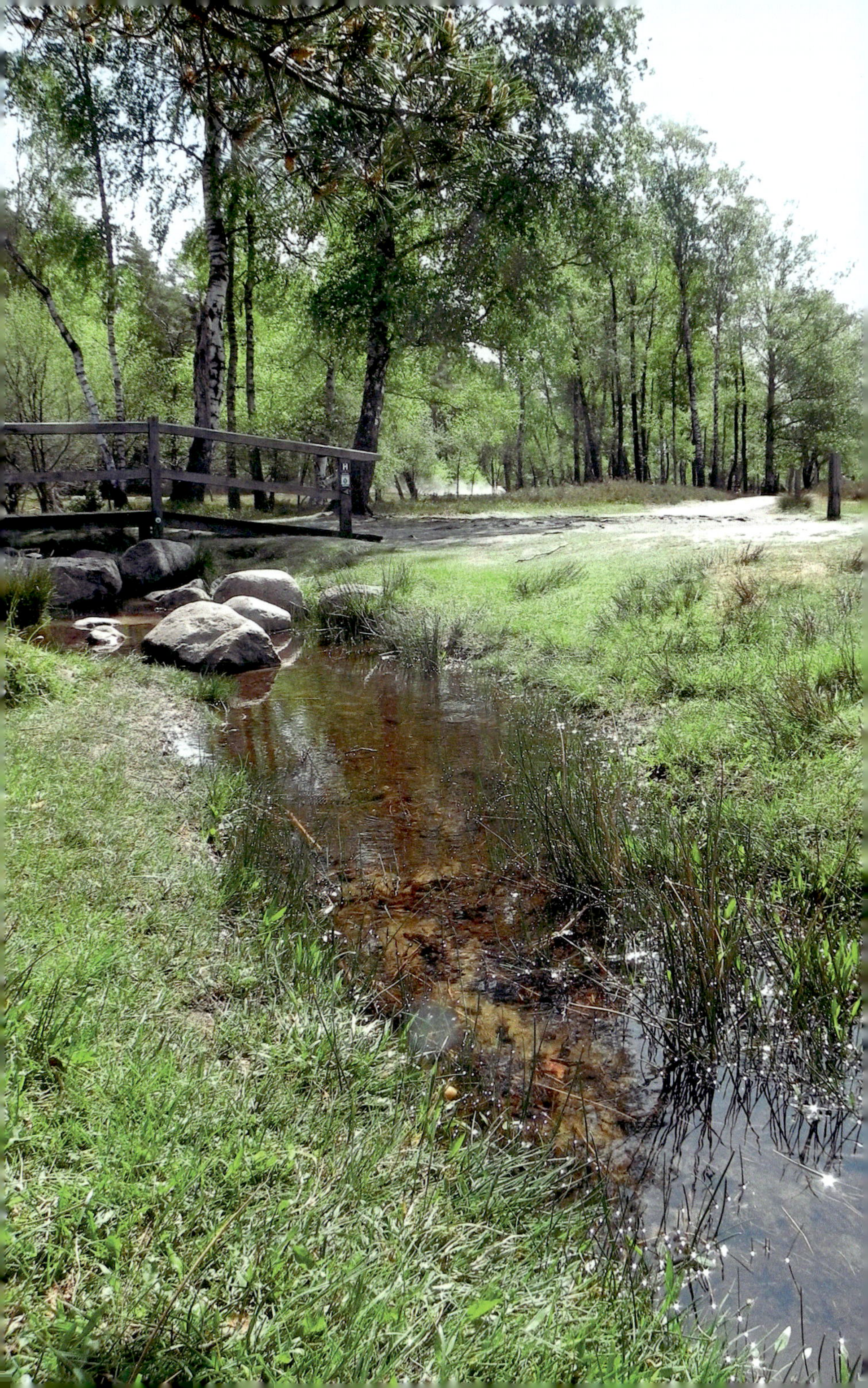

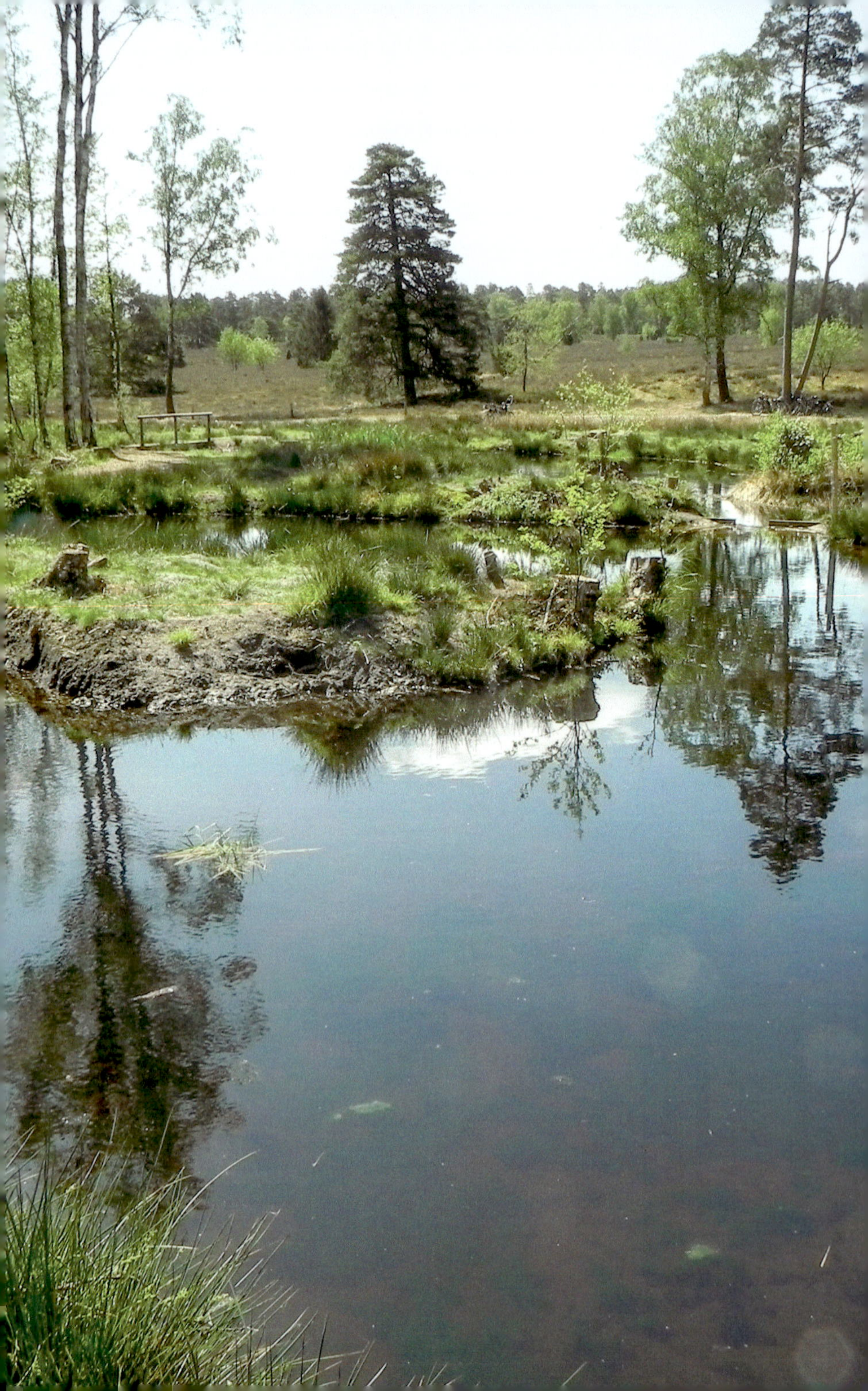

einer Rast einladen. Nach dem Abstieg an der nordwestlichen Seite des Hügels biegt links ein kleiner Weg ab. Er führt zwischen Pferdekopf und Wald entlang, direkt auf die Feenteiche zu. Früher konnte man sich den Weg hierher sparen. Der Büsenbach war aufgestaut zu sieben Fischteichen, die dazu noch eingezäunt waren. Mittlerweile wurden die Teiche aber umgestaltet und renaturiert.

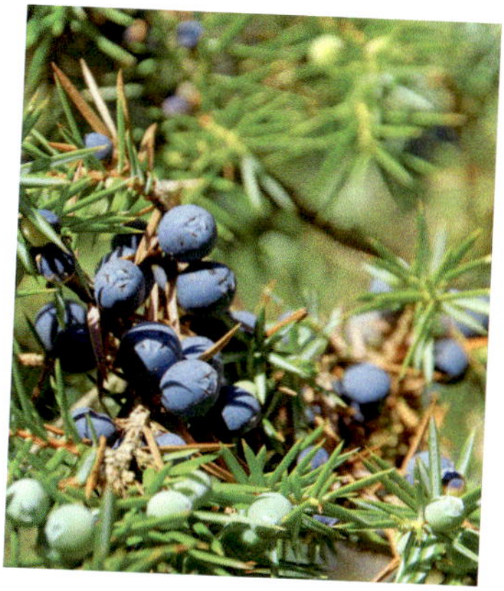

Typisch Heide: Wacholdersträucher

MIT DER RENATURIERUNG DIESES GEBIETES BEGANN MAN 2016. DIE UMGESTALTUNG DER FISCHANLAGE WURDE 2019 BEENDET. SO IST HIER EINE TOLLE BIOTOPLANDSCHAFT FÜR PFLANZEN UND TIERE ENTSTANDEN. HEUTE SIND IN DEN FEENTEICHEN AUCH SELTENE TIERARTEN WIE DIE RINGELNATTER BEHEIMATET.

Für die Wanderer wurden Bänke aufgestellt, von denen aus man die Natur genießen kann, und es ist wohl überflüssig zu erwähnen, dass an den Ufern und Stegen Kinderherzen ebenfalls höherschlagen.
Nun habt ihr die Qual der Wahl: Entweder gebt ihr dem Bitten und Betteln eurer Kinder nach und kehrt zurück zur bereits erwähnten Brücke im Tal oder ihr folgt der Wanderroute und »erklimmt« über sandigen Untergrund den südlichen Hang des Büsenbachtals. Von hier habt ihr ebenfalls eine wunderbare Aussicht auf die friedliche Heidelandschaft.
Beim »Abstieg« gelangt ihr an eine KREUZUNG 2 zweier Pfade. Der eigentliche Weg führt geradeaus, ist aber mit Wurzeln übersät. Wer einen Kinderwagen dabeihat, sollte deshalb lieber entlang des

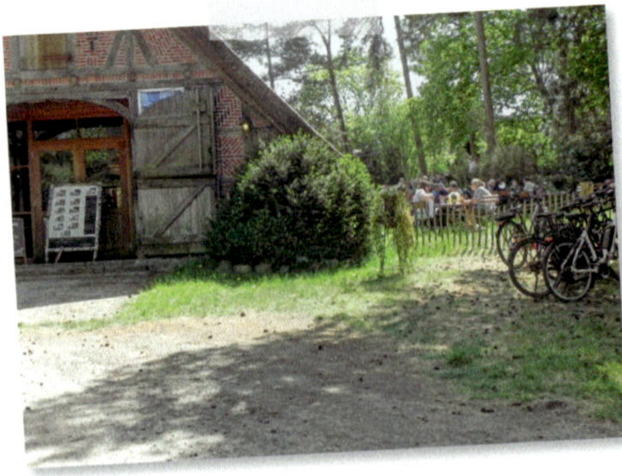

Büsenbachs zurückspazieren. Beide Wege treffen sich wieder.

Der Rückweg führt schließlich zwischen Heide und Wacholderbüschen entlang und endet an der Straße Am Büsenbach. Dort liegt mit dem CAFÉ-RESTAURANT DER SCHAFSTALL 3 eine gute Möglichkeit zur Einkehr. Es handelt sich dabei in der Tat um einen liebevoll restaurierten reetgedeckten Schafstall. Hier könnt ihr in historischem Gemäuer oder im Cafégarten mit Kinderspielplatz Kuchen und Torten genießen, zum Beispiel Buchweizentorte und »Büsenbachwellen« vom Büfett, außerdem Deftiges von der Heidschnucke oder fein geräucherte Forellen aus dem nahen Wörme. Wenn ihr schon zeitig im Tal seid, könnt ihr hier auch ausgiebig frühstücken, ehe ihr die Landschaft genießt. Wem das zu teuer ist oder wer seine eigene Verpflegung dabeihat, der findet gegenüber dem Bahnhof außerdem den Imbiss »Die grüne Ecke«, der neben Snacks und Getränken rustikale Speisen und einen Biergarten zum Verweilen vorzuweisen hat. Nicht genug gewandert? Wenn ihr meint, ihr habt noch Energie und Zeit übrig, dann lauft vom BAHNHOF BÜSENBACHTAL 4 die Handeloher Straße hinauf. Nach 1,7 Kilometern findet sich dort auf der rechten Seite die Minigolfanlage Handeloh. Dabei handelt es sich aber um keinen gewöhnlichen Minigolfplatz, sondern um eine wirklich ungewöhnliche Naturanlage, die mit anderen kaum vergleichbar ist. Ein Abstecher lohnt, ob mit oder ohne Nachwuchs!. Übrigens hat man im Büsenbachtal, gefördert durch Mittel der EU, mit dem Bau einer »Heideschleife« begonnen. So entsteht hier auch noch eine längere Wanderroute, die auf rund 13 Kilometern zusätzlich noch über Hügel und durch Wälder in die nahe gelegene Höllenschlucht führt.

Alles, was ihr wissen müsst

Rundtour: gemütlicher Spaziergang auf teils unbefestigtem Untergrund // Achtung! Hier leben Kreuzottern // **kinderwagentauglich**

Markierung: nicht einheitlich, besser Text oder GPS nutzen

Entfernung von Hamburg: 43 Kilometer
ÖPNV: RB 41 bis Buchholz, dann erixx/RB 38 bis Büsenbachtal
Auto: Parkplatz Büsenbachtal, 21256 Handeloh

Einkehr: **Der Schafstall,** Am Büsenbach 35, 21256 Handeloh-Wörme, cafeschafstall.de // **Die grüne Ecke,** Handeloher Straße 20, 21256 Handeloh // **Hofladen Wolfgang Kröger,** Zu den Fischteichen 5, 21256 Handeloh

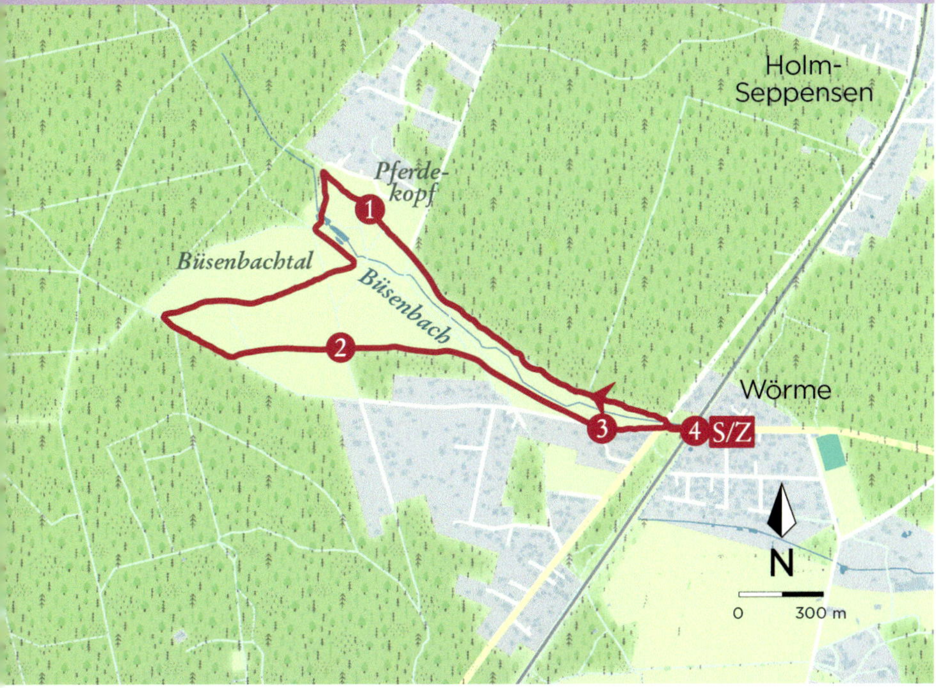

Über die Lühleschleife

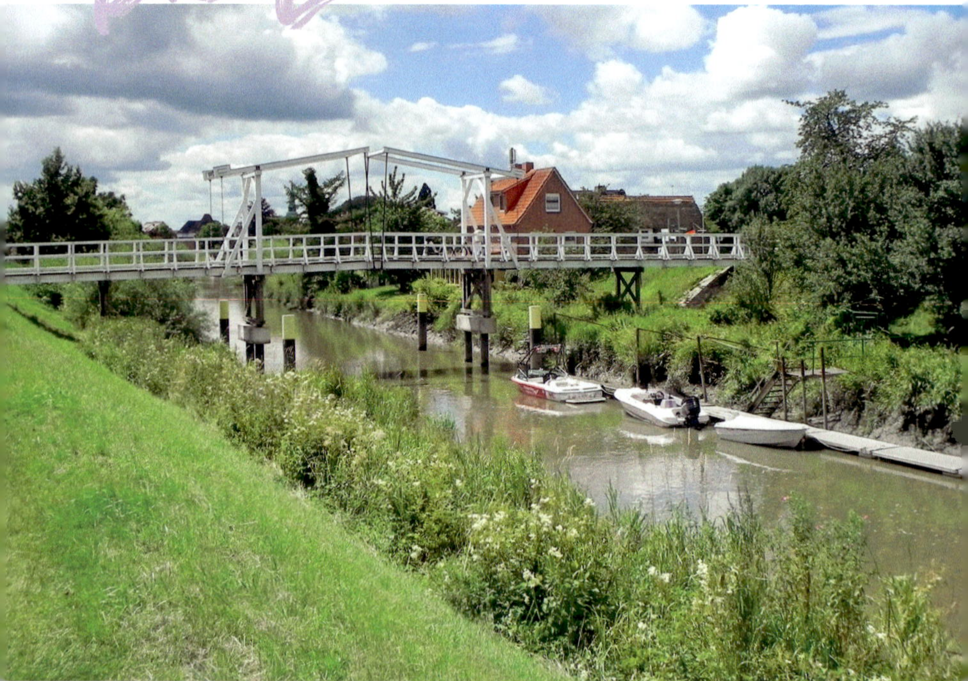

Schwierigkeit: leicht // 5,6 Kilometer // 10 Höhenmeter
Für Familien mit Kindern geeignet

ACHTUNG, FRUCHTALARM: OBSTBÄUME SÄUMEN DEN WEG DURCH DAS DEICHVORLAND

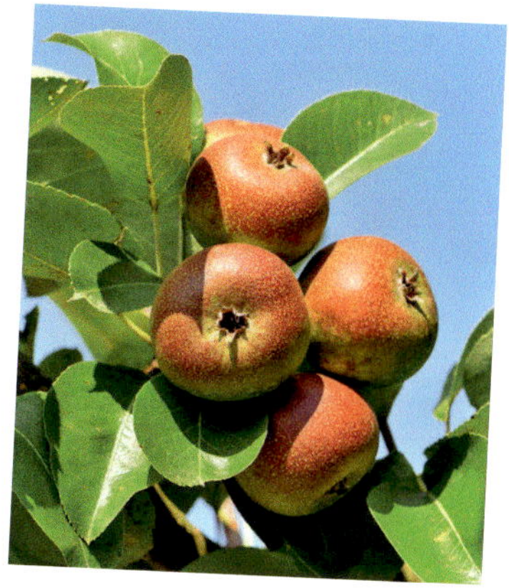

Im Land des Apfels

Die Wanderung über die Lüheschleife ist die ideale Beschäftigung für einen Sonntagnachmittag im Sommer. Die relativ kurze Strecke führt fast die gesamte Zeit in Grünendeich auf und an der Deichkrone der Lühe entlang. Grünendeich ist ein Teil der Samtgemeinde Lühe, wo der gleichnamige Fluss in die Elbe mündet. Die Samtgemeinde im Alten Land ist geprägt vom Obstanbau. Sie ist von Apfel- und Kirschplantagen geradezu eingeschlossen. Wer auf der Lüheschleife wandert, erblickt dann auch Obstbäume, so weit das Auge reicht. Dazwischen erheben sich hier und da die typischen Altländer Häuser und Kirchtürme. Idylle pur also.
Der Startpunkt dieser Wanderung ist der Parkplatz am alten Lühesperrwerk am Deich in Höhen. Hier erklimmt ihr direkt die Deichkrone und lauft auf dem Deich entgegen der Fließrichtung der Lühe. Dabei geht es zuerst zwischen Gärten und Deichvorland hindurch. An zahlreichen Stellen stehen Kirschbäume auch direkt am Deich, was natürlich besonders im Sommer zum Probieren einlädt – zumindest, wenn die Bäume nicht ohne Weiteres einem Grundstück zugeordnet werden können. Ab der Brücke über das ALTE SPERRWERK 1 schlängelt sich unterhalb des Deiches auf der einen Seite der tideabhängige Fluss und auf der anderen Seite die Straße durch beschauliche Altländer Wohngebiete. Bald schon trennen sich die Wege von Fluss und Straße. Nun geht es direkt entlang der Lühe und der Obstplantagen. Dabei lohnt es sich nicht nur, den Blick über die Baumkronen schweifen zu lassen, sondern auch die beschaulichen Szenen auf der anderen Seite des Flüsschens zu beobachten, wo Boote an kleinen Stegen liegen und liebevoll gestaltete Häuschen in obst-

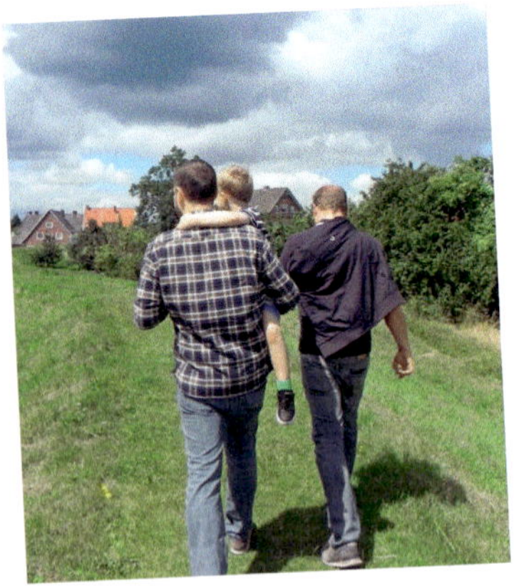

Verlaufen ist hier ausgeschlossen

baumbestandenen Gärten Ruhe und Frieden ausstrahlen.
Nach einiger Zeit machen Lühe und Deich einen Knick Richtung Süden, und ihr erkennt bereits die bekannte HOGENDIEKBRÜCKE ②. Sie ist ein Wahrzeichen des Alten Landes und ein beliebtes Fotomotiv. Trotz ihrem vergleichsweise jungen Alter wurde die ursprüngliche Brücke aus dem Jahr 1975 schon 2014 durch eine neue Brücke ersetzt, da die Holzkonstruktion zu morsch geworden war. Allein die Ketten der alten Brücke, die an eine Klappbrücke erinnern, blieben erhalten. Die neue Brücke sieht genauso aus wie die alte Hogendiekbrücke.

IM 12. JAHRHUNDERT HOLTEN DIE ERZBISCHÖFE VON BREMEN KOLONISTEN AUS HOLLAND HERBEI, DIE FÜR IHREN HERVORRAGENDEN RUF BEIM DEICHBAU BEKANNT WAREN.

Die Brücke ist ein Beispiel dafür, dass bis heute der Einfluss der holländischen Besiedlung offensichtlich ist.
Wenn ihr euch vom Panorama der Brücke und dem idyllischen Ausblick über die friedlich dahinfließende Lühe losreißen könnt, erreicht ihr auf der anderen Flussseite die Gemeinde STEINKIRCHEN ③, die trotz ihrer nicht einmal 1.800 Einwohner der Verwaltungssitz der Samtgemeinde ist. Eigentlich führt die Wanderroute nun flussabwärts, doch ein kurzer Aufenthalt in Steinkirchen ist durchaus lohnenswert, denn der kleine Ort ist wirklich bezaubernd. Dazu steht hier die katholische Kirche St. Martini et Nicolai, die über eine Orgel des berühmten Arp Schnitger verfügt.

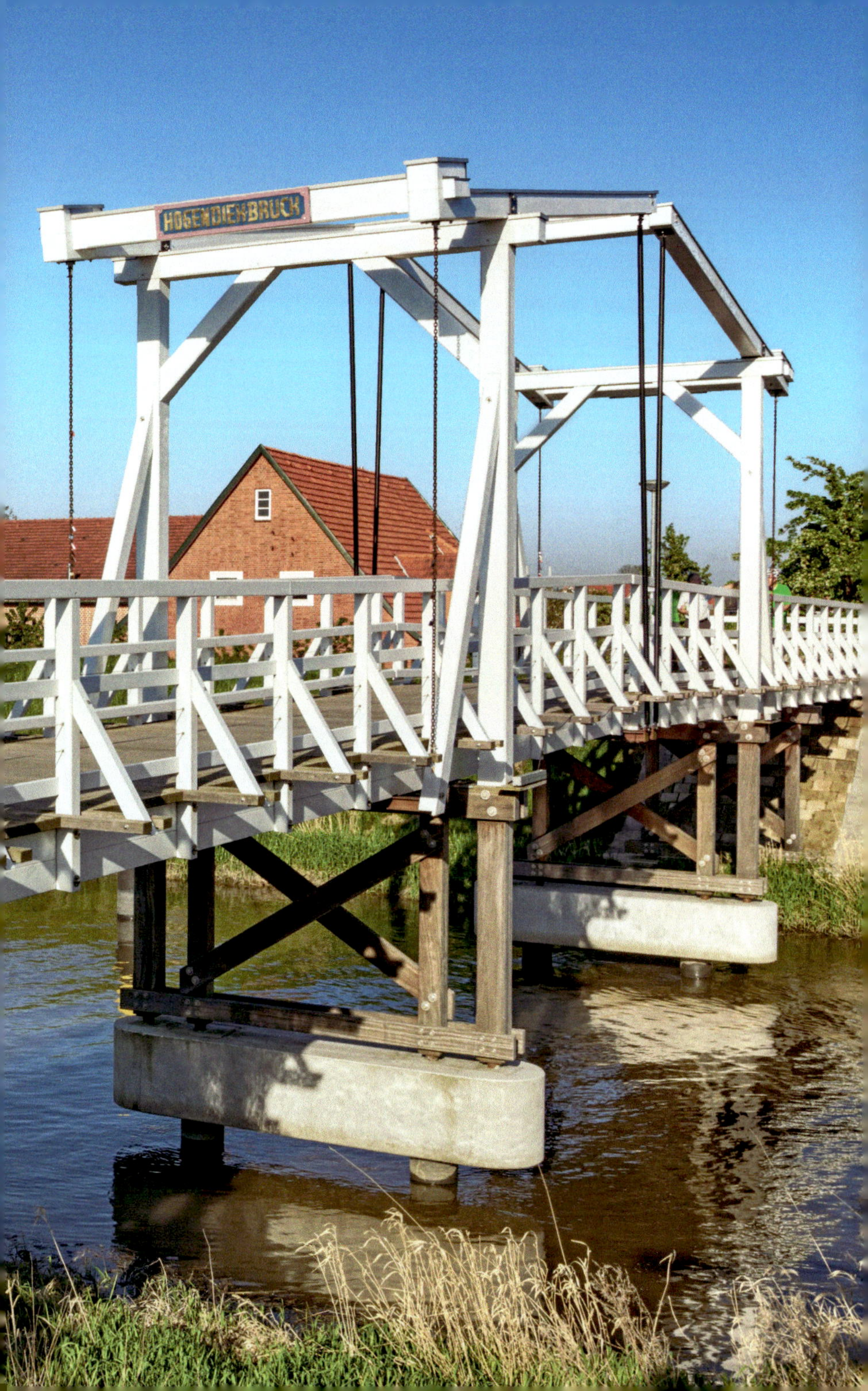
HOGENDIEKBRUCK

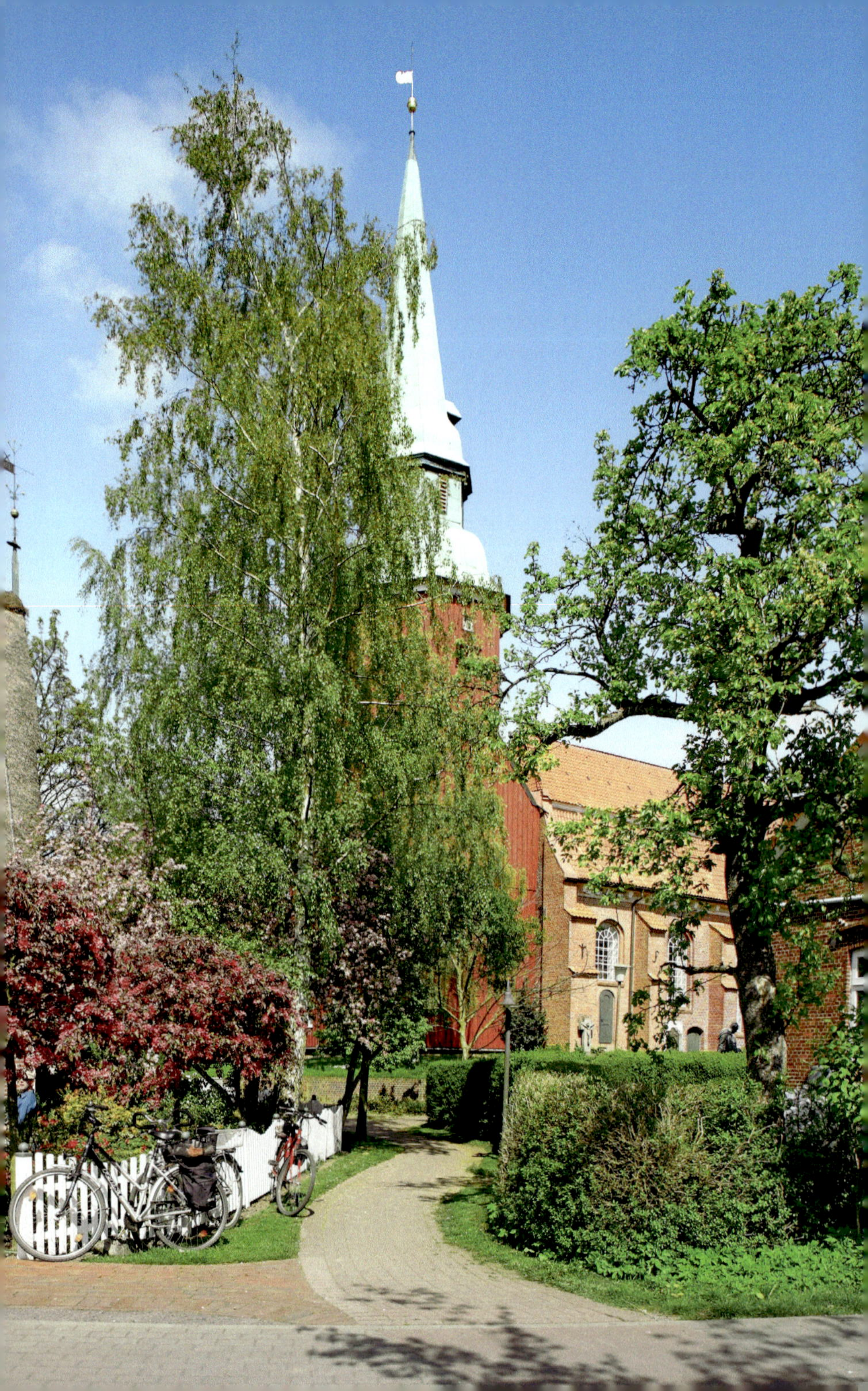

Schnitger lebte von 1648 bis 1719 und war einer der berühmtesten Orgelbauer seiner Zeit. Er ist der Vollender der norddeutschen Barockorgel und schuf über 100 Orgelneubauten. Seine Hauptwerkstatt befand sich übrigens in Hamburg, es gab jedoch auch weitere Filialen zwischen Groningen im Westen und Berlin im Osten. Schnitgers Orgeln bestanden aus rauschenden Mixturen und starken Bässen. Etwa 30 Arp-Schnitger-Orgeln sind heute noch in ihrer Grundsubstanz erhalten. Schnitgers Grab befindet sich auf Hamburger Boden, um genau zu sein im Stadtteil Neuenfelde.

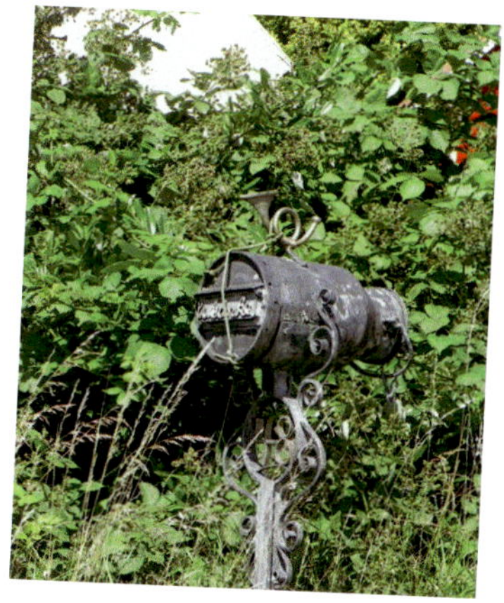

KURIOSES IN DEN GÄRTEN

Der eigentliche Wanderweg führt wieder in die Gemeinde Grünendeich. Auf dieser Seite des Deiches ändert sich die Situation nun. Ihr lauft nicht mehr ausschließlich an Obstplantagen entlang, sondern durch bewohntes Gebiet. Hinter und auf dem Lühedeich findet ihr in Grünendeich nicht wenige (historische) Häuser, an deren Haustüren ihr direkt vorbeiwandert. Dabei lohnt es sich immer mal wieder, stehen zu bleiben und die Häuser mit ihren Gärten genauer zu inspizieren. Denn viele Grundstücke sind prachtvoll bepflanzt oder liegen im Schatten alter Obstbäume – ein Idyll, das es wohl nur hier gibt. Auch könnt ihr vom Deich übrigens gut beobachten, wie prägend der Obstanbau ist. Fast scheint es so, als ob zu jedem Haus eine Plantage gehört.

Wer dem Deich weiter folgt, erreicht wieder das alte Lühesperrwerk. Hier schließt sich der Hessbögel an, die Lüheschleife. Das Gebiet beherbergt den HESSBÖGEL HOF (4), den einzigen Hof im Alten Land, der vor dem Außendeich liegt. In ihm befindet sich heute

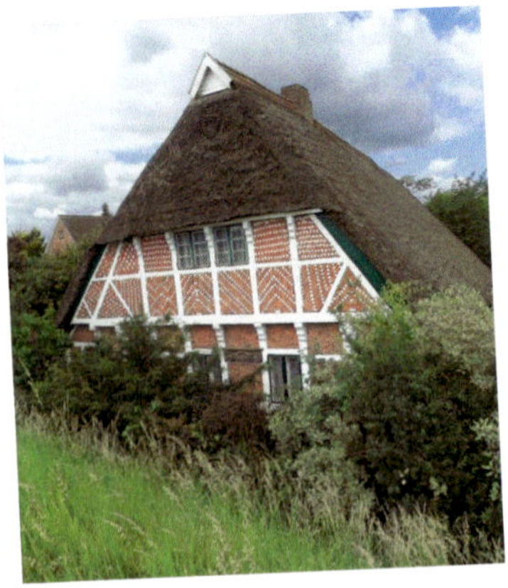

Ein typisches Altländer Bauernhaus

eine Pension. Der größte Teil des Hessbögels ist allerdings – wenig überraschend – mit Obstbäumen bepflanzt.

Vom Hessbögel ist es nicht mehr weit bis zum Anleger der Lühe-Schulau-Fähre. Auf dem Weg dorthin säumen zahlreiche Pensionen und Gästehäuser den Weg auf der Deichinnenseite, auf der Außenseite haben diese für ihre Gäste im Sommer Stühle und Liegen herausgestellt. Der Lühedeich endet an der Fährstraße, die ihr rechts hinaufgeht. Wem es nun nach einer kleinen Stärkung gelüstet, der ist sicherlich an den Imbissen am Fähranleger Grünendeich gut aufgehoben. Hier bieten zahlreiche Buden kleine Snacks von Currywurst mit Pommes bis hin zu Fischbrötchen und sogar Scampi, die ihr an einem der zahlreichen Tische in der Sonne genießen könnt. Getränke und Eis gibt es selbstverständlich auch. Wem der Sinn nach bürgerlicherem Essen steht, der muss noch ein paar Meter laufen und dabei die Klappbrücke über das Lühesperrwerk überqueren.

ALS FOLGE DER FLUTKATASTROPHE 1962 WURDE DAS »NEUE« SPERRWERK VON 1964 BIS 1967 GEBAUT. ES IST SEIT 1968 IN BETRIEB UND SCHÜTZT DIE ORTE, DIE ENTLANG DES FLUSSES LIEGEN.

Direkt hinter der Klappbrücke befindet sich das Restaurant Elbblick. Hier gibt es Deftiges mit Balkaneinflüssen. Ein Stück weiter in Richtung des Parkplatzes folgt außerdem Stubbe's Gasthaus, wo ihr euch gutbürgerliche Küche und (Obst-)Kuchen im Bier- und Kaffeegarten schmecken lassen könnt, ehe ihr die letzten Meter zum Ausgangs- und Zielort der Tour zurücklegt.

Alles, was ihr wissen müsst

Rundtour: gemütlicher Spaziergang auf teils unbefestigtem Untergrund // **kinderwagentauglich**

Markierung: keine, da keine offizielle Wanderroute, immer auf dem Deich entlang, siehe Text oder GPS

Entfernung von Hamburg: 43 Kilometer
ÖPNV: nicht empfehlenswert
Auto: Parkplatz Höhen 17–18, 21635 Jork

Einkehr: **Imbisse am Anleger,** Lühe Anleger, 21720 Grünendeich // **Restaurant Elbblick,** Lühe 40, 21635 Jork, elb-blick-luehe.de // **Stubbe's Gasthaus,** Lühe 46, 21635 Jork, stubbes-gasthaus.de

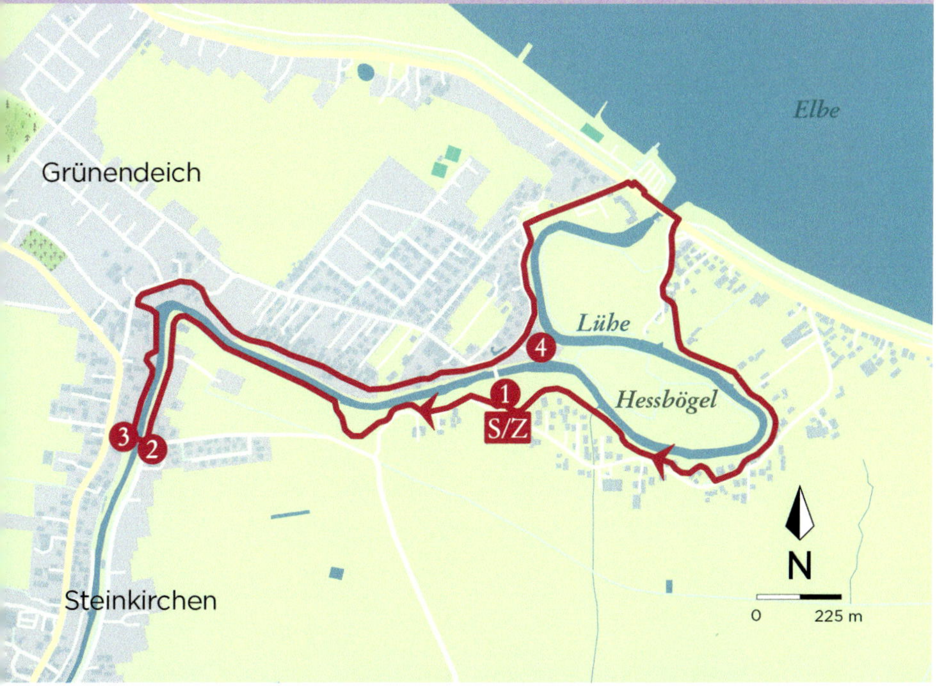

Durch die Osterheide ab Schneverdingen

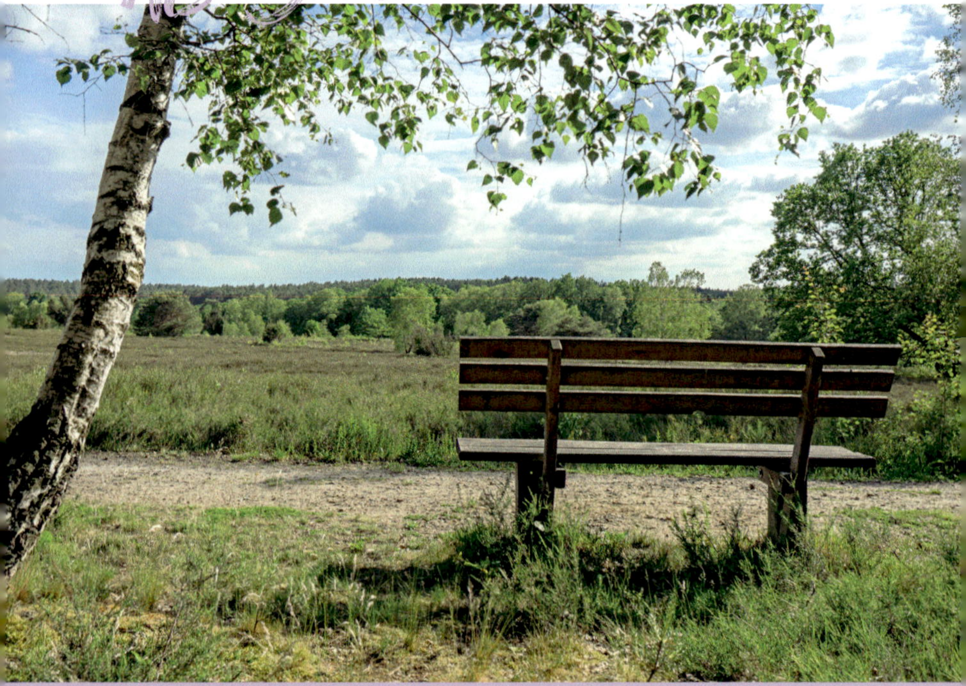

Schwierigkeit: schwer // 21,7 Kilometer // 100 Höhenmeter
Für Familien mit Kindern nicht geeignet

KLEINES WANDERHIGHLIGHT ENTLANG WACHOLDERBÜSCHEN UND KNORRIGEN BÄUMEN

Schneverdingen oder Snevern, wie der Einheimische sagt, ist eines der Tourismuszentren der Lüneburger Heide. Kein Wunder, seit 1972 ist die Stadt mit den knapp 13.400 Einwohnern (im Kernort) ein offizieller Luftkurort und bereits deutlich länger von riesigen Heide- und Waldflächen umgeben, sodass man sich auch als Heideblütenstadt bezeichnet und hier Jahr für Jahr eine Heideblütenkönigin krönt. Und seit die britischen und kanadischen Militäreinheiten abgezogen sind, ist hier auch wieder Ruhe eingekehrt. Doch dazu später mehr.

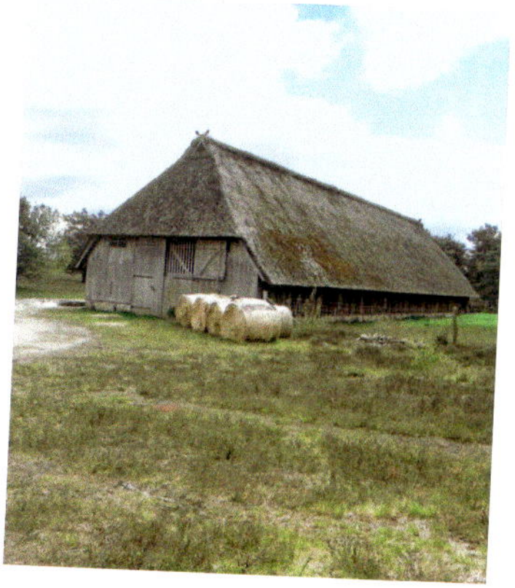

NACHTLAGER FÜR HEIDSCHNUCKEN

Startpunkt ist der Bahnhof Schneverdingen, hier überquert ihr zunächst den Bahnübergang und folgt der Heberer Straße, bis auf der linken Seite die Freudenthalstraße abzweigt. Auf dieser lauft ihr durch ein Wohngebiet bis zum Osterwaldweg, dem ihr in Richtung Osten folgt. Schon nach kurzer Zeit endet die Bebauung, und ihr befindet euch auf einem kleinen Waldweg, der in die Osterheide mündet, die eine der größten Heideflächen ist und bis an den Wilseder Berg heranreicht.

DAS NATURSCHUTZGEBIET OSTERHEIDE ENTSTAND AUS EINEM TRUPPENÜBUNGSGEBIET, WO IM JAHR 1994 DER ÜBUNGSBETRIEB EINGESTELLT WURDE. BIS DAHIN GALT BEINAHE DAS GESAMTE GEBIET, DURCH WELCHES DIESE WANDERUNG FÜHRT, ALS SOGENANNTE ROTE FLÄCHE, WO AUSSER AN SONN- UND FEIERTAGEN SCHWERE KAMPFPANZER DEN BODEN UMPFLÜGTEN UND QUASI EINE TOTE MONDLANDSCHAFT HINTERLIESSEN.

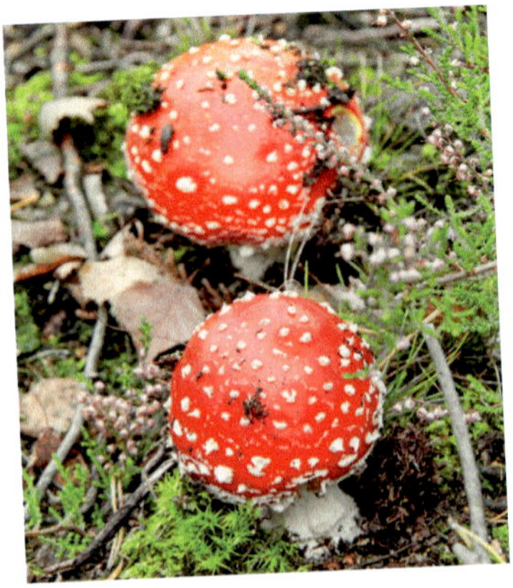

Bunte Farbtupfer im Herbst

Unvorstellbar, dass hier noch einmal die Natur zurückkehren würde. Doch der Verein Naturschutzpark e.V. rekultivierte das Gelände erfolgreich, denn von einem Truppenübungsplatz sieht man hier keine Spuren mehr – von einer Erinnerungstafel an den Widerstand der Bevölkerung gegen das Soltau-Lüneburg-Abkommen einmal abgesehen, die auf einem FINDLING 1 am Wegesrand angebracht wurde. Dieses machte die Truppenübungen britischer und kanadischer Truppen in der Osterheide nämlich erst möglich.

Mittlerweile befahren hier also längst keine Kriegsmaschinen mehr die breiten Wege. Dennoch gibt es eine Fahrspur, denn während der Saison, speziell zur Heideblüte, trifft man auch in der Osterheide auf die allgegenwärtigen Pferdekutschen. Der Schafstall auf der rechten Wegseite hingegen kann ganzjährig bestaunt werden. Immer geradeaus führt der Weg durch typische Heidelandschaften, die von Wacholderbüschen und Baumgruppen durchzogen werden. Im Sommer glänzen die Blätter der Birken wunderbar silbern, während am Boden die Heide in kräftigem Lila leuchtet. Kurz bevor auf der linken Wegseite der Baumbewuchs wieder dichter wird und der Wald beginnt, zweigt ein Weg in Richtung SILVESTERSEE 2 ab. Wer auf der Suche nach hübschen Fotomotiven ist, sollte den kleinen Abstecher durchaus auf sich nehmen.

DER MALERISCHE SEE WURDE NACH EINEM BRITISCHEN OFFIZIER BENANNT UND ENTSTAND DURCH DIE VERDICHTUNG DES UNTERGRUNDS, ALS HIER NOCH SCHWERES KRIEGSGERÄT DURCH DAS GEBIET FUHR.

Er fügt sich harmonisch in die Landschaft ein und ist, obwohl er sich nur mit Regenwasser speist, nie ausgetrocknet. Zurück auf dem breiten Wanderweg, wird dieser schon nach kurzer Zeit von der B 3 gekreuzt. Hier solltet ihr ein wenig genauer hinhören, denn der Verkehr von rechts ist wegen einer Hügelkuppe erst sehr spät zu sehen. Auf der anderen Seite der Bundesstraße kündet am Beginn des Waldweges ein Schild davon, dass ihr euch im Naturschutzgebiet befindet, weshalb das Sammeln von Beeren und Pilzen strikt verboten ist. Die Bevölkerung scheint sich daran zu halten, denn im Herbst sprießen selbst essbare Pilze in Massen und unversehrt am Wegesrand. Nach einem kurzen Stück durch den Wald weitet sich der Horizont wieder. In diesem Gebiet der Heide liegt das Ursprungstal der Wümme mit dem dazugehörigen Wümmeberg, der sich mit 104 Metern Höhe über Normalnull mit Hängen und Würgen auch offiziell als Berg bezeich-

Verwunschene Atmosphäre: Moore sind in der Heide nicht selten

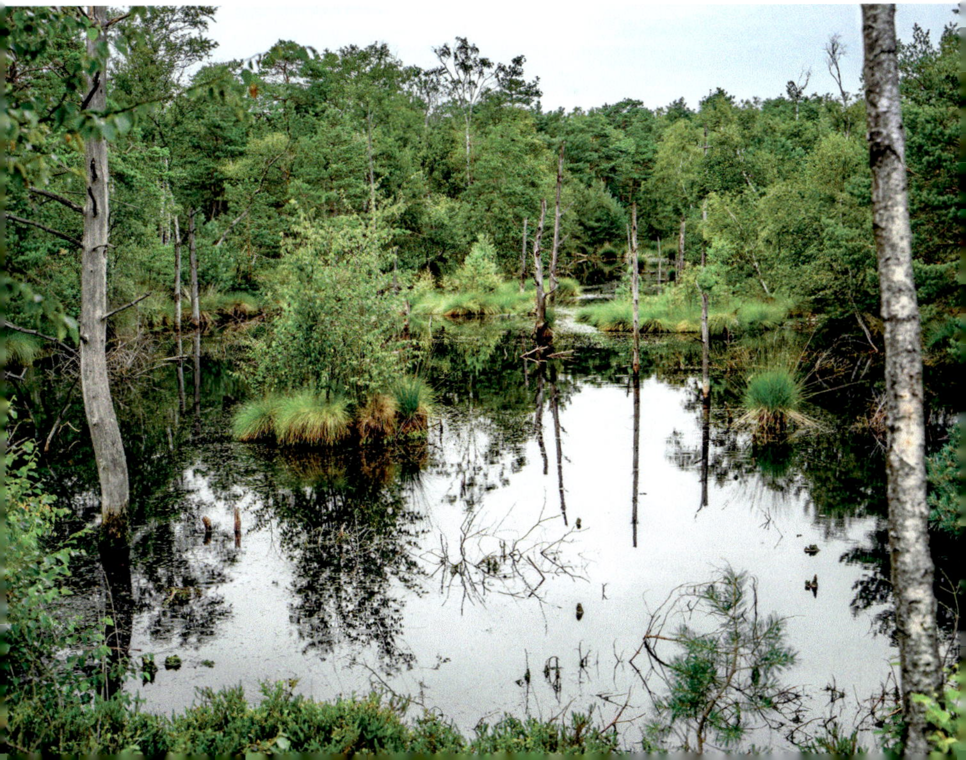

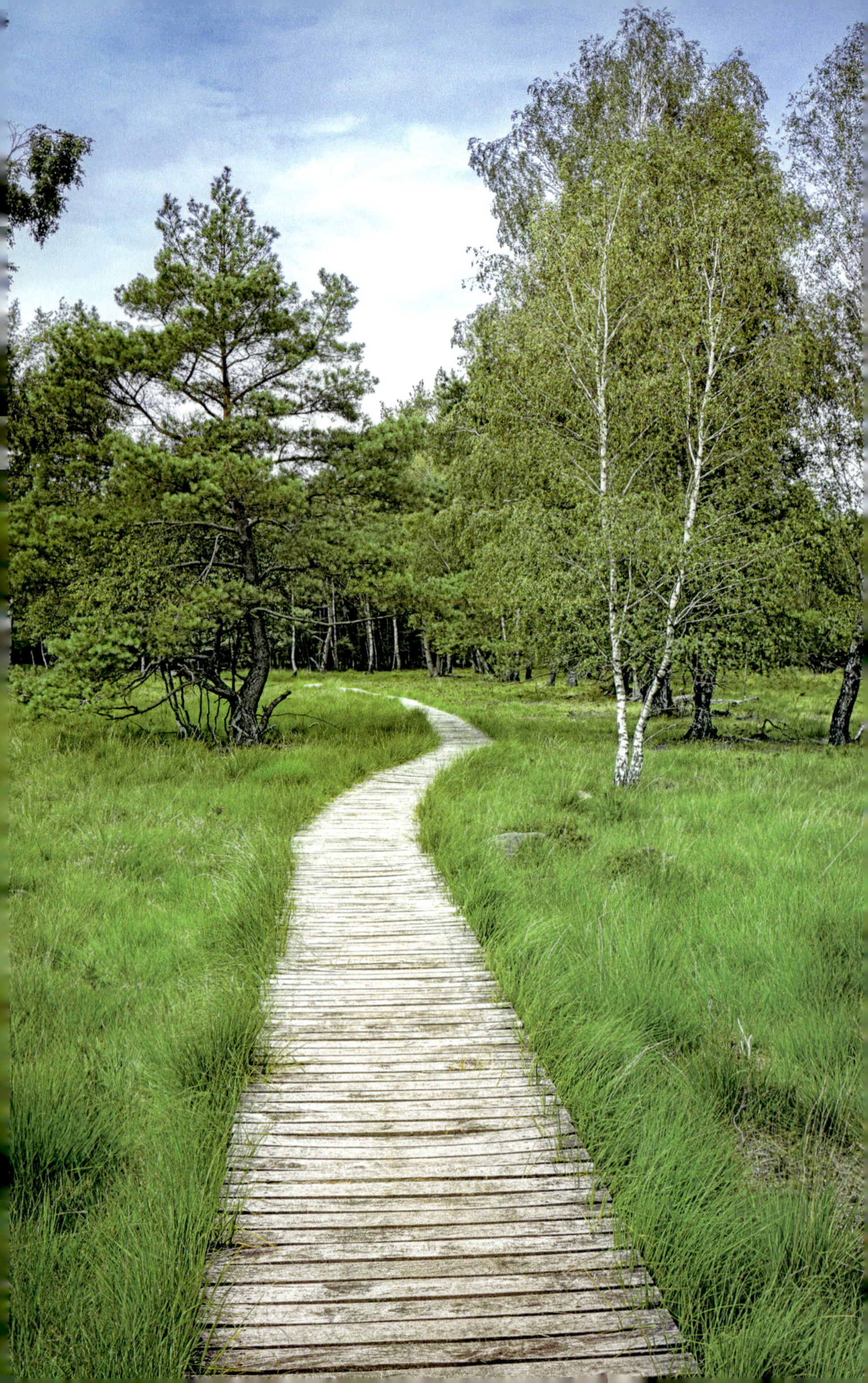

nen darf und von dem ihr einen wunderschönen Ausblick habt. Von hier ist es auch nicht mehr weit nach Niederhaverbeck, dem Wendepunkt dieser Wanderung. Der Weg dorthin führt parallel zur Haverbeeke, an knorrigen Bäumen vorbei, zum LANDHAUS HAVERBECKHOF 3, wo ihr euch eine Einkehr redlich verdient habt. Natürlich gibt es hier alles von der Heidschnucke, aber auch Heidländer Forelle oder veganes Kichererbsencurry. Dazu setzt das Haus auf saisonale Gerichte. Eine Alternative findet ihr zum Beispiel in der Wiesenwirtschaft Heidekönig mit deftigen Snacks und süßen Versuchungen, die ihr mit Glück im lauschigen Garten genießen könnt, ehe der Rückweg ansteht. Hierfür geht ihr erneut den Weg an der Haverbeeke entlang, dem ihr nun bis zur B 3 folgen könnt. Viel lauschiger, schöner und vor allem auch kürzer ist allerdings der sogenannte Spitzbubenweg, ein schmaler Pfad mitten durch eine malerische Waldlandschaft, der auch Teil des Heidschnuckenweges ist. Er verläuft diagonal zum restlichen Wegenetz und ist die direkte Verbindung zwischen Schneverdingen und Niederhaverbeck.

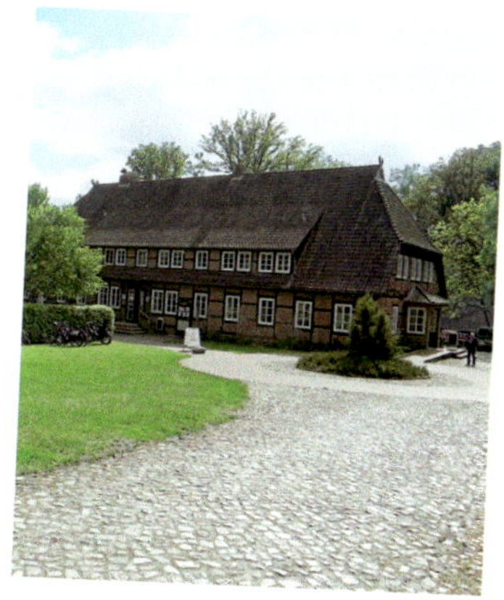

Einkehr-Tipp: der Haverbeckhof

ANGEBLICH NAHMEN EINST DIE SCHNEVERDINGER LANDBRIEFTRÄGER DEN SPITZBUBENWEG, UM NICHT SO WEIT LAUFEN ZU MÜSSEN, ALLERDINGS MIT DEM NACHTEIL, DASS SIE VON SPITZBUBEN ÜBERFALLEN WURDEN. ANDERE QUELLEN GEBEN AN, DASS ES SICH BEIM SPITZBUBENWEG UM EINE ROUTE HANDELT, DIE FRÜHER VON SALZ SCHMUGGELNDEN SPITZBUBEN GENUTZT WURDE.

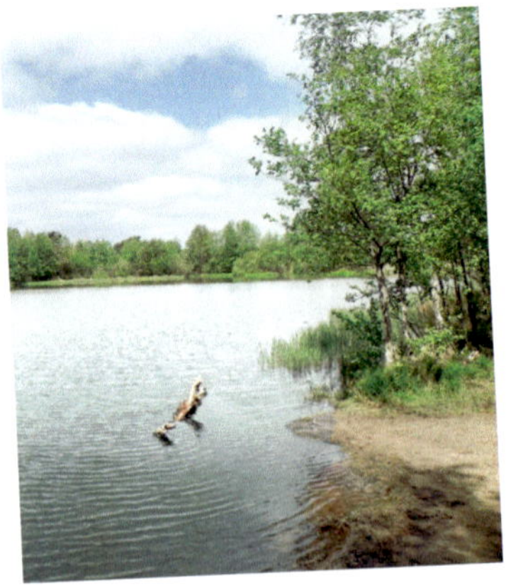

Idyllisches Plätzchen: Silvestersee

Hier findet ihr heute zwar keine Spitzbuben, dafür aber eine schöne Wanderstrecke.
Der Spitzbubenweg endet am B3-Parkplatz Schneverdingen. Nach dem Überqueren der Bundesstraße hat man, nach guten 20 Kilometern in den Knochen, nun die Qual der Wahl: Landschaftlich reizvoll zurück zum Ausgangspunkt oder lieber etwas bequemer? Für diejenigen, die sich für Ersteres entscheiden, ist der Weg zum Silvestersee ausgeschildert, von wo ihr dem Hinweg in entgegengesetzter Richtung folgen müsst. Wer hingegen trotz Stärkung in Niederhaverbeck so langsam, aber sicher am Ende seiner Kräfte ist, läuft nun auf dem Trampelpfad entlang der Alten Landesstraße in Richtung Schneverdingen. Vor der Bahnbrücke links abbiegen und dann einfach nur noch dem Straßenverlauf bis zum Bahnhof folgen.
Da der erixx-Zug nur einmal stündlich zurückfährt, ist es natürlich möglich, dass ihr ihn knapp verpasst. Doch kein Problem! Schneverdingen hat vorgesorgt: Wie wäre es zum Beispiel, den mittlerweile leeren Rucksack mit Keksen aufzufüllen? Direkt am Bahnhof befindet sich die GOTTENA KEKS- UND WAFFELFABRIK 4. Im Keksladen der Fabrik gibt es süße Leckereien ab Werk! Allerdings, das sei dazu gesagt, leider nur werktags.
Wer hingegen am Wochenende unterwegs ist, findet ein paar Meter weiter die Bahnhofstraße hinunter noch einen Supermarkt, um sich zu versorgen. Zudem gibt es einen Kiosk direkt am Bahnhof. Ach ja: Plant den Weg zum Bahnhof mit einem großzügigen Zeitpolster ein, denn wenn die Bahnschranken erst mal geschlossen sind, verpasst ihr leider euren Zug.

Alles, was ihr wissen müsst

Rundtour: auf teils unbefestigtem Untergrund // festes Schuhwerk und Trittsicherheit erforderlich // **nicht kinderwagentauglich**

Markierung: Wegweiser nach »Wümmeberg«, »Niederhaverbeck« etc.

Entfernung von Hamburg: 67 Kilometer
ÖPNV: RB 41 bis Buchholz, dann erixx/RB 38 bis Schneverdingen
Auto: P + R-Parkplatz am Bahnhof Schneverdingen, Heidkampsweg, 29640 Schneverdingen

Einkehr: **Landhaus Haverbeckhof,** Niederhaverbeck 2, 29646 Bispingen, haverbeckhof.de // **Wiesenwirtschaft Heidekönig,** Niederhaverbeck 17, 29646 Bispingen

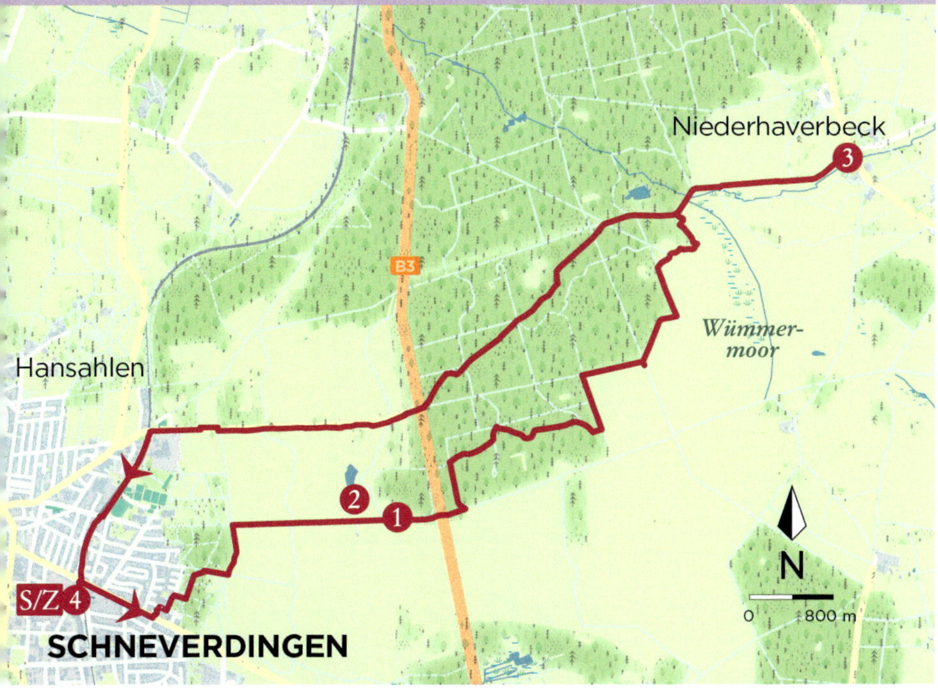

Von Lühe nach Jork

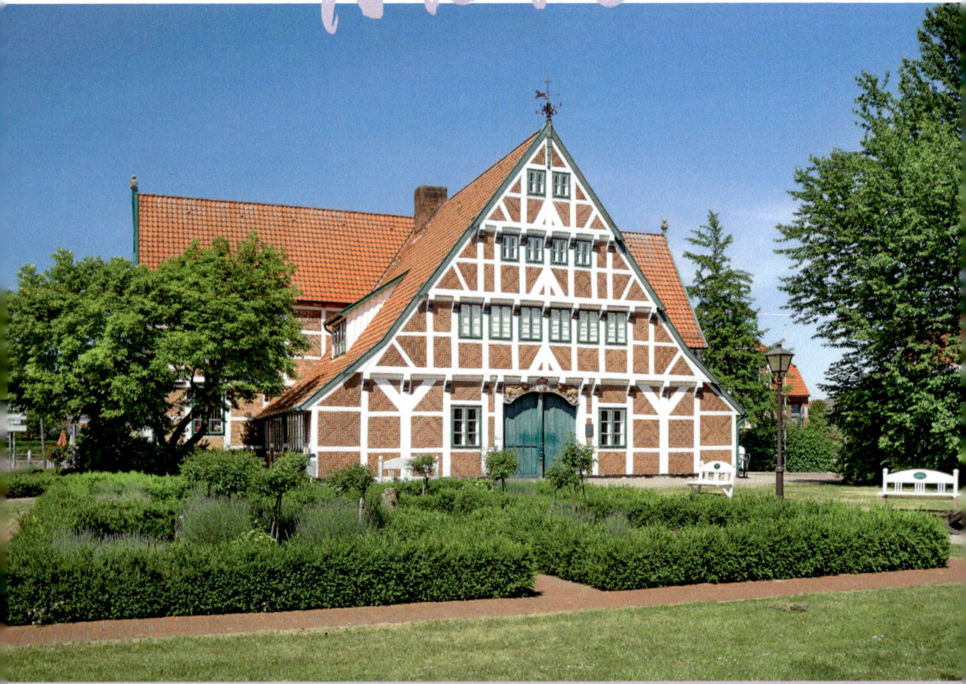

Schwierigkeit: leicht // 8,4 + 1,6 Kilometer // 10 Höhenmeter
Für Familien mit Kindern geeignet

*URLAUBSFEELING IM ALTEN LAND:
STRAND, LÄNDLICHE IDYLLE UND EINE FAHRT
MIT DEM OBSTHOF-EXPRESS*

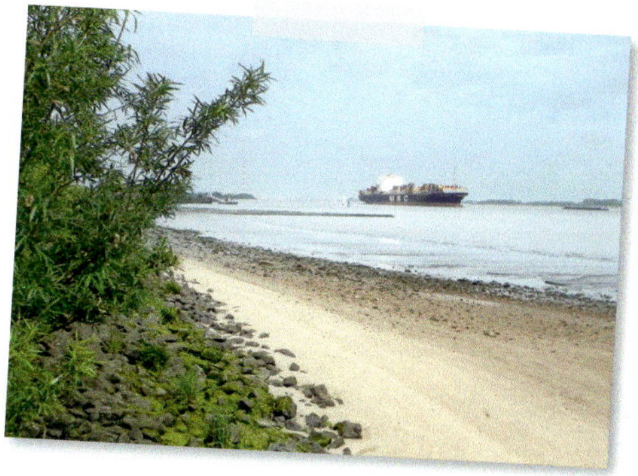

Die Wanderung von Lühe-Grünendeich nach Jork ist eher eine der kürzeren Art und hervorragend für Kinder geeignet. Eigentlich könnte man die 8,4 Kilometer in guten zwei Stunden absolvieren, doch wer seinen Nachwuchs dabeihat, wird länger brauchen, denn gleich an mehreren Stellen lädt der Elbstrand zum Spielen und Entdecken ein. Nicht zuletzt können kleine Rad- und Rollerfahrer auf dem durchweg asphaltierten Weg am Deich gefahrlos »Gas geben«. Und erst mal in Jork angekommen, sollte man sich die Zeit nehmen, um die »Hauptstadt des Alten Landes« zu erkunden und etwas über das Obstanbaugebiet zu erfahren.

Vom Fähranleger Schulau in Wedel legt die Fähre ab. Wer nicht dazu gekommen ist, Proviant einzupacken, bekommt diesen in der Bahnhofstraße. Wer noch Zeit hat, kann zudem am Anleger ein oder zwei frische Fischbrötchen verputzen. Mit der Fährfahrt beginnt bereits der Ausflug. Eltern können die Überfahrt in Ruhe verbringen, denn die Lühe-Fähre verfügt über eine Kinderspielecke. Hier können kleine Kapitäne am (Steuer-)Rad drehen, in Büchern schmökern und mit Duplo spielen, während Mama und Papa oder Oma und Opa die 25-minütige Überfahrt genießen, ehe es in Grünendeich an Land geht. Über die Hebebrücke führt der Wanderweg vor dem Deich entlang, vorbei am RICHTFEUER SOMFLETHERWISCH 1 und mit bestem Blick auf große Pötte und kleine Segelboote. An der DLRG-Rettungswache Lühe-Wisch beginnt der Elbstrand und damit ein Paradies für Hunde und Kinder. Wohl dem, der an Schaufel und Eimer gedacht hat. Bei Ebbe gibt das Elbwasser hier den Blick auf so manche angespülte Muschel frei, bei auflaufendem Wasser kämpfen kleine Baumeister mit ihren Deichanlagen vergebens gegen die steigenden Fluten. Leider ist der Strandabschnitt relativ kurz und

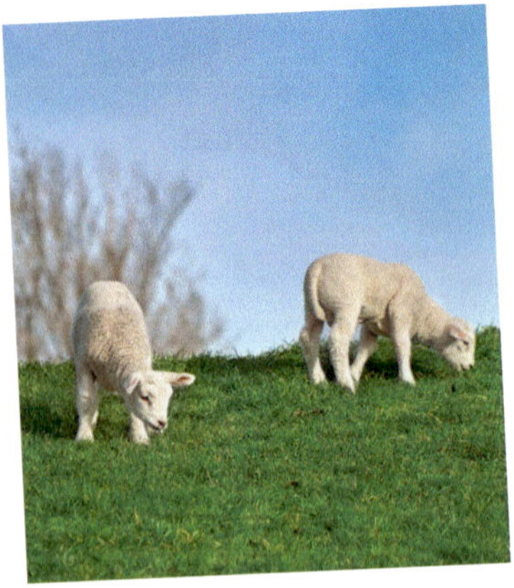

SCHAFE HALTEN DAS GRAS KURZ

wird von einer aufgeschütteten Steinböschung abgelöst, sodass ihr nicht am Strand entlangwandern könnt, sondern mit dem asphaltierten Weg vorliebnehmen müsst. An dessen Rändern finden sich allerdings auch interessante Entdeckungen für Kinder aus dem Reich der Insekten und Pflanzen. Einen weiteren Strandabschnitt findet ihr auf Höhe der beginnenden Insel Hanskalbsand. Hier kann es auch gut sein, dass ihr einer Herde Deichschafe begegnet. Die Tiere pflegen den Deich, indem sie das Gras kurz halten und mit ihren Hufen den Boden festtreten.

An dieser Stelle des Weges bietet es sich an, vom Weg vor dem Deich auf die Deichkrone zu wechseln. Von hier habt ihr nicht nur einen guten Blick über die Elbe, sondern auf der anderen Seite über die endlos wirkenden Obstplantagen des Alten Landes und die klassischen reetgedeckten Fachwerkhäuser mit ihren kunstvoll bemalten Türen. Allerdings solltet ihr hier oben etwas aufpassen, denn gerade bei feuchter Witterung können die Hinterlassenschaften der bereits erwähnten Deichschafe den Untergrund recht rutschig machen.

An der NEUENSCHLEUSE 2 besteht die Möglichkeit einzukehren. Auf der Deichkrone ist das gemütliche Café Möwennest, in dem ihr euch Snacks und Kuchen und bei niedrigen Temperaturen auch eine heiße Schokolade zum Aufwärmen bestellen könnt. Frisch gestärkt lauft ihr nun die nächste Etappe auf der Landseite des Deiches, immer geradeaus an Obstplantagen vorbei. Wer seine Umgebung aufmerksam beobachtet, kann hier mit etwas Glück auch Greifvögel wie Mäusebussard und Turmfalke bei der Jagd beobachten. An der ersten Abzweigung geht es rechts auf die Straße Am

Elbdeich. Zwischen Obstbäumen führt der Weg zur Hauptstraße. Wer noch etwas Zeit hat und wissbegierig ist, dem sei nun ein Abstecher auf den Obsthof Matthies empfohlen, den ihr erreicht, wenn ihr nach rechts abbiegt. Dieser Obsthof ist längst nicht mehr nur ein einfaches Obstanbauunternehmen, sondern fast schon ein kleiner Erlebnispark rund um Apfel, Kirsche und Co.

HIER KANN MAN ÜBERNACHTEN ODER EINFACH ZUR RAST EINKEHREN. BEI EINER FAHRT MIT DEM OBSTHOF-EXPRESS (NUR MO–SA) ÜBER DIE PLANTAGE HÖRT MAN ALLES WISSENSWERTE RUND UM DEN ANBAU, AUCH IN KOMBINATION MIT BEWIRTUNG. EINE TOLLE OPTION FÜR DIE WANDERPAUSE, NICHT ZULETZT FÜR KINDER (RESERVIERUNG TELEFONISCH).

Typisch Altes Land: farbenfrohe Bauernhäuser und Obstplantagen, so weit das Auge reicht

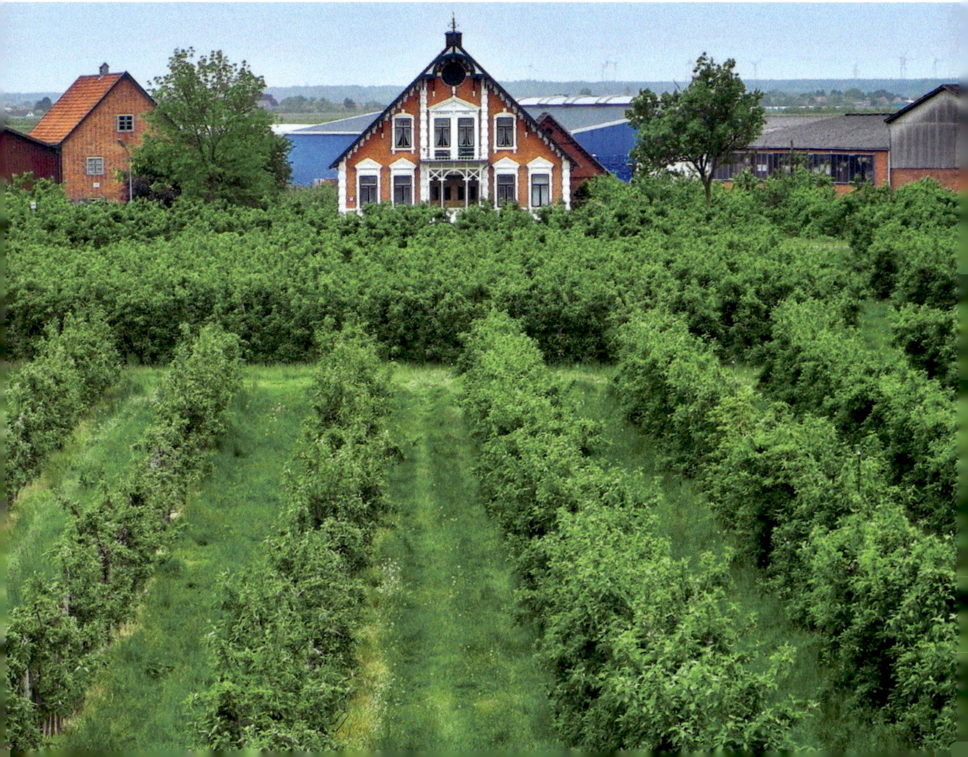

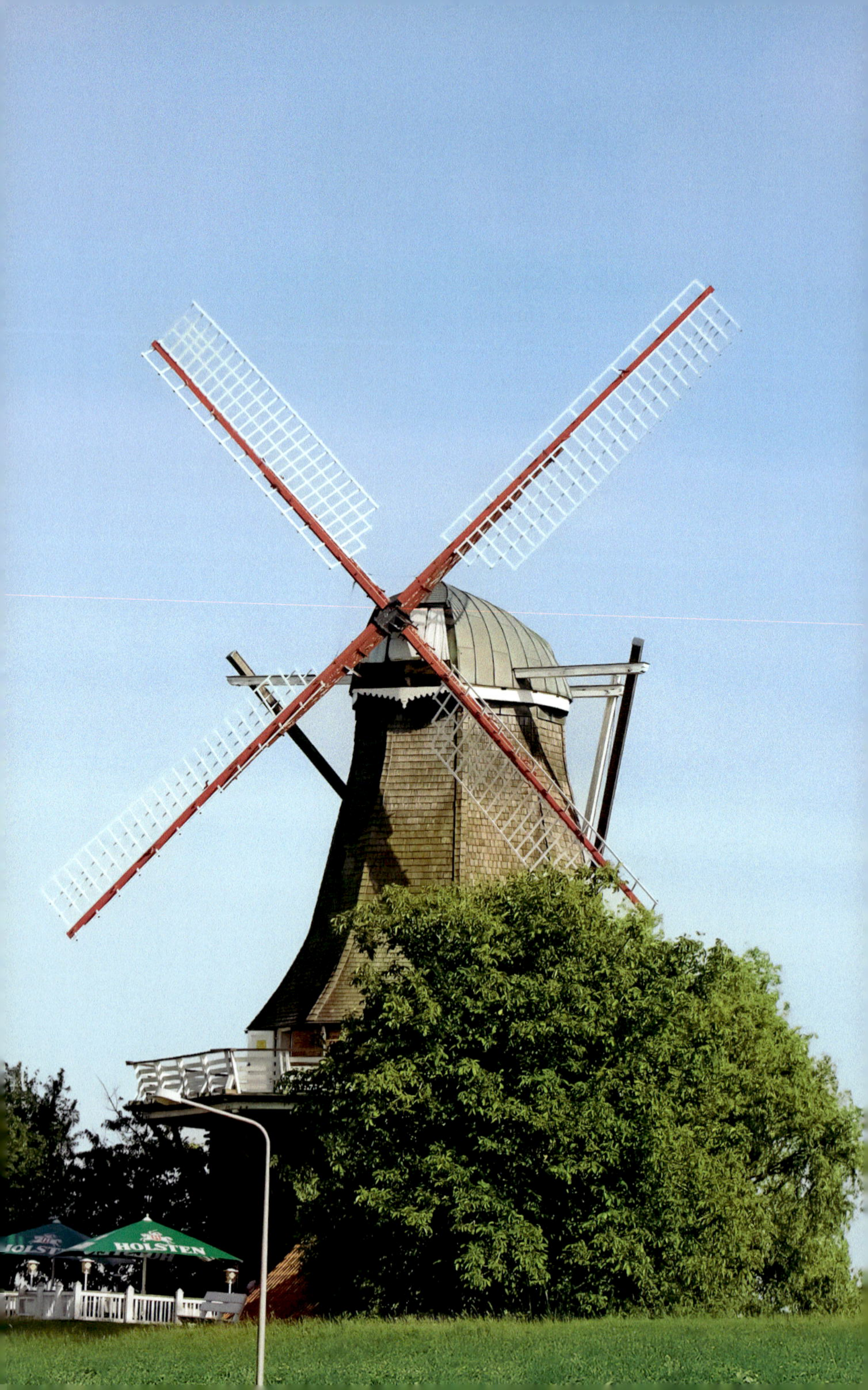
HOLSTEN

Wer die Fahrt mit dem Obsthof-Express nicht machen möchte, folgt der Hauptstraße linker Hand in Richtung Jork. Am Borsteler Hafen zweigt die Straße Große Seite ab in Richtung Zentrum. Bevor es zur Ortsmitte geht, lohnt ein Besuch der BORSTELER MÜHLE 3 (eigentlich Mühle Aurora).

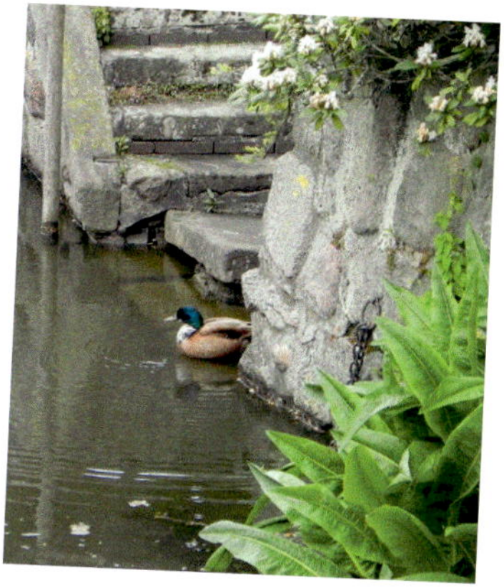

Ente am Jorker Rathaus

DIE BORSTELER MÜHLE STAMMT AUS DEM JAHR 1856 UND WURDE NACH AURORA GRÄFIN VON KÖNIGSMARCK BENANNT. SIE WAR NOCH BIS 1961 IN BETRIEB, BEHERBERGTE DANACH TURMFALKEN UND HEUTE DAS CAFÉ-RESTAURANT DIE MÜHLE. FÜR EINE BESICHTIGUNG MUSS MAN SICH VORHER TELEFONISCH IM RESTAURANT ANMELDEN.

Vom Borsteler Hafen führt der Weg an der Großen Seite entlang. Nicht ganz überraschend heißt die Straße so, weil auf dieser Seite des Kanals Jorker Hauptwettern, der den Ort durchzieht, die Häuser der besser betuchten Altländer lagen. Das sieht man übrigens auch heute noch, unter anderem am Wehrt'schen Hof. Kurz vor der Kirche St. Nikolai geht es über die Brücke auf die kleine Seite und auf die Borsteler Reihe. Sie führt ins Zentrum der »Hauptstadt des Alten Landes«, wo sich auch der Marktplatz befindet, von wo der Bus in Richtung Buxtehude abfährt.
Allerdings sollte man, so Zeit und körperliche Verfassung es zulassen, Jork nicht gleich verlassen. Einerseits, weil man hier noch ganz köstlich speisen kann, zum Beispiel in Kathrins Genusswelt, andererseits, weil Jork zwar irgendwo eine Hauptstadt ist, andererseits allerdings auch ein friedlicher kleiner Ort, in dem es rund um

Bürgerei und Gemeindesitz lohnenswert ist, durch die kleinen Gassen und Straßen zu schlendern und die zahlreich erhaltenen Beispiele historischer Altländer Architektur zu bestaunen. So zum Beispiel die St.-Matthias-Kirche, die von Kanälen umgeben auf einer alten Wurt direkt im Zentrum liegt.

DAS KIRCHSPIEL DER ST.-MATTHIAS-KIRCHE WURDE 1221 ERSTMALS ERWÄHNT, DER SCHIEFERGEDECKTE HÖLZERNE GLOCKENTURM WURDE ERST IM 17. JAHRHUNDERT ANGEBAUT. DIE BESONDERHEIT DIESER KIRCHE LIEGT IM INNEREN. DORT FINDET SICH EINE ORGEL, DIE TEILWEISE NOCH AUS MATERIALIEN DES BERÜHMTEN ARP SCHNITGER BESTEHT.

Ebenfalls im Ortskern und architektonisch sehr hübsch anzusehen, ist das RATHAUS 4, das aus dem 12. Jahrhundert stammt und früher als Gräfenhof bekannt war.
Nicht zuletzt befindet sich in Jork auch noch das »Museum Altes Land« (Westerjork 49). Es informiert über die Entwicklung des Alten Landes und das Leben seiner Bewohner, das durch die ständige Auseinandersetzung mit dem Wasser geprägt ist. Sorgfältig aufbereitet, erhaltet ihr im Hauptgebäude auf einer Ausstellungsfläche von 320 Quadratmetern Einblicke in das Leben und Arbeiten im Alten Land im Wandel der Zeit. Und zwar kostenlos. Spenden sind willkommen.

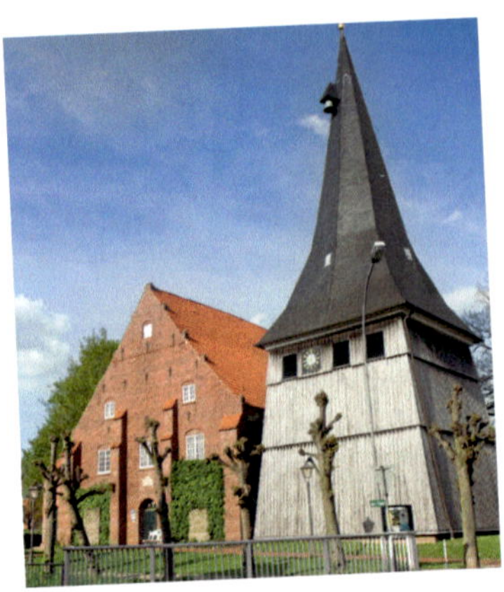

Kirche St. Matthias in Jork

Alles, was ihr wissen müsst

keine Rundtour: einfache Wanderung // auf befestigten, meist asphaltierten Wegen // **kinderwagentauglich**

Markierung: keine, Text oder GPS nutzen

Entfernung von Hamburg: 40 Kilometer
ÖPNV: S1 bis Wedel, von dort mit der Fähre, Rückfahrt: Bus 2030 und RE5 ab Jork
Auto: nicht empfehlenswert

Einkehr: **Café Möwennest,** Yachthafenstraße 6, 21635 Jork, cafe-altes-land.de // **Obsthof Matthies,** Am Elbdeich 31, 21635 Jork, obsthof.de // **Die Mühle Jork,** Am Elbdeich 1, 21635 Jork, diemuehlejork.de

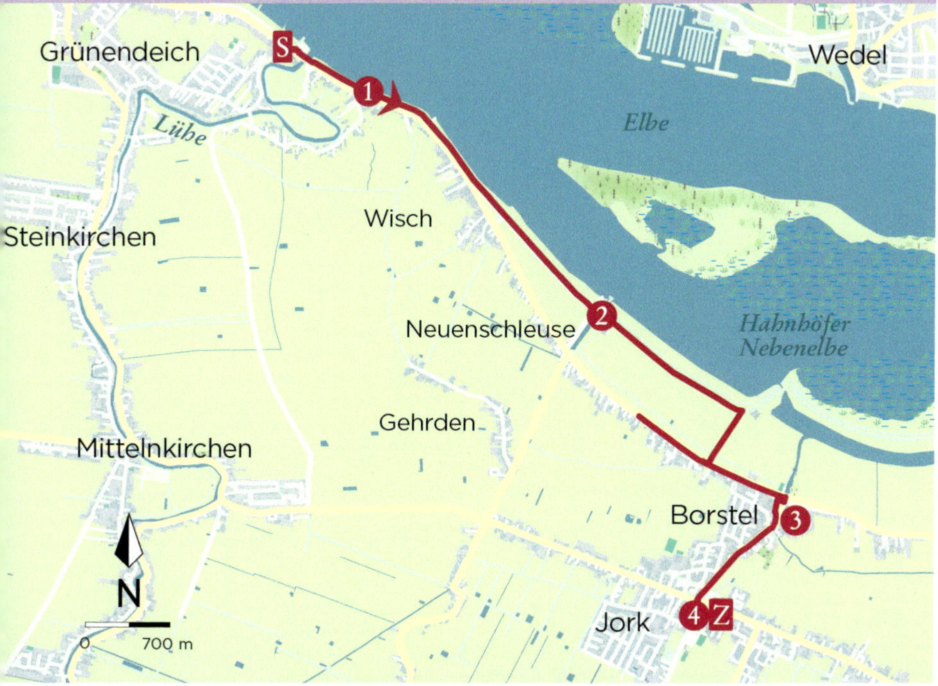

Durchs Estetal nach Bötersheim

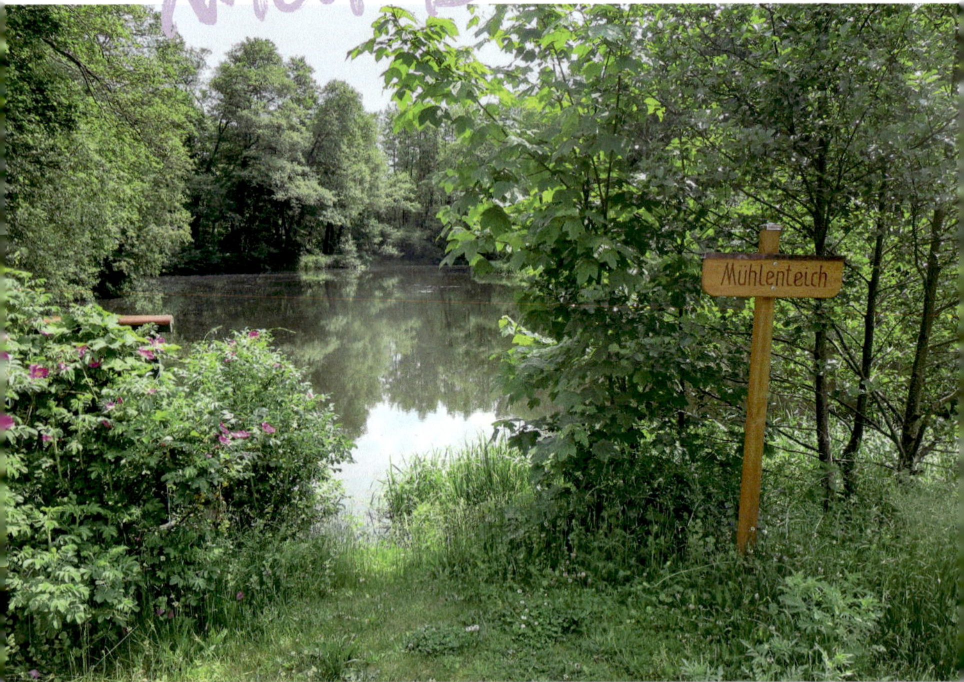

Schwierigkeit: mittel // 10,4 Kilometer // 110 Höhenmeter

Für Familien mit Kindern im schulpflichtigen Alter geeignet

VOM ENDE DER WELT
ZU EINER TAUSENDJÄHRIGEN EICHE
UND EINER VERSTECKTEN QUELLE

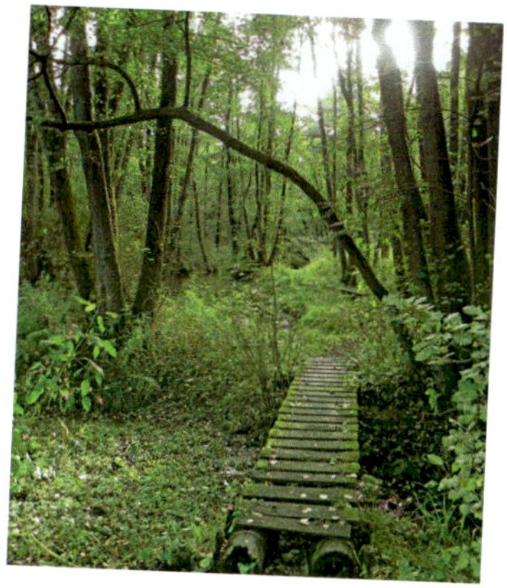

RUTSCHGEFAHR AM SCHULLANDHEIM!

»Südlich von Hamburg zwischen Büschen und der Heide, rostet 'ne alte Dose Holsten auf irgendeiner Weide« – so lautet der Beginn des Refrains von »Das erste Mal im Estetal« von Hamburgs mehr oder weniger anerkanntem König Lotto King Karl. Da die folgenden Zeilen nicht ganz jugendfrei sind, verzichten wir an dieser Stelle auf ein weiteres Zitat. Jedenfalls könnte die in dem Lied beschriebene Geschichte einer Liebe zweier junger Menschen dort spielen, wo diese Route beginnt, nämlich in Kakenstorf, an der B 75. Die Este entspringt nahe Wintermoor an der Chaussee und führt erst kurz vor Kakenstorf ständig Wasser. Von hier fließt sie über Hollenstedt, Moisburg und Buxtehude in Richtung Elbe, in die sie in Cranz mündet.
Der Ausgangspunkt Gasthof Zum Estetal verfügt über einen Parkplatz und bietet sich als ideale Einkehrmöglichkeit nach der Tour an. Die Küche ist deftig-solide, wie das eben so ist auf dem Land. Ans Herz gelegt sei dem hungrigen Wanderer gerade an kalten Tagen die Hochzeitssuppe, die in dieser Gegend weit verbreitet und eigentlich immer eine sichere Bank ist, wenn man sich nicht entscheiden kann. Vegetarier werden hier allerdings eher nicht die große Auswahl finden.
Doch erst einmal soll gewandert werden. Dafür folgt ihr der B 75 ein Stück in Richtung Süden bis zur Ampel an der Langen Straße. Hier überquert ihr die Bundesstraße und folgt der Straße Estetal, die in Richtung Schullandheim führt. Das SCHULLANDHEIM (1) selbst gehört zur Arbeitsgemeinschaft Hamburger Schullandheime und dürfte so manchem Hanseaten noch von Klassenfahrten in Er-

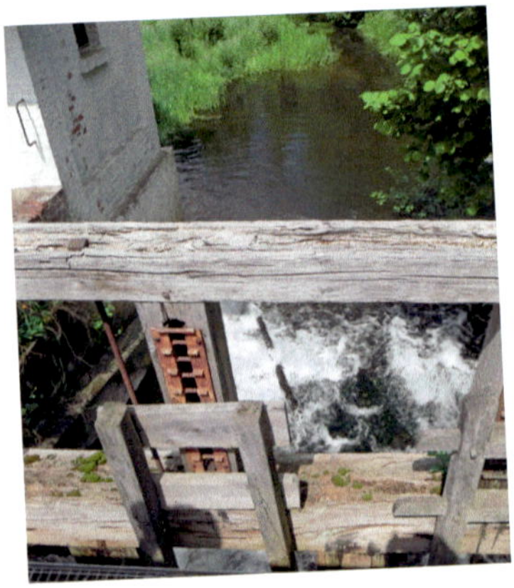

Wehr der alten Bötersheimer Mühle

innerung sein. Vor der Einfahrt zum Heim biegt ihr links ab und gelangt ans Ufer der Este, das wie eine urwaldartige Auenlandschaft wirkt. Auch wenn der Fluss hier noch relativ schmal ist, solltet ihr für einen Uferwechsel doch lieber die KLEINE HOLZBRÜCKE 2 nutzen, die allerdings bei feuchter Witterung recht rutschig sein kann. Nicht umsonst warnt hier ein Schild, dass die Benutzung auf eigene Gefahr geschieht. Wer das überschaubare Risiko allerdings eingeht, den führen verschlungene Trampelpfade am dicht bewachsenen Fluss entlang, der hier für eine relativ hohe Bodenfeuchte sorgt. Das hat nicht nur den Effekt, dass es recht rutschig und matschig werden kann, sondern auch, dass man durch eine florierende Pflanzenwelt wandert. Nach einer kurzen Strecke in unmittelbarer Ufernähe entfernt sich der Pfad etwas vom Fluss. Der Untergrund wird trockener, und dichter Wald säumt den Weg. Es kann sich insbesondere im Spätsommer und Herbst lohnen, den Blick auch auf den Wegesrand zu richten, denn Pilze gedeihen hier außerordentlich gut. Allerdings bleibt es bei der Prämisse »Nur gucken, nicht anfassen«, denn das Estetal ist Naturschutzgebiet und das Pilzesammeln daher leider verboten.

Der bequem zu laufende Waldweg, auf dem es auch im Sommer angenehm kühl ist, führt direkt nach Bötersheim, wo ihr an der Straße Zum Tannhof herauskommt. In dem kleinen, idyllischen Ort wohnen gerade einmal 150 Menschen, und man wähnt sich fast am Ende der Welt, denn hier mündet die Straße in eine Sackgasse. Weiter geht es nicht, weshalb es hier netterweise keinen Durchgangsverkehr gibt. Trotz seiner geringen Größe kann Bötersheim allerdings einiges vorzeigen. Es lohnt sich also, ein bisschen Zeit einzuplanen, um sich im Ort umzusehen. Wer aus dem Tannhof kommt und sich rechts hält, gelangt wieder an die aufgestaute Este. Aufgestaut deshalb, weil sich hier auch die malerische BÖTERSHEIMER WASSERMÜHLE 3 aus dem Jahr 1386 befindet. Ebenfalls historisch sind das Gut Bötersheim und die 360 Jahre alte Schmiede, wo noch heute alte Schmiedetechniken angewandt werden und wo ihr euch mit Kunsthandwerk eindecken könnt.

An ebendieser Schmiede, gelegen am Esteweg, führt auch die Wanderroute vorbei. Dem Esteweg folgt ihr, bis auf der rechten Seite ein kleiner Weg abzweigt. Er führt durch einen Nadelwald wieder in Richtung des Flusses, der sich hier in Bögen seinen Weg bahnt und ein ungeahn-

In der 360 Jahre alten Schmiede könnt ihr euch nach Kunsthandwerk umschauen

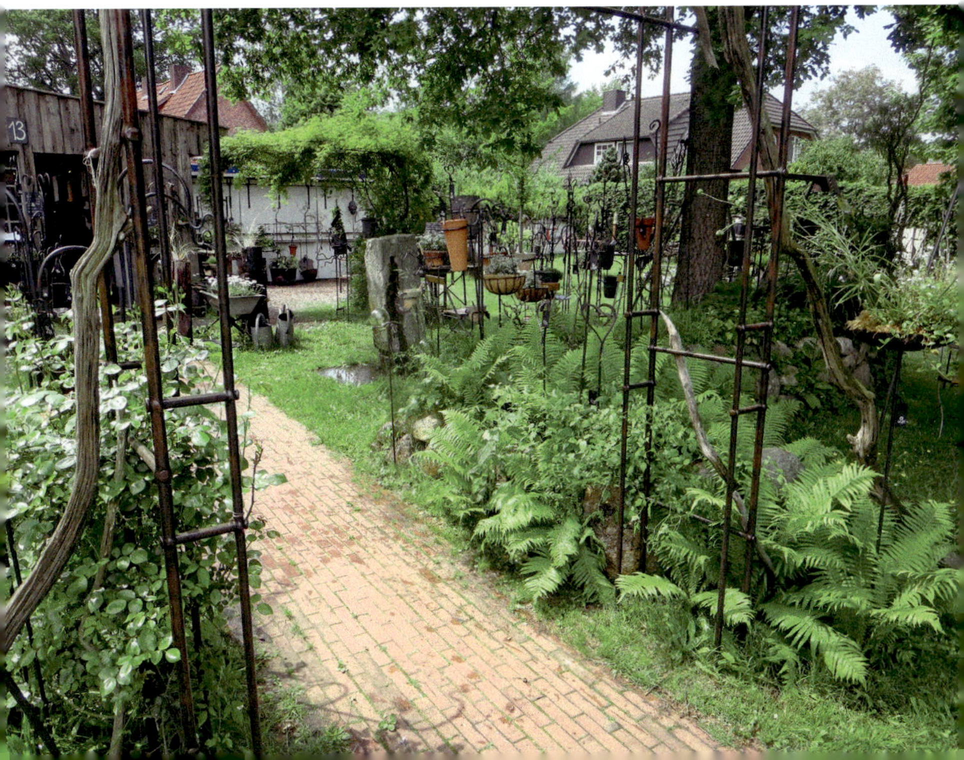

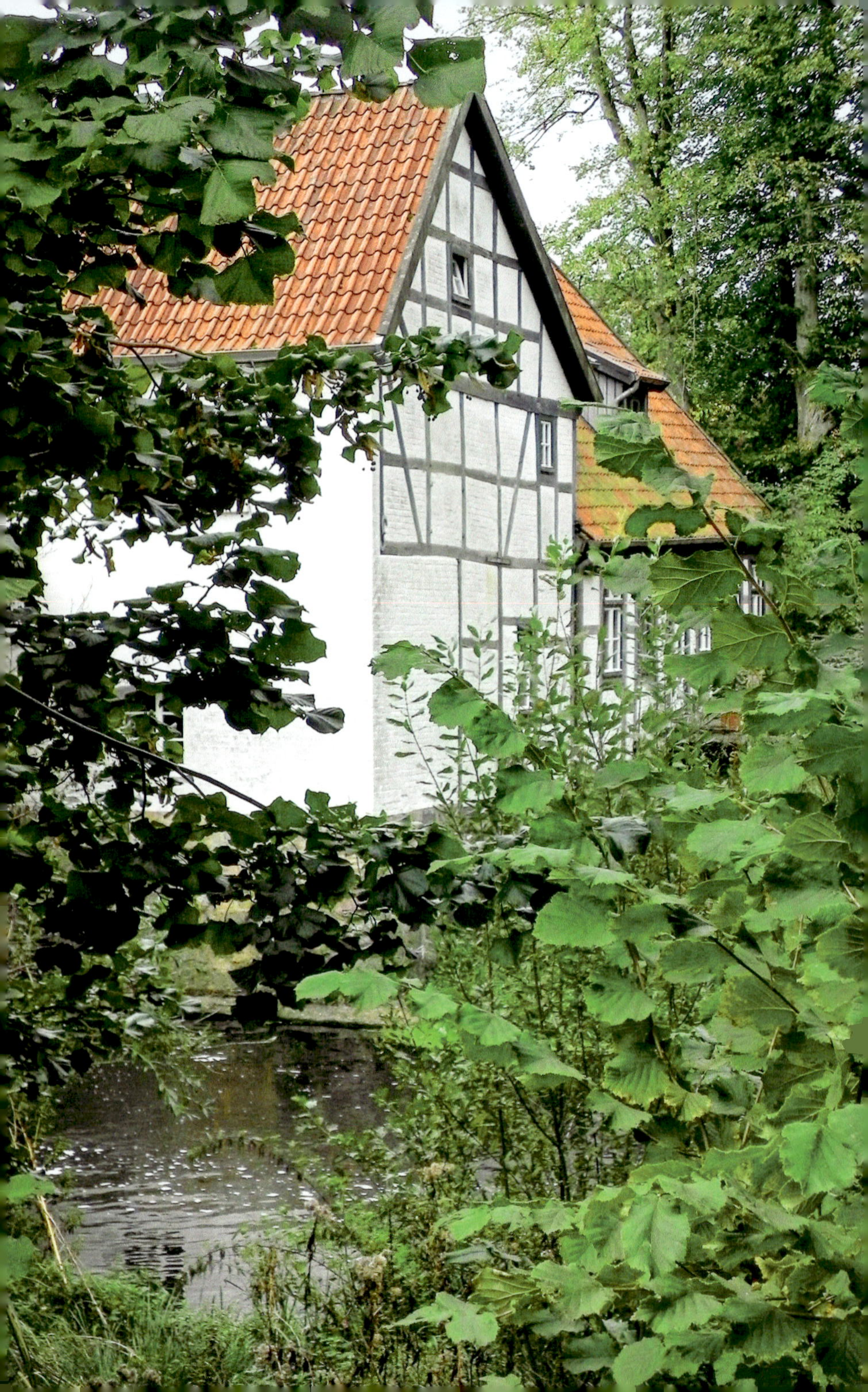

tes Panorama bereithält. Wer aus bergigen Landschaften stammt, wird bei seinem Anblick sicherlich nur müde lächeln, doch für Flachlandtiroler aus Norddeutschland dürfte der Anblick der mäandernden Este von einer etwa vier Meter hohen Klippe durchaus etwas von einer Gebirgsschlucht haben. Jedenfalls ist die Esteklippe ein beliebter Ort zur Rast und zum Innehalten.

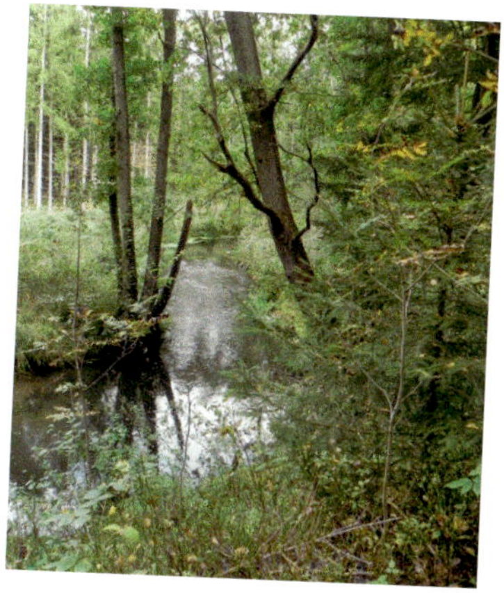

IDYLLISCHER RASTPLATZ: DIE ESTEKLIPPE

Wer genug von diesem Anblick hat, folgt nun dem Waldweg in Richtung Südwesten, von der Este weg, um kurz darauf in den Seggernweg einzubiegen und zurück in Richtung Bötersheim zu laufen. Kurz vor den ersten Häusern führt ein relativ versteckter Weg noch einmal in Richtung Südwesten und schließlich auf die Dorfstraße. Wer ihr folgt, sieht auf der linken Seite ein Fachwerkhaus, das die einzige Gaststätte von Bötersheim beherbergte, den Dorfkrug. Leider ist das urige Gasthaus mittlerweile geschlossen und es ist vorbei mit Kaffee und Kuchen. Das ist jammerschade, denn das Innere des aus dem Jahre 1600 stammenden Gebäudes kam einem kleinen Museum gleich.
Bevor es zurück in Richtung Kakenstorf geht, lohnt sich noch ein Abstecher zur tausendjährigen Eiche am Kriegerdenkmal.

DER ERZÄHLUNG NACH HAUSTE IN DER EICHE EIN KOBOLD, BIS IN DEN 1960ER JAHREN DER BLITZ EINSCHLUG UND DEN BAUM SPALTETE. TROTZ DER WUCHT DIESER NATURGEWALT LEBT DIE TAUSENDJÄHRIGE EICHE BIS HEUTE WEITER.

Ebenfalls interessant ist die BÖTERSHEIMER QUELLE 4, auch heilige Quelle genannt. Sie liegt im Nordosten von Bötersheim im Wald versteckt. Um sie zu finden, folgt ihr der Dorfstraße in Richtung Drestedt und schlagt euch hinter dem Bestattungswald links in die Büsche. Nur wer wirklich sucht, entdeckt die Quelle und kann sich, wie es angeblich nicht wenige Menschen machen, etwas vom heiligen Wasser mitnehmen oder darin baden. Das wiederum verlangt schon einiges an Mut und Widerstandsfähigkeit, da die Quelle eiskalt ist. Für die Wirksamkeit des heiligen Wassers wird übrigens keine Gewähr übernommen.

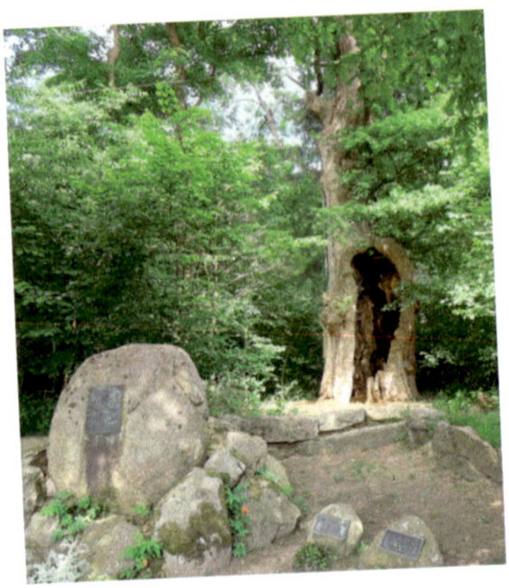

Die tausendjährige Eiche

WENIGER MYTHENUMSCHLUNGEN, DAFÜR ABER FAKTISCH BELEGBAR EIN GESCHICHTSTRÄCHTIGER ORT IST DAS GUT BÖTERSHEIM, DAS IHR AUF DEM WEG ZUR HEILIGEN QUELLE SEHEN KÖNNT. DAS GUT UND DAS DAZUGEHÖRIGE HERRENHAUS WAREN EINST DIE RESIDENZ DER ADLIGEN FAMILIEN VON WEYHE UND VON ROGISTER.

Der Rückweg zum Ausgangspunkt führt erneut durch den Tannhof und über den anschließenden Waldweg. Statt jedoch abzubiegen und erneut direkt an der Este entlangzuwandern, geht es nun geradeaus und etwas weiter östlich durch sanft hügeliges Waldgebiet in Richtung der B 75, auf die ihr ein Stück weiter südlich trefft und der ihr in Richtung Norden folgt, um wieder am Parkplatz anzukommen.

Alles, was ihr wissen müsst

Rundtour: mittelschwere Wanderung auf teils glitschigem Untergrund // Trittsicherheit und festes Schuhwerk erforderlich // **nicht kinderwagentauglich**

Markierung: nicht einheitlich, bitte Text oder GPS nutzen

Entfernung von Hamburg: 35 Kilometer
ÖPNV: nicht empfehlenswert
Auto: Parkplatz am Landgasthof Zum Estetal, Bergstraße 11, 21255 Kakenstor

Einkehr: **Landgasthof Zum Estetal,** Bergstraße 11, 21255 Kakenstorf, zum-estetal.de

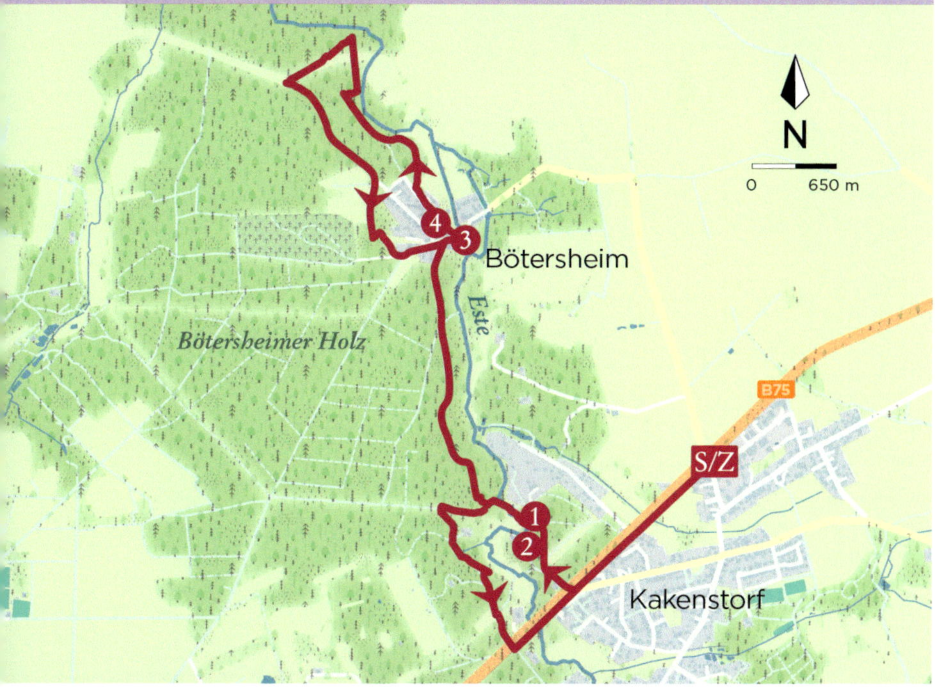

Von Klein Borstel zur Wohldorfer Schleuse

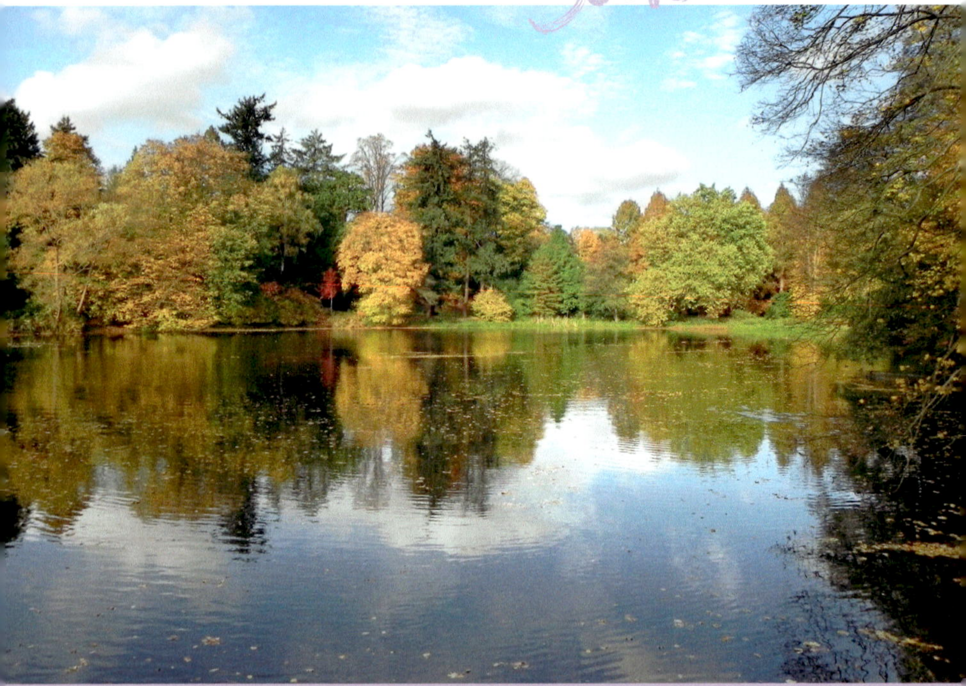

Schwierigkeit: leicht // 15 Kilometer // 70 Höhenmeter
Für Familien mit Kindern geeignet

GRÜNE OASE UND HAMBURGS EINZIGE BURG: ENTLANG DES ALSTERWANDERWEGS ERLEBT IHR NATUR UND GESCHICHTE

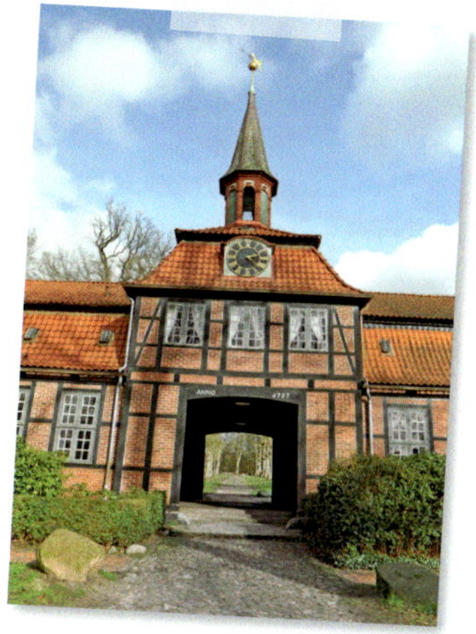

Eigentlich ist es ein ungeschriebenes Gesetz in Hamburg, dass Bewohner der Stadt mindestens einmal den Alsterwanderweg entlanggelaufen, nein, eigentlich gewandelt sein müssen. Denn unabhängig von solchen unverbindlichen Zwängen ist der Alsterwanderweg ein kleines Paradies fernab und doch mitten in der Stadt. Zumindest auf dem nachfolgend beschriebenen Abschnitt zwischen Klein Borstel und der Wohldorfer Schleuse. Es verwundert nicht wirklich, dass die Immobilienpreise in dieser Gegend zu den höheren in der Hansestadt gehören.
Verlässt man den U-Bahnhof Klein Borstel linker Hand, so führt schon bald ein Wanderweg hinunter ans Ufer des Flusslaufes, den man selbst im Hochsommer hinaufwandern kann. Denn seine Ufer werden überwiegend von hohen Bäumen gesäumt, deren Blätter bei gutem Wetter Schatten spenden und bei Hamburger Schmuddelwetter bis zu einem gewissen Grad ein Dach sind.
Immer wieder mal quert eine Brücke den Alsterlauf und bietet die Möglichkeit, tolle Bilder zu machen. Zum Beispiel, wenn an einem Sommermorgen eine Schwanenfamilie in den ersten Sonnenstrahlen ihre Bahnen zieht. Apropos erste Sonnenstrahlen: Bereits nach kurzer Zeit erreicht ihr den TEETZPARK 1, an dem Eltern mit Kindern ihre erste Zwangsrast einlegen werden. Dort befindet sich nämlich ein großer Spielplatz, an dem kein Kind vorbeigehen wird, ohne die unterschiedlichsten Spielgeräte ausprobiert zu haben. Allerdings liegen diese am frühen Morgen noch im Schatten und sind daher Garanten für nasse Kinderkleidung – ebenso wie die Alsterwiese für nasse Schuhe. Familien mit Kindern im Spielplatzalter sollten also besser etwas später loswandern oder Wechselkleidung parat haben. Neben dem Spielplatz befindet sich außerdem das

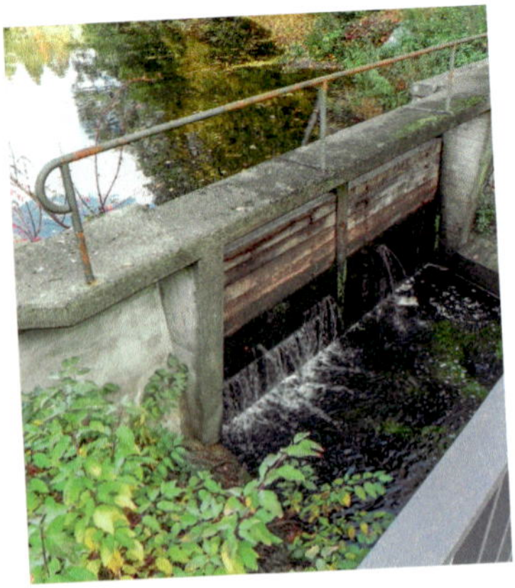

Eine der Schleusen in Poppenbüttel

CAFÉ ALSTERWIESEN 2, das über ein kleines, aber feines Angebot an Speisen und Getränken verfügt.

Der Wanderweg führt weiterhin parallel am Fluss entlang. Die Landschaft besteht hier aus hohen Laubbäumen, die den Geräuschpegel des Verkehrs auf der eigentlich recht nahen Wellingsbütteler Landstraße fast vollständig schlucken. Stattdessen wird der Wanderer vom Plätschern der Alster und dem Singen der Vögel begleitet.

Nachdem der Langwisch gekreuzt wurde, thront schon bald das altehrwürdige Herrenhaus Wellingsbüttel über dem Flusslauf. Das ehemalige Rittergut von 1296 steht unter Denkmalschutz und beherbergt in seinen hohen, stilvollen Räumen ein Café. Auf dessen Sonnenterrasse schmeckt der Kuchen an einem Sonntagnachmittag gleich doppelt gut. Geschichtsinteressierte finden im zum Herrenhaus gehörenden Torhaus das Alstertal-Museum, das die Geschichte des Alstertals und der Alsterschifffahrt erzählt.

Weiter geht es entgegen der Fließrichtung der Alster zum Hennebergpark, der bereits zu Poppenbüttel gehört und am Schleusenteich beginnt. Hier wuchern die Büsche am Alsterufer und laden Wiesen zum Verweilen ein. Der Schleusenteich befindet sich übrigens in unmittelbarer Nähe zum Alstertal Einkaufszentrum und der S-Bahn-Station Poppenbüttel. Es besteht also theoretisch die Möglichkeit, Proviant aufzufüllen oder die Wanderung vorzeitig zu beenden. Wer weder das eine noch das andere plant, aber dennoch einen Happen zu sich nehmen möchte, findet an der Poppenbütteler Schleuse eine Möglichkeit zur entspannten Einkehr. Das Locks lockt (sic!) mit Steaks, Fischgerichten und auch Burgern in seine historischen Räu-

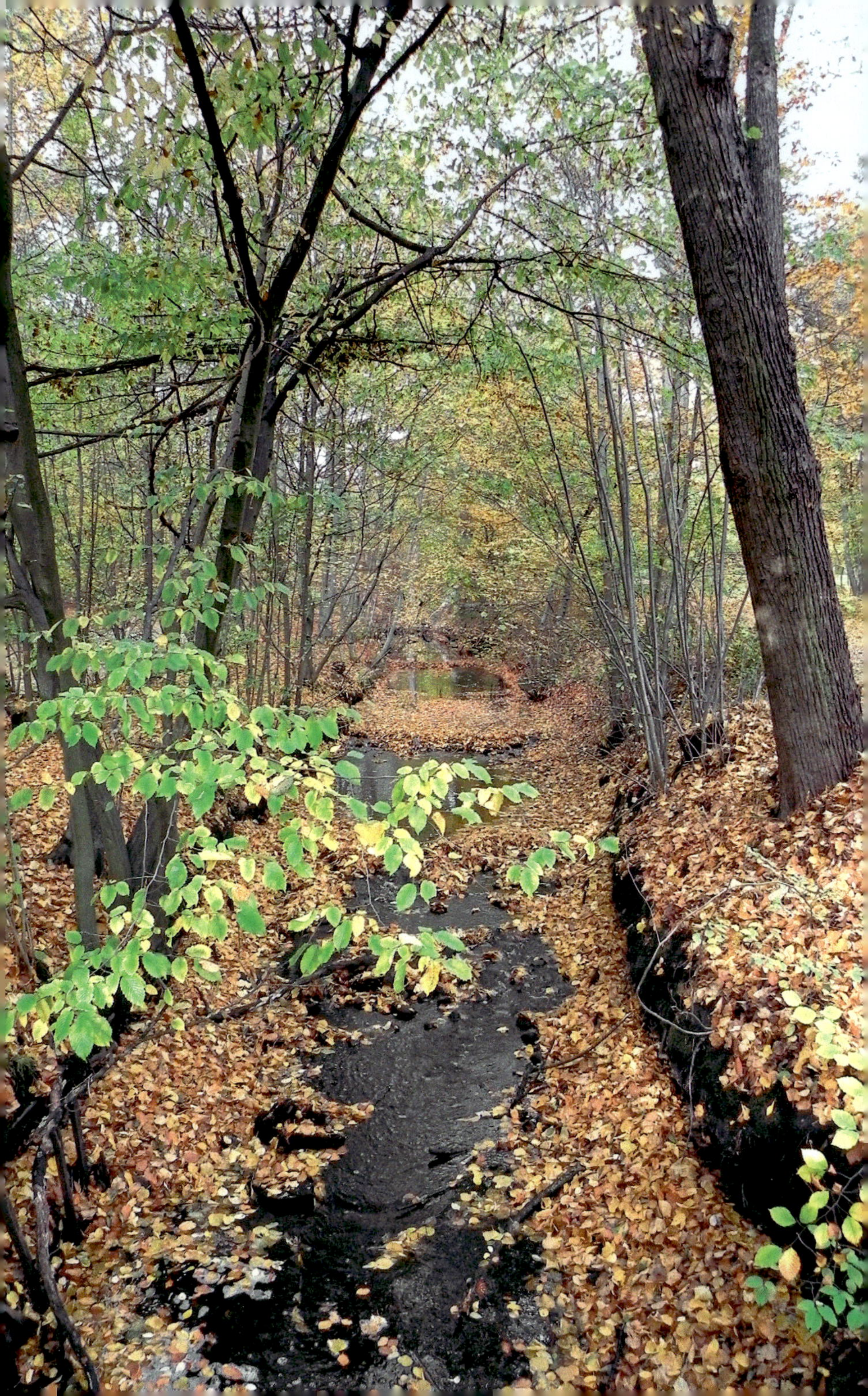

me beziehungsweise den gemütlichen Biergarten mit Blick aufs Wasser. Wer sich danach westlich der Alster hält, erreicht nicht nur den Hennebergpark, sondern auch Hamburgs einzige Burg. Während die Hammaburg, die Namensgeberin der Stadt, längst Geschichte ist, existiert die BURG HENNEBERG 3 immer noch. Das »Alsterschlösschen« aus der Zeit der Burgenromantik ist außerdem wohl die kleinste Burg der Welt, wenn man der Stiftung Burg Henneberg Glauben schenken möchte. Sie ist ein Nachbau der Burg Henneberg in Thüringen, des Stammsitzes des Grafen Henneberg und wurde im Maßstab 1 : 4 erbaut. Auf Anfrage werden auch private Führungen veranstaltet.

DIE FAMILIE HENNEBERG BESASS IN DER ZWEITEN HÄLFTE DES 19. JAHRHUNDERTS BEINAHE GANZ POPPENBÜTTEL, DAS DAMALS NOCH ZU PREUSSEN GEHÖRTE. ALBERT CAESAR HENNEBERG LEGTE DEN PARK AN, IN DEM NICHT WENIGE POPPENBÜTTLER HEUTE FREIZEITAKTIVITÄTEN, UNTER ANDEREM KANN MAN HIER BOOT FAHREN, NACHGEHEN.

Noch heute lebt eine Nachfahrin der Hennebergs in einem Häuschen im Park. Dabei ist sie allerdings nicht allein, denn wer Glück und ein gutes Auge hat, der findet hier neben Graureihern auch leuchtend blaue Eisvögel, die in den Ästen und Zweigen über dem Wasser auf Beute warten.

Mit dem Überqueren der Mellingbek erreicht ihr den Hohenbuchenpark, dessen Bewuchs – nomen est omen – hauptsächlich aus alten Buchen besteht. Zwischen den vielen Bäumen finden sich immer wieder Lichtungen, auf denen ihr euch im Sommer herrlich ausruhen könnt. Auch einen Kinderspielplatz gibt es im Hohenbuchenpark, der dem Nachwuchs Abwechslung bietet.

Am nordöstlichen Ende des Hohenbuchenparks beginnt die Mellingburger Alsterschleife. Hier kürzt der Wanderweg etwas ab. Statt dem Lauf zu folgen, geht es geradeaus weiter über die Brücke, bis sich der Weg gabelt. Wer mag, macht nun einen Abstecher nach links zur Mellingburger Schleuse, an der auch das gleichnamige Restaurant liegt und wo man durchaus auch schon mal den einen oder anderen Prominenten trifft. Wer es gern gediegen mag, findet hier eine Hamburger Restaurantinstitution. Eine Reservierung ist allerdings ratsam. Alle anderen folgen direkt den Straßen Mellingburgredder und Alte Mühle, an denen es kurzfristig durch ein Wohngebiet geht. Nachdem ihr die aufgestaute Saselbek an der BERGSTEDTER MÜHLE 4 überquert habt, wo ihr ebenfalls gut speisen könnt und dabei im Sommer unter hohen, Schatten spendenden Bäumen sitzt, folgt ihr den Abzweigungen Twietenkoppel (links) und Kortenland, um wieder auf dem Alsterwanderweg zu landen. Hier wird die Bebauung immer spärlicher, und es geht nun mitten in die Natur, um genau zu

Hamburger Institution: In der Mellingburger Schleuse trifft man auch schon mal auf Prominenz

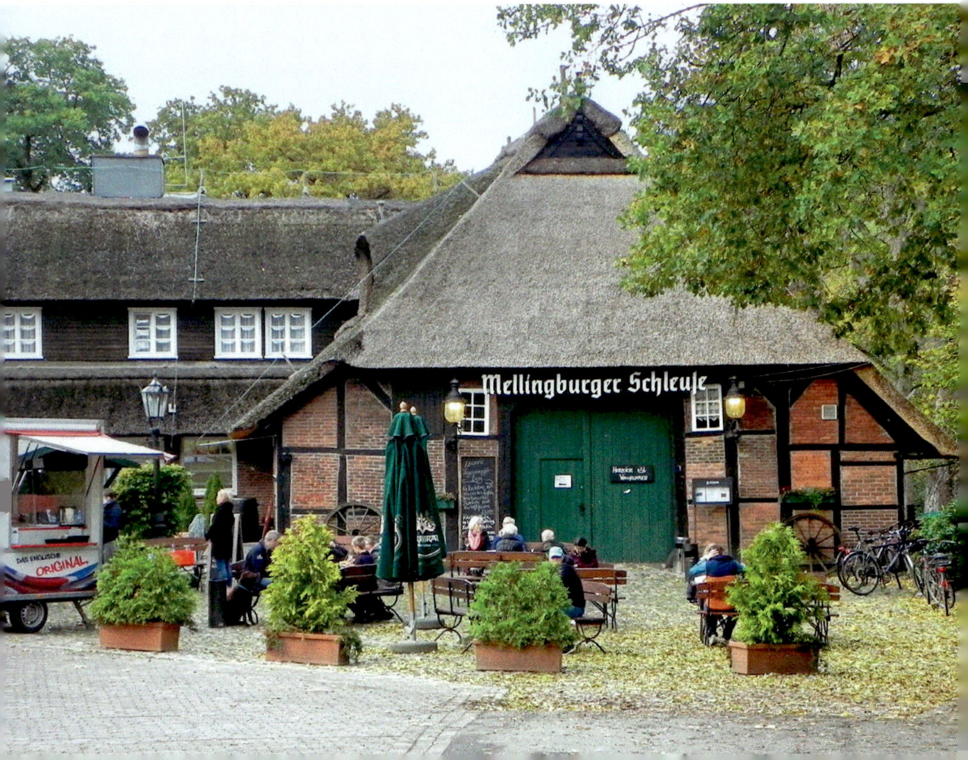

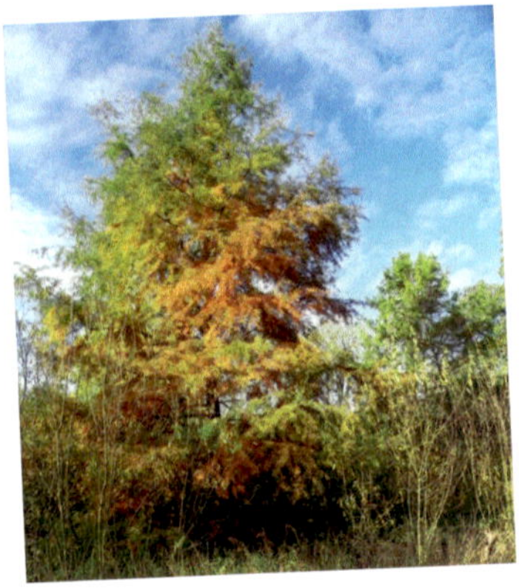

Leuchtende Farbenspiele im Herbst

sein, ins Naturschutzgebiet Rodenbeker Quellental. Dieses wartet auf mit einer wunderschönen Landschaft aus kleinen Hügeln und Tälern, zahlreichen Wasserläufen und Teichen.

BEMERKENSWERT UND IN HAMBURG SELTEN SIND DIE RINNSALE AUS HANG- UND SICKERWÄSSERN, DIE AUS DEN WASSERFÜHRENDEN ERDSCHICHTEN INS TAL FLIESSEN. SIE SIND NÄMLICH EINIGE DER WENIGEN NATÜRLICHEN WASSERAUSTRITTE IM STADTGEBIET. TEILWEISE SIND SIE STARK EISENHALTIG UND HINTERLASSEN DAHER EINE ORANGEGELBE SPUR.

Wer dieses Kleinod weiter in Richtung Norden durchwandert, erreicht nach kurzer Zeit den Wohldorfer Wald, den größten zusammenhängenden Laubwald in Hamburg und einen der ältesten Wälder der Stadt. Hier leben eine ganze Reihe seltener Tierarten, zum Beispiel seltene Waldvogelarten wie der Waldlaubsänger, die Mönchsgrasmücke, der Gartenbaumläufer, die Misteldrossel sowie Mittel- und Schwarzspecht. Zugegebenermaßen wandert ihr hier nicht mehr direkt an der Alster entlang, allerdings trifft man am Ende auf die Ammersbek, die schließlich hinter der Wohldorfer Schleuse mit ihrer Mühle wieder in die Alster fließt. Hier könnt ihr zum Abschluss der Wanderung noch einmal einkehren, bevor ihr am Duvenstedter Triftweg oder der Station Wohldorf den Bus zurück in Richtung Stadt besteigt.

Alles, was ihr wissen müsst

keine Rundtour: entspannte Wanderung // Wechselkleidung für Kinder ist sinnvoll // genug Zeit einplanen // Möglichkeiten, vorzeitig abzubrechen // **bedingt kinderwagentauglich**

Markierung: gelber Pfeil

Entfernung von Hamburg: liegt im Stadtgebiet
ÖPNV: U1 bis Klein Borstel, Rückfahrt: Bus 176 oder 276
Auto: nicht empfehlenswert

Einkehr: **The Locks,** Marienhof 6, 22399 Hamburg, the-locks.de // **Mellingburger Schleuse,** Mellingburgredder 1, 22395 Hamburg, mellingburgerschleuse.de // **Alte Mühle Bergstedt,** Alte Mühle 34, 22395 Hamburg, alte-muehle-hamburg.de

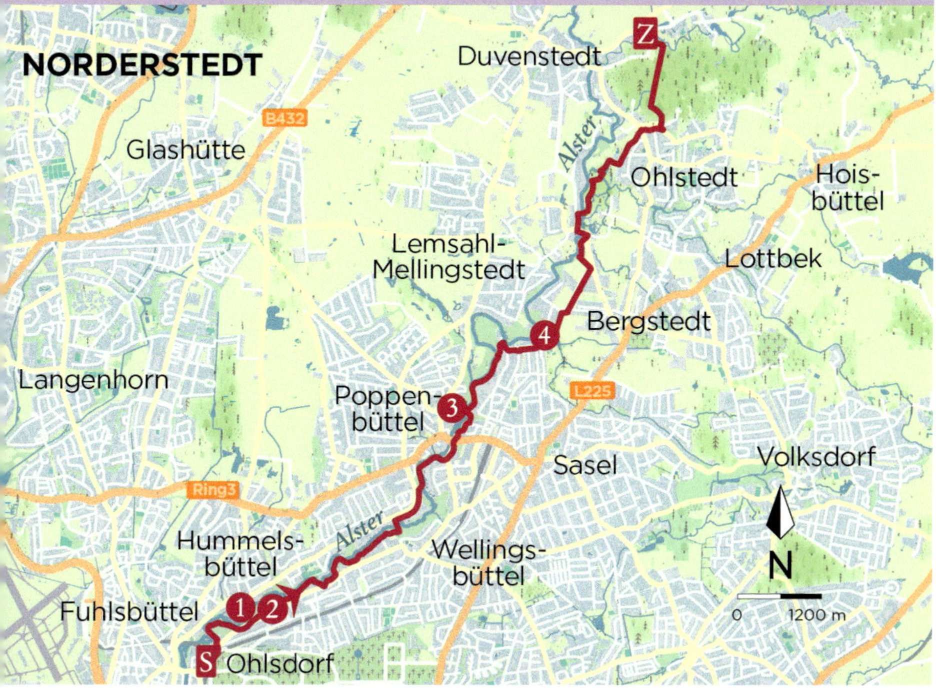

Von der Alsterquelle ins Schlappenmoor

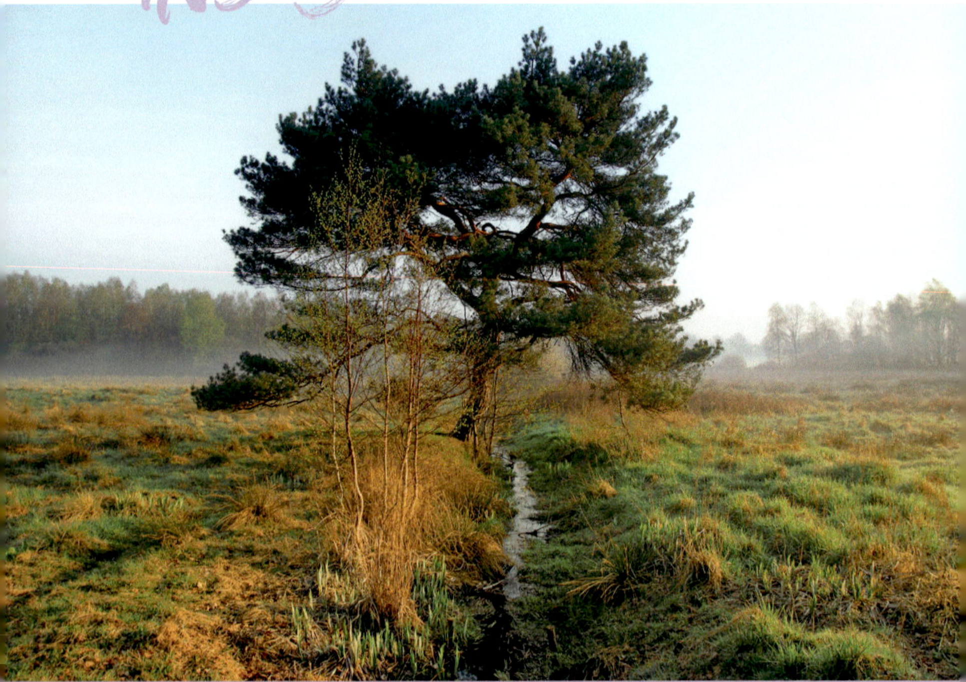

Schwierigkeit: leicht // 9,7 Kilometer // 30 Höhenmeter

Für Familien mit Kindern bedingt geeignet

AUSFLUG ZU EINER HEILIGEN QUELLE UND IN EINE GEHEIMNISVOLLE MOORLANDSCHAFT

Eine Wanderung von der »heiligen« Alsterquelle ins Schlappenmoor gehört zu den eher unbekannten ungeschriebenen Pflichten der Einwohner Hamburgs. Wobei ungeschrieben so nicht ganz stimmt, denn 1908 schrieb der Dichter Detlev von Liliencron:

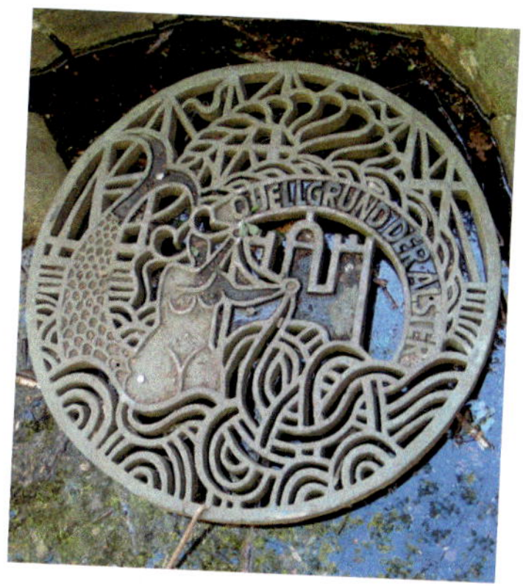

Hamburgs heilige Quelle in Henstedt

»JEDER IN HAMBURG GEBORENE MÜSSTE VERPFLICHTET SEIN, WENIGSTENS EINMAL IN SEINEM LEBEN HINZUGEHEN, UM DORT SEINE TIEFE VERBEUGUNG ZU MACHEN VOR DER HEILIGEN QUELLE, DER DIE REPUBLIK IHREN SCHÖNSTEN SCHMUCK ZU DANKEN HAT.«

Aber seien wir ehrlich: Kanntet ihr dieses Zitat? Eben.
Um die aufgestaute Alster, also Binnen- und Außenalster, ist wahrscheinlich jeder schon mal spaziert oder gejoggt, die Alsterquelle hingegen dürften deutlich weniger Menschen besucht haben. Das könnte allerdings auch damit zusammenhängen, dass diese in Henstedt-Rhen liegt und mit öffentlichen Verkehrsmitteln nicht im aus der Rushhour gewohnten Fünf-Minuten-Takt erreichbar ist.
Von der Bushaltestelle An der Alsterquelle geht es per pedes zum Quellenweg, der direkt zur Alsterquelle führt. Allerdings sei eine Warnung vorausgeschickt, was die Alsterquelle betrifft, denn nach längeren Trockenperioden ist von einer Quelle nicht wirklich viel zu sehen, bis auf die von Steinen eingefasste bronzene Zierplatte aus dem Jahr 1968, deren Inschrift »Quellgrund der Alster« lautet. Nichtsdestotrotz gehört ein Besuch hier auf die Bucket List eines

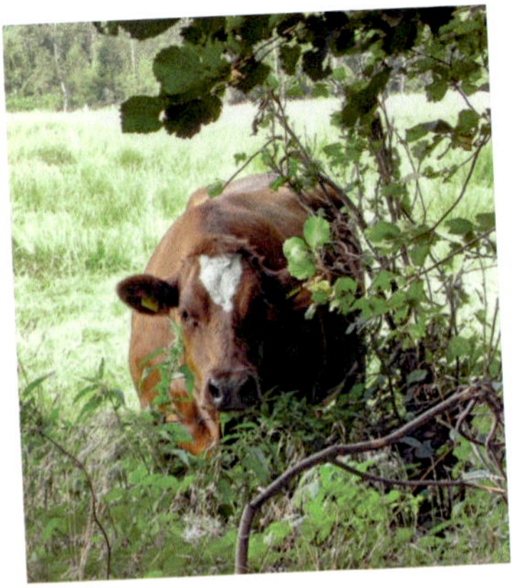

jeden gebürtigen wie auch Neu-Hamburgers, das versteht sich ja von selbst. Auch wenn die »heilige Quelle« an sich recht unspektakulär daherkommt.
Von der Alsterquelle führt der Weg durch Wald und Wiesen ins Alsterquellmoor. Hier sieht es auch im Sommer schon etwas mehr nach dem Ursprung eines Flusses aus. Dem Hein-Timm-Weg folgt ihr nach Norden. Der Weg ist eher ein Pfad, der an eingezäunten Feuchtwiesen vorbeiführt und wo Schmetterlinge und Libellen bereits davon künden, dass hier eine bunte Tierwelt zu Hause ist. An der Straße Timmhagen endet der kleine Pfad. Hier haltet ihr euch rechts und wandert durch eine Allee bis zur nächsten Kreuzung. Dort zweigt die Straße Hohnerberg links ab. Dieser folgt ihr bis zur BRÜCKE ÜBER DIE ALSTER (1), an deren Wert als Sehenswürdigkeit die Geister sich scheiden. Die Brücke wurde im alten Stil erbaut, besteht allerdings tatsächlich aus Beton, auf dem sich zahlreiche Graffiti wiederfinden. Unbestritten ist allerdings, dass ihr von der Brücke aus hervorragend Fotos von der Oberalster und dem sie umgebenden Moor schießen könnt.
Dem Hohnerberg folgt ihr noch etwa 300 Meter, ehe auf der rechten Seite ein Feldweg beginnt, der in Richtung Schlappenmoor führt. Das SCHLAPPENMOOR (2) gehört zum Naturschutzgebiet Oberalsterniederung, das sich von Rhen bis Nahe erstreckt.

DIE OBERALSTERNIEDERUNG – MIT 907 HEKTAR DAS DRITTGRÖSSTE NATURSCHUTZGEBIET SCHLESWIG-HOLSTEINS – LIEGT IN EINEM EISZEITLICHEN URSTROMTAL UND ENTSTAND, ALS DAS SCHMELZWASSER

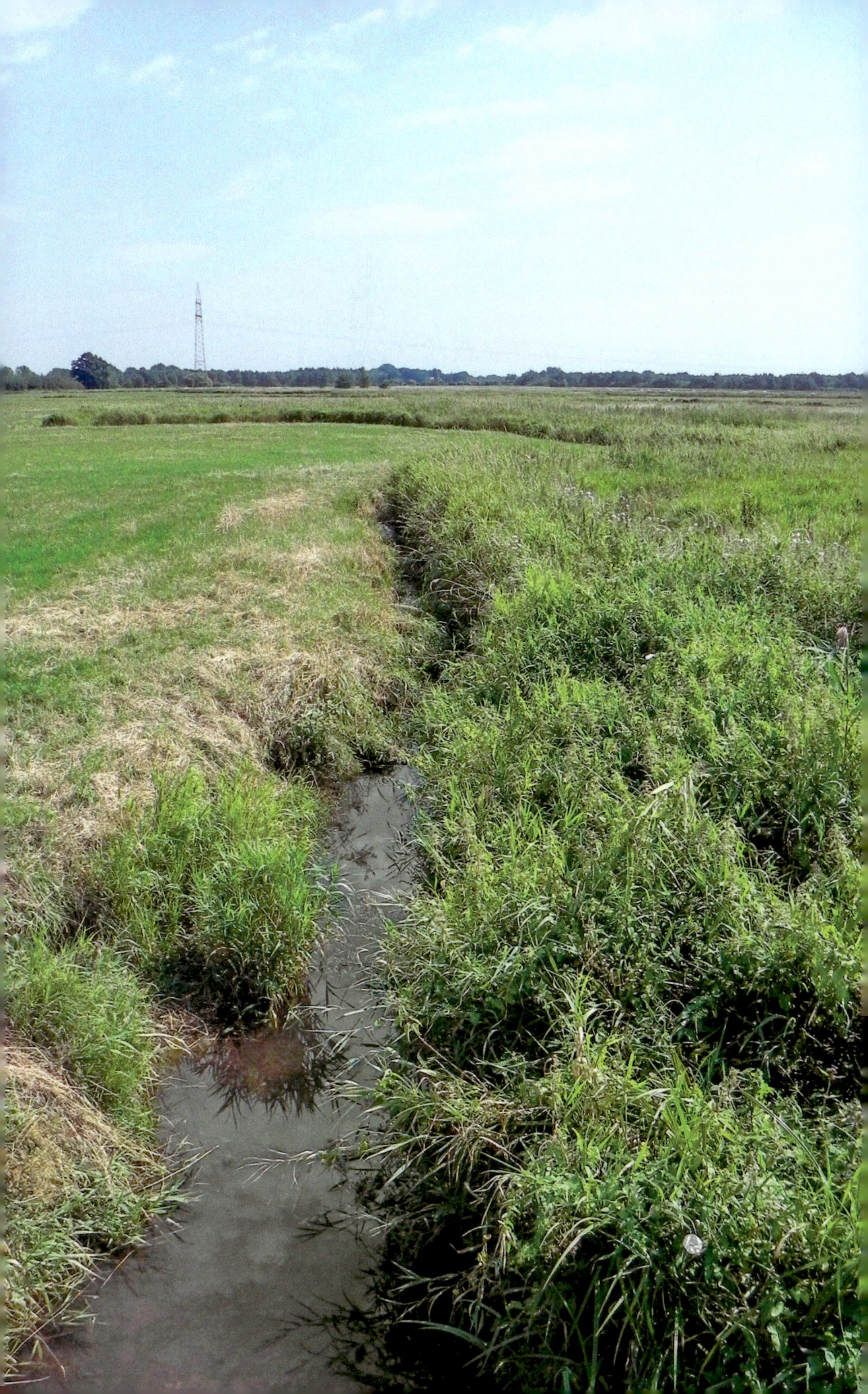

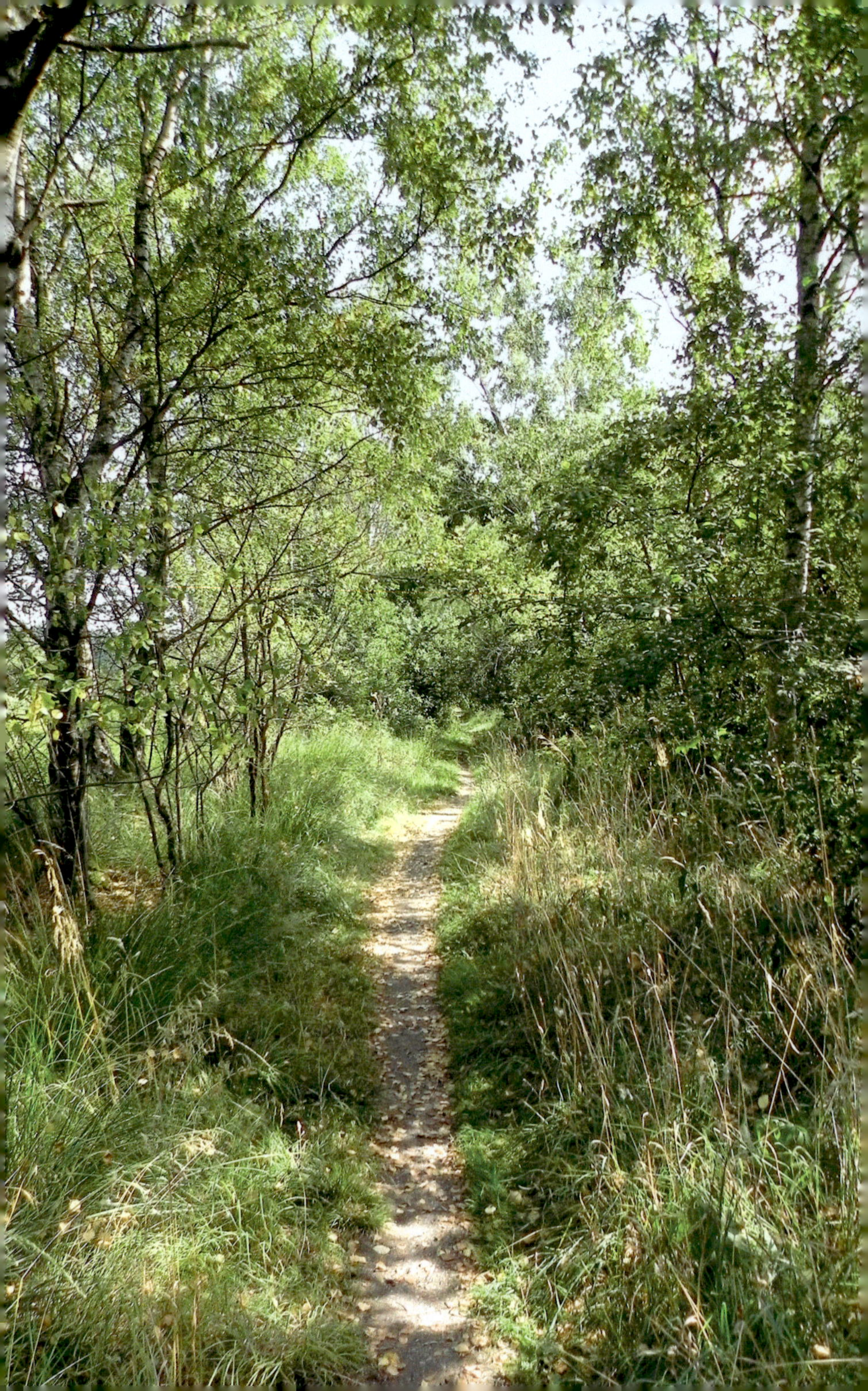

DES ABTAUENDEN GLETSCHERS EINEN FLACHEN EISSTAUSEE BILDETE, WEIL ES NICHT ABFLIESSEN KONNTE. DER SEE VERLANDETE IN EINEM ZEITRAUM VON TAUSENDEN VON JAHREN.

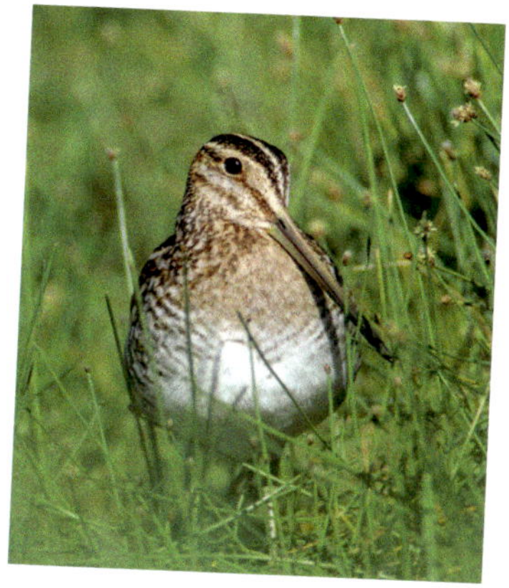

Hier heimisch: die Bekassine

Insbesondere Tierfreunde kommen in diesem Hochmoorgebiet auf ihre Kosten, denn es ist Heimat zahlreicher Vogelarten wie Großer Brachvogel (Charaktervogel der Alsterniederung), Bekassine, Rohrdommel oder auch Eisvogel. Dazu leben hier zahlreiche Amphibien und Reptilien. Zu Letzteren gehört auch die einzige Giftschlange in unseren Breiten, die Kreuzotter. Daher ist es ratsam, mit offenen Augen durch das Schlappenmoor zu gehen, das ihr betretet, sobald ihr die Alster überquert habt. Nachdem die alte Brücke abgerissen wurde, kam man hier eine zeitlang nur über einen improvisierten Steg auf die andere Alsterseite. Mittlerweile steht hier aber gottlob eine neue Brücke. Hier wird die Vegetation etwas wilder, wuchern Gräser und Kräuter höher, wachsen Bäume und Sträucher in den Weg hinein. Teilweise habt ihr den Eindruck, dass der Wanderweg eine halbe Ewigkeit nicht mehr benutzt worden sein kann.

IM SOMMER HEIZT SICH DAS SCHLAPPENMOOR BEMERKENSWERT STARK AUF. ES IST ALSO RATSAM, SONNENCREME UND KOPFBEDECKUNG MITZUNEHMEN UND EINEN ANGEMESSENEN WASSERVORRAT MITZUFÜHREN.

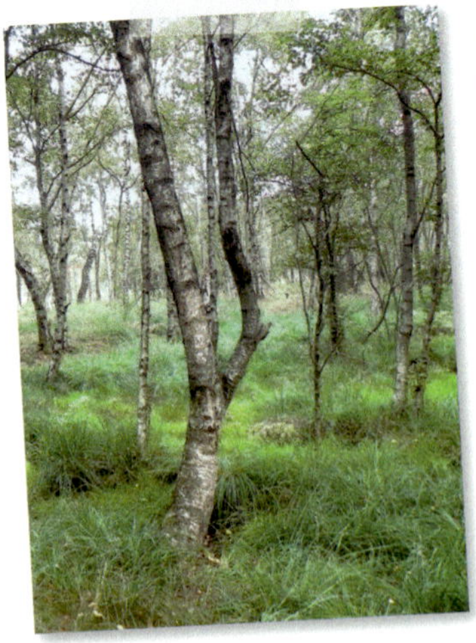

In der warmen Jahreszeit lauft ihr auf trockenem Torfboden, und mit Glück könnt ihr Eidechsen und Blindschleichen beim Sonnenbad entdecken. In den feuchteren Jahreszeiten zeigt sich das Schlappenmoor hingegen voller Wasserlöcher, Feuchtwiesen und »echter« Sumpfgebiete. Dann solltet ihr statt Sonnencreme und Hut lieber (wasser-) festes Schuhwerk dabeihaben.

Der kleine Ausflug ins Schlappenmoor endet, sobald der Weg sich wieder nach Westen und dann nach Süden wendet. Auf einem Landwirtschaftsweg geht es vorbei an Bäumen und Kuhweiden wieder auf befestigte Wege. Der Straße Togenkamp folgt ihr nun kurz bis zu einer kleinen SIEDLUNG ③, an der es links schon wieder in die Natur und damit durch Feuchtwiesen in Richtung des Henstedter Moores geht, an dessen östlicher Seite der Weg erneut nach Norden zum Togenkamp führt.

DAS HENSTEDTER MOOR IST EIN EHEMALIGES HOCHMOOR- UND HEIDEGEBIET UND SEIT 2017 EBENFALLS NATURSCHUTZGEBIET. NEBEN ANDEREN TIEREN SIND KRANICH UND SCHLEIEREULE HIER ANSÄSSIG.

Zurück am Togenkamp führt der Weg weiter geradeaus in Richtung Norden. Nach einem Marsch durch Wiesen und Wälder erreicht ihr wieder die Straße Timmhagen, der ihr nun in entgegengesetzter Richtung folgt und von der ihr wieder auf den HEIN-TIMM-WEG ④ abbiegt, um zurück zum Parkplatz an der Alsterquelle zu gelangen oder via Alsterwiesen zur Bushaltestelle.

Alles, was ihr wissen müsst

Rundtour: auf teils unbefestigtem Untergrund und zugewucherten Wegen // festes Schuhwerk erforderlich // je nach Witterung die Ausrüstung anpassen // Nach längeren Regenperioden ist es sehr feucht // Sonnen- und Mückenschutz sowie ausreichend Wasser mitnehmen // im Hinterkopf haben: Im Moor leben Kreuzottern // **nicht kinderwagentauglich**

Markierung: teilweise gelbe Pfeile, jedoch nicht durchgehend; besser Text oder GPS nutzen

Entfernung von Hamburg: 25 Kilometer
ÖPNV: A1 bis Ulzburg-Süd oder U1 bis Norderstedt-Mitte, dann jeweils mit Bus 293, Haltestelle An der Alsterquelle
Auto: Parkplatz an der Alsterquelle, Quellenweg, 24558 Henstedt-Ulzburg

Einkehr: **keine Möglichkeit,** daher genug Proviant mitnehmen

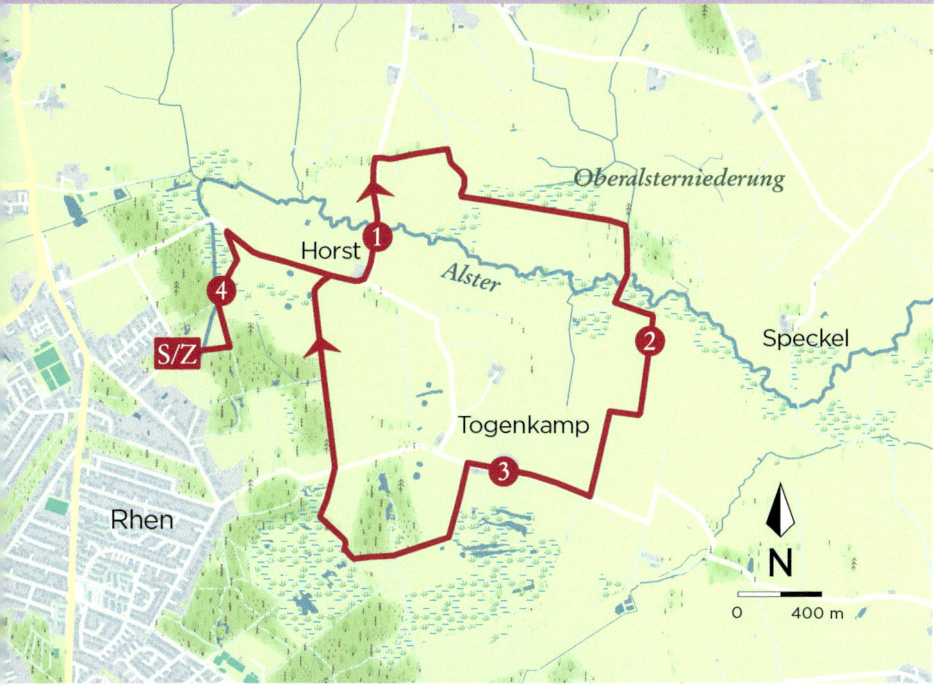

Von Fischbek nach Buchholz

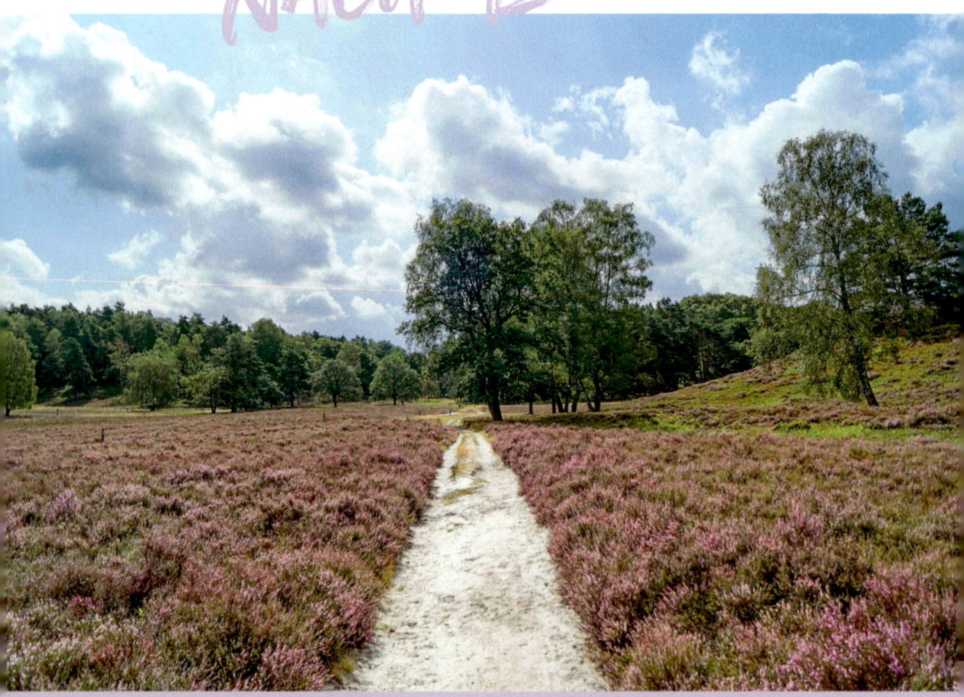

Schwierigkeit: schwer // 26,6 Kilometer // 180 Höhenmeter
Für Familien mit Kindern nicht geeignet

AUF UND AB ÜBER DEN HEIDSCHNUCKENWEG DURCH DIE IDYLLISCHE HEIDE MIT ABSTECHER ZUM STEIN, DEN KARL DER GROSSE SPALTETE

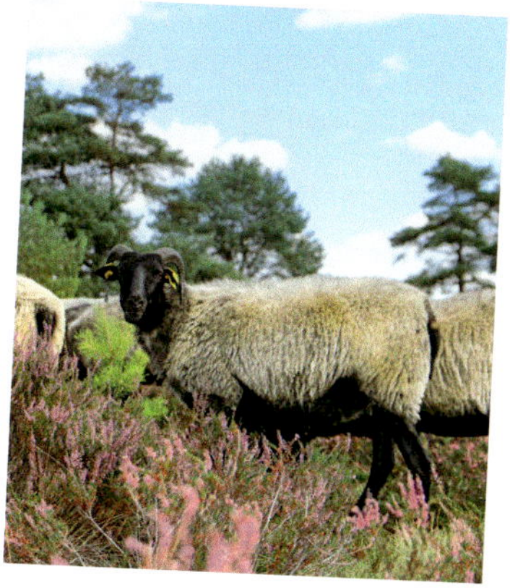

Wappentier: Die Heidschnucke

Der Heidschnuckenweg ist ganz offiziell einer von Europas Qualitätswanderwegen und erfreut sich großer Beliebtheit, weshalb man auf dieser Route immer mal wieder andere Wandersleute trifft. Er beginnt in Hamburg-Fischbek und führt bis nach Celle. Seine erste Etappe endet nach 26 anspruchsvollen Kilometern, die zum Teil über unwegsames Gelände führen, in Buchholz (Nordheide). Da es fast keine Möglichkeit zur Einkehr gibt, sollte man genug Proviant mitnehmen.
Langweilig wird es auf dieser Tour übrigens nicht einmal, wenn ihr allein aufbrecht, denn der Heidschnuckenweg ist so beliebt, dass man ständig auf andere Wanderer trifft, die einem Pläuschchen nicht abgeneigt sind. Die Entbehrungen dieser Strecke verbinden halt.
Die 773 Hektar große Fischbeker Heide liegt an der Hamburger Stadtgrenze zu Niedersachsen. Von der Busstation Fischbeker Heideweg sind es etwa zehn Minuten bis zum offiziellen Startpunkt des Heidschnuckenweges, der im Scharlbarg liegt und in der Folge immer durch ein weißes »H« auf schwarzem Grund gekennzeichnet ist. Und der Weg beginnt vielversprechend: Eine Heidelandschaft wie aus dem Bilderbuch liegt vor einem. An den Rändern des Trockentals der Fischbeker Heide haben sich kleine Hügel ausgebildet. Der Pfad führt von links nach rechts, teilweise stark ansteigend, dann wieder leicht absteigend, bringt er den Wanderer schon zu Beginn ins Schwitzen. Doch die Heidefläche mit Wacholderbüschen und kleinen Eichen entschädigt für die Anstrengungen. Es folgt ein steiler Anstieg durch den Kiefernwald, der nicht der letzte auf dieser Route gewesen sein wird. Oberhalb des SEGELFLUGPLATZES 1 (Vorsicht!) öffnet

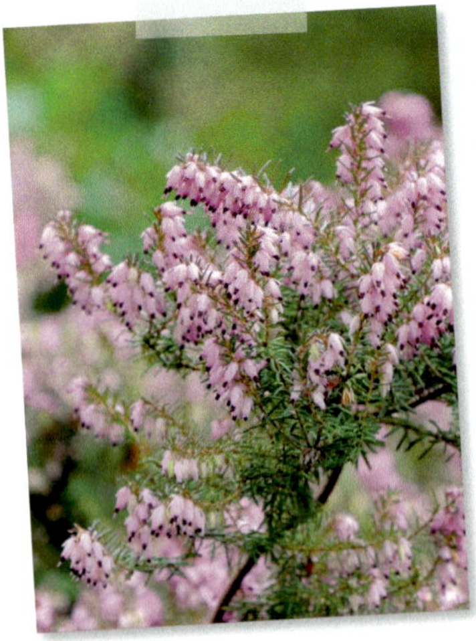

sich die Heide, und entlang der Landesgrenze zwischen Hamburg und Niedersachsen führt der Weg nur wenig später in den Mischwald. Hier geht es steil auf und ab, aber immerhin ist es im Wald schön kühl. Für die Vegetation am Wegesrand bleibt nicht viel Aufmerksamkeit übrig, zu sehr muss man sich darauf konzentrieren, keinen falschen Schritt zu machen, denn der Weg ist von Baumwurzeln übersät, und wenn es geregnet hat, wird es hier ziemlich rutschig.
Unverhofft stößt man nach geraumer Zeit wieder auf Zivilisation, nämlich die Siedlung mit dem bedeutungsschwangeren Namen Tempelberg. Tempelberg gehört zu Neu Wulmstorf und markiert dementsprechend den Grenzübertritt nach Niedersachsen. Der Wald wird hier lichter. Still stehen hohe Kiefern mit glatten Stämmen. Heidelbeeren und Pilze sind am Wegesrand zu finden. Der Weg selbst führt immer weiter in Richtung Süden. Die nächste Station ist die Doppelheide, eine Lichtung mitten im Wald. Hier findet ihr eine Bank zum Verschnaufen und könnt den Körper mit Nahrung und Flüssigkeit versorgen.

Weiter geht es durch den hügeligen Kiefernwald. Die Steigungen und das Gefälle sind jetzt nicht mehr ganz so extrem. Der Wald verändert sich nun, aus Kiefern werden Schatten spendende Buchen. Es geht einen Kamm hinauf zum Karlstein, einem großen Findling mitten im Wald. Er hatte in der Jungsteinzeit eine große Bedeutung für die Menschen in dieser Gegend, ist Naturdenkmal im Landkreis Harburg und Teil des Wappens von Schwiederstorf.

Der Sage nach hatte sich der Frankenkönig Karl der Große während der Sachsenkriege am Stein zur Ruhe gelegt, vorher aber bei Todesstrafe verboten, ihn zu wecken. Während er schlief, näherten sich die feindlichen Sachsen. Da keiner aus Karls Gefolge getötet werden wollte, warf man seinen Hund auf ihn. Er erwachte, erkannte die drohende Gefahr und rief: »So sicher ich diesen Stein mit meinem Schwerte spalten werde, so gewiss werden wir die Sachsen besiegen.« Er sprang auf sein Ross, das über den Stein hinwegsetzte, spaltete den Stein mit einem Hieb und besiegte die Sachsen.

WISSENSCHAFTLER BEHAUPTEN, DASS DER GRANITKLOTZ AUS SÜDSCHWEDEN STAMMT UND VON DEN GLETSCHERMASSEN DER EISZEIT HIERHERTRANSPORTIERT WURDE.

Vom KARLSTEIN 2 führt der Weg durch die Buchenwälder im Rosengarten nun nach Osten. Langenrehm ist das erste der typischen Heidedörfer entlang des Heidschnuckenweges und das höchstgele-

Der legendenumrankte Karlstein wurde durch die Eiszeit aus Südschweden hierhertransportiert

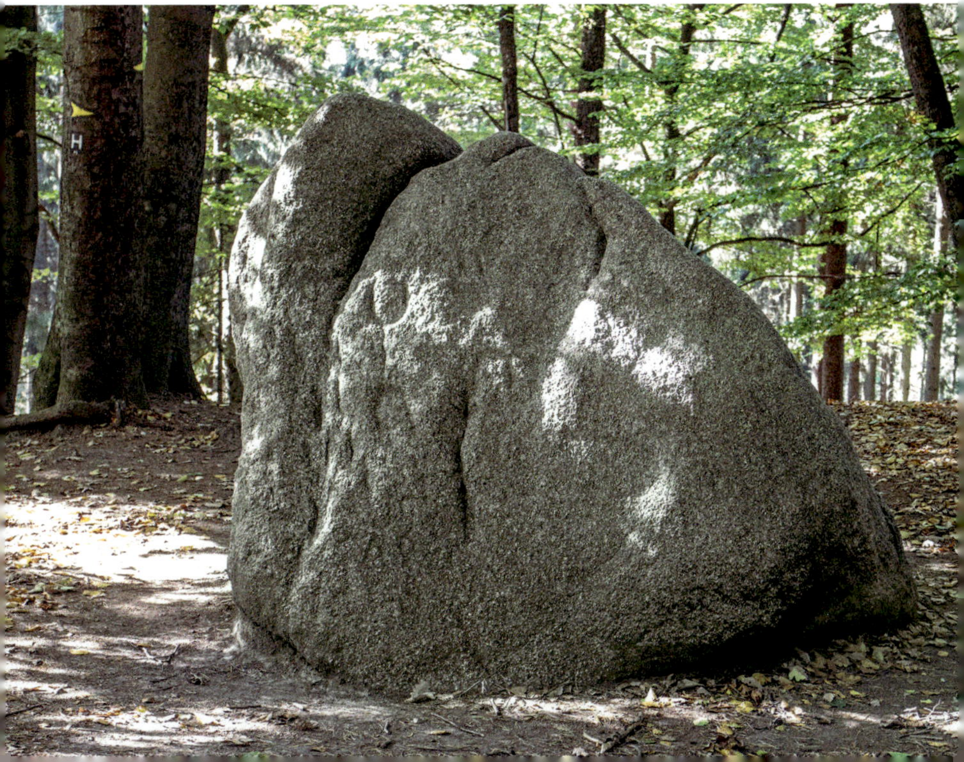

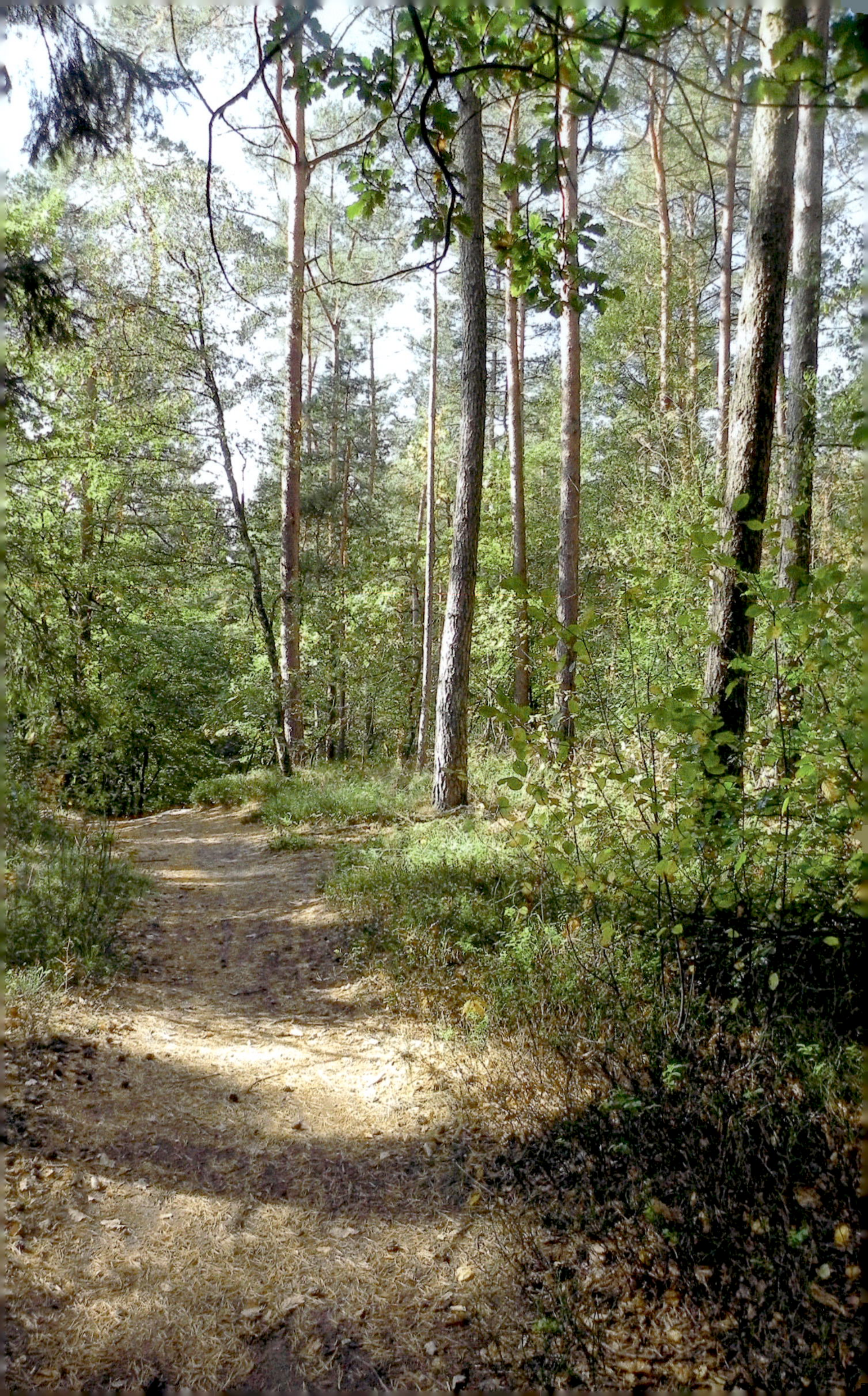

gene Dorf der norddeutschen Tiefebene. Mit etwas Glück könnt ihr hier im Café der Museumsstellmacherei verschnaufen. Wobei »mit Glück« heißt: sonntags im Sommer beziehungsweise während der Saison. Dann lohnt sich auch ein Blick in die STELLMACHEREI ③, die zum Freiluftmuseum Kiekeberg gehört. Hier sehen Besucher, wie die Familie Peters im Jahr 1930 arbeitete.

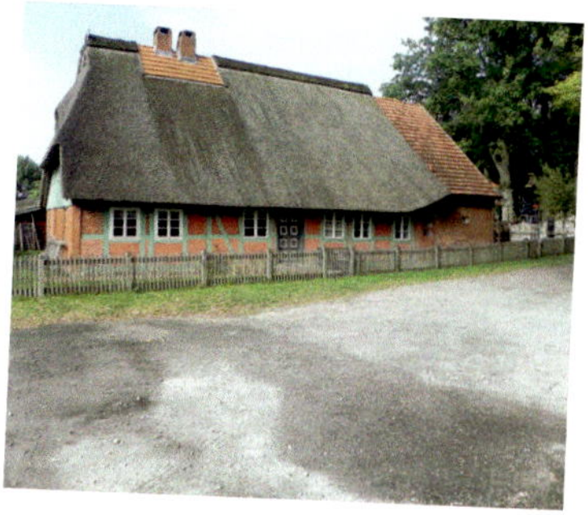

MUSEUMSSTELLMACHEREI IN LANGENREHM

DIE MASCHINEN DER HISTORISCHEN WERKSTATT SIND ALLE NOCH VOLL FUNKTIONSTÜCHTIG. MAN ERLEBT DIE ALTE TECHNIK DES STELLMACHERHANDWERKS HAUTNAH. DAS HISTORISCH GETREU EINGERICHTETE WOHNHAUS ZEIGT DAS FAMILIENLEBEN AUF DEM STELLMACHERHOF. DAS DENKMALGESCHÜTZTE ENSEMBLE BESTEHT AUS FACHWERKWOHNHAUS, PRODUKTIONSGEBÄUDE UND SÄGEWERK.

Typisch für ein Heidedorf sind in Langenrehm die mächtigen Eichen zwischen den alten Häusern, die sich um den Dorfanger gruppieren. Am Dorfrand richtet ihr den Blick in Richtung Süden, wo die Lüneburger Heide beginnt. Wer möchte, kann vor dem Abmarsch noch einen Abstecher zum Fürstendenkmal Langenrehm unternehmen, das dem letzten König des Königreichs Hannover gewidmet ist. Erneut schwingt der Weg im sanften Rhythmus durch den Wald und über die Hügel. Durch malerische Wiesen und unter der A 261 hindurch erreicht ihr kurz darauf Nenndorf, welches ihr allerdings nur auf dem Weg nach Dibbersen am nordwestlichen Zipfel streift. Dibbersen selbst ist eigentlich bereits ein Stadtteil von Buchholz, doch

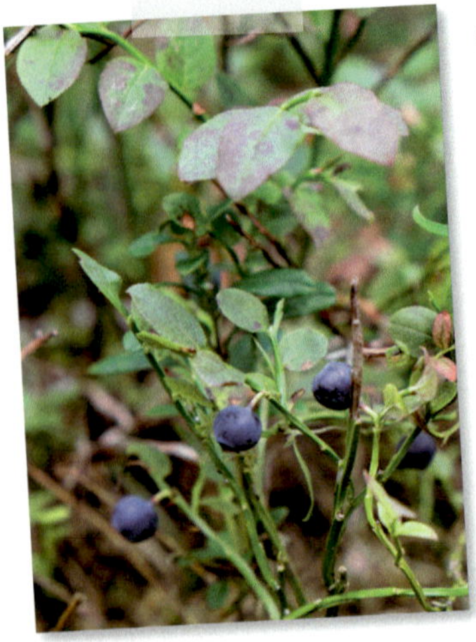

trennt beide Orte die B 75. Am nördlichen Dorfrand von Dibbersen lohnt sich der Abstecher zur historischen Windmühle. Im Süden des Dorfes lockt der Dangerser Berg mit einer Aussicht bis ins nahe Buchholz. Bei gutem Wetter meint man sogar schon den Wilseder Berg erkennen zu können. Hübsche Waldrandwege führen von hier weiter nach Steinbeck, einem weiteren Stadtteil von Buchholz. Wem noch nicht die Füße qualmen, der folgt der B 75 bis zum LANDGASTHOF HOHELUFT 4. Hier fanden am Ende des Zweiten Weltkrieges die Kapitulationsverhandlungen um Hamburg statt. Der Verhandlungstisch kann noch heute besichtigt werden.

Für alle, die sich dafür nicht so brennend interessieren, verläuft der Weg in Steinbeck von der B 75 durch den Ort in südöstlicher Richtung. Hier wird nun noch der Stadtwald durchquert, den man hier stolz »die Berge« nennt, und durch die Innenstadt der Bahnhof Buchholz angesteuert, wo die erste Etappe des Heidschnuckenweges offiziell endet und die zweite beginnt.

Wer noch nicht gleich nach Hause möchte, erkundet ein wenig die mit rund 40.000 Einwohnern größte Stadt im Landkreis Harburg. Die gemütliche Innenstadt lädt mit ihren vielen kleinen Geschäften zum Bummeln ein. Rund um die Poststraße und die Breite Straße lohnt sich ein Blick in die Schaufenster. In den zahlreichen Cafés, Imbissen und Restaurants bleiben zudem eigentlich keinerlei kulinarische Wünsche offen. Hier findet ihr zum Tourabschluss auf jeden Fall noch eine Belohnung für den Magen. So zum Beispiel im griechischen Restaurant Athena in der Lindenstraße. Ansonsten könnt ihr euch auch im Discounter direkt am Bahnhof mit Verpflegung für die Rückfahrt eindecken.

Alles, was ihr wissen müsst

keine Rundtour: anspruchsvolle Wanderung auf teils unbefestigtem Untergrund mit starken Steigungen und Gefälle // festes Schuhwerk erforderlich // **nicht kinderwagentauglich**

Markierung: weißes »H« auf schwarzem Grund

Entfernung von Hamburg: 17 Kilometer
ÖPNV: S 3 bis Neuwiedenthal, dann Bus 240 bis Fischbeker Heuweg, Rückfahrt: RE 4 oder RB 41 ab Buchholz/Nordheide
Auto: nicht empfehlenswert

Einkehr: **Café in der Museumsstellmacherei Langenrehm,** Kabenweg 7, 21224 Rosengarten, kiekeberg-museum.de (Mai–Okt., nur So) // **Restaurant Athena,** Lindenstraße 12, 21244 Buchholz in der Nordheide

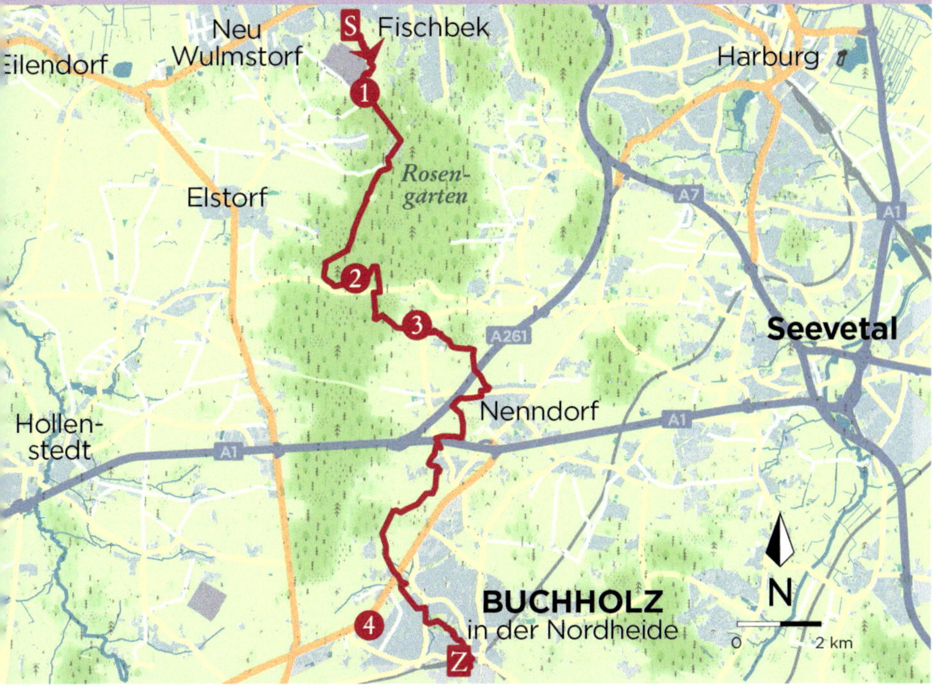

Im Ahrensburger Tunneltal

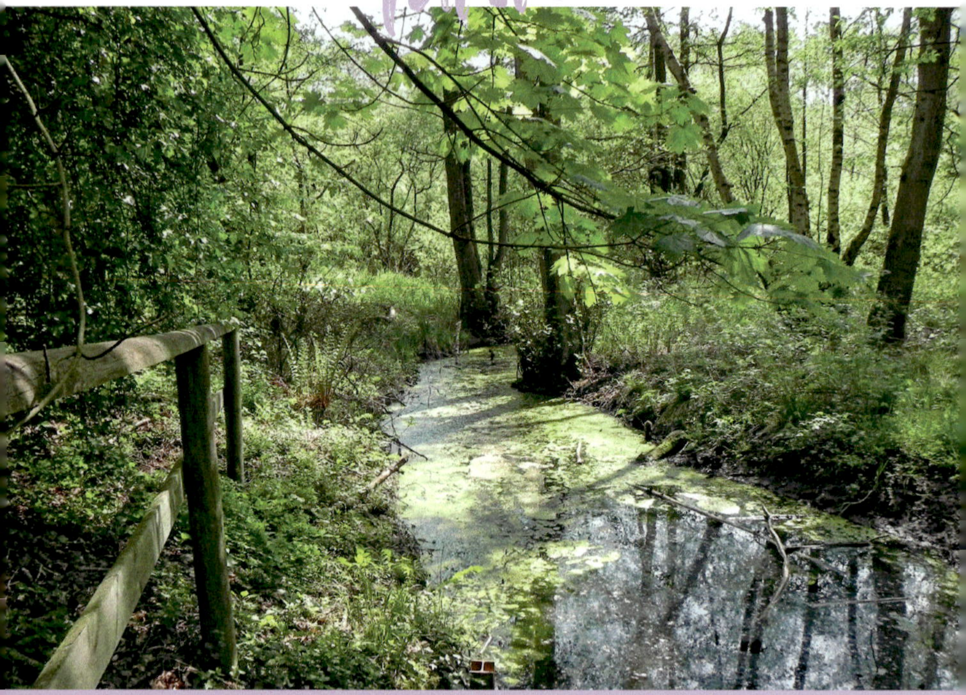

Schwierigkeit: leicht // 4,5 Kilometer // 20 Höhenmeter
Für Familien mit Kindern geeignet

EINE SCHWIMMENDE BRÜCKE,
SELTENE FLORA UND FAUNA
UND ROLLENSPIELE IN EINER RUINE

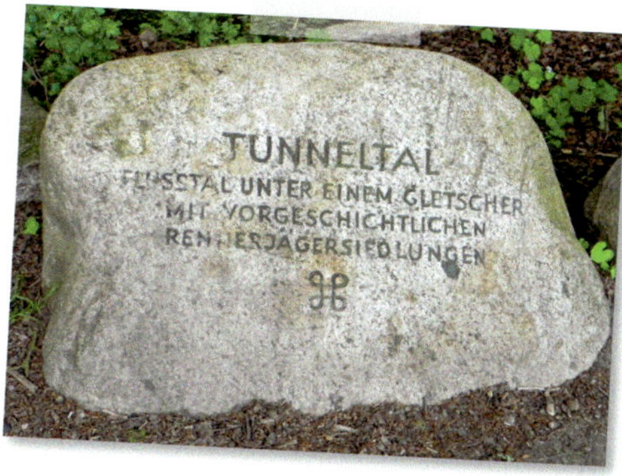

Nordöstlich der Hamburger Stadtgrenze liegt mit dem Ahrensburger Tunneltal ein Wandergebiet, das sowohl historisch, ökologisch als auch landschaftlich interessant und definitiv einen Ausflug wert ist. So ist das Tunneltal als das »Tal der Rentierjäger« bekannt und gehört zu den bedeutendsten Forschungsregionen altsteinzeitlicher Archäologie in Nordeuropa. Grund dafür ist, dass bis vor die Grenzen Rahlstedts ein bis zu 300 Meter hoher Gletscher vorgestoßen war. Nachdem das Eis geschmolzen war, blieb ein lang gestreckter Rinnensee zurück, an dem sich eiszeitliche Rentierjäger ansiedelten. Zudem wurde hier im Mittelalter die Burg Arnesvelde errichtet, um die Handelswege zu schützen. Die bewegte Vergangenheit und die ökologischen Besonderheiten des Tals werden auf zahlreichen Informationstafeln am Wegesrand beschrieben.

Vom U-Bahnhof Ahrensburg-Ost könnt ihr direkt loswandern und euch auf eine verhältnismäßig einfache Tour freuen. Die Höhepunkte sind das schon beschriebene Tunneltal, das man auf einem schwimmenden Steg durchläuft, und die Burg Arnesvelde, deren Gemäuer sich noch erahnen lassen. Vom U-Bahnhof führt der erste Streckenabschnitt an der U-Bahn-Linie in Richtung Ahrensburg-West auf dem Kuhlenmoorweg entlang. Linker Hand säumt ein Wald den Weg, hinter dem sich der Hopfenbach verbirgt, den man anfangs noch sehen kann. Nach wenigen 100 Metern kreuzt die Hagener Allee den Wanderweg, den ihr jedoch hinter euch lasst. Auf Höhe des BAHNHOFS AHRENSBURG-WEST (1) endet der Wald, und der Blick wird freigegeben auf die Wiesen rund um den Hopfenbach. In den feuchten Wiesen leben Bekassine und Kiebitz, und wer Glück hat, beobachtet einen Storch bei der Nahrungssuche, einen Kranich oder auch Graureiher auf Beutezug.

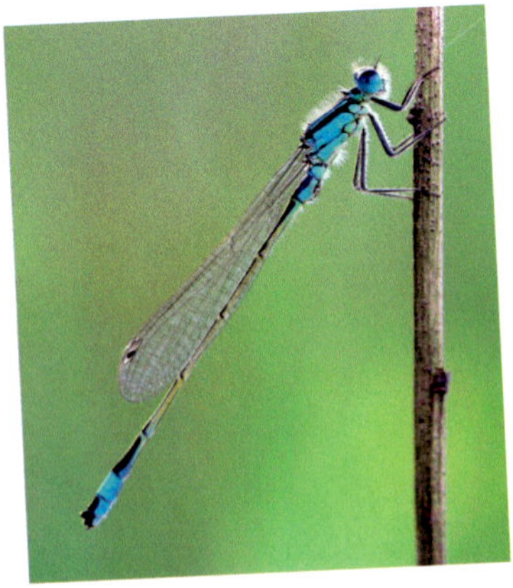

Das Tal ist ein Insektenparadies

An der Fußgängerbrücke in Richtung Ahrensburg biegt der Wanderweg nun nach Südwesten ab und führt an der Bahnstrecke von Hamburg nach Ahrensburg entlang. Wer ohne Proviant losgegangen ist und quengelnde Kinder dabeihat, kann hier vorher noch einen kleinen Abstecher machen, um an der nahe gelegenen Tankstelle, beim Bäcker oder einer amerikanischen Junkfoodkette Stimmungsaufheller für den Nachwuchs zu besorgen, damit dieser nicht streikt. Am Ende des schattigen Weges beginnt der Moorwanderweg, der ein Highlight für sich ist, denn es handelt sich nicht etwa um einen schnöden Pfad durch ein Moorgebiet, sondern um eine schwimmende Brücke aus nicht weniger als 77 hölzernen Einzelteilen, die auf Plastikhohlkörpern schwimmen und durch Ketten miteinander verbunden sind. Auf 320 Metern schwankt ihr so durch ein Reich von seltenen und geschützten Pflanzen- und Tierarten. So lassen sich hier Sumpfveilchen, Sumpfblutauge und Straußblütiger Gilbweiderich finden. Zahlreiche Libellenarten leben hier, so zum Beispiel die seltene Mond-Azur-Jungfer, die Große Königslibelle und die Kleine Pechlibelle. Amphibien wie die Knoblauchkröte, der Moorfrosch und der Grasfrosch sind hier ebenso zu finden wie der Kammmolch. In regelmäßigen Abständen klären Informationstafeln über die Tier- und Pflanzenwelt auf. Noch interessanter ist es allerdings – insbesondere für Kinder –, innezuhalten und das Wasser zu beobachten, um die tollsten Dinge zu entdecken. Und sollte das nicht von Erfolg gekrönt sein, so tröstet sich der Nachwuchs damit, die Brückenelemente so richtig schön zum Schaukeln zu bringen.

Am Ende dieses außergewöhnlichen Erlebnispfades wartet BURG ARNESVELDE ②. Wer unvorbereitet auf diese Wanderung geht, meint vielleicht, er erklimme hier einen Berg, doch tatsächlich handelt es sich um die Überreste der mittelalterlichen Grafenburg, deren Name sich vom benachbarten Ahrensfelde ableitet.

Gebaut wurde die Burg vermutlich in der zweiten Hälfte des 11. Jahrhunderts, um den Fernweg zwischen Hamburg und Lübeck zu sichern und den Nordosten von Stormarn durch einen Vogt zu verwalten. Als Bauherrn vermutet man Graf Heinrich I. von Hamburg.

Man geht davon aus, dass die Burg im ausgehenden 16. Jahrhundert zerstört wurde. Die Steine ihrer Gemäuer sollen beim Bau des Ahrensburger Schlosses verwendet worden sein. So zumindest die Erzählung. In den Jahrhunderten dazwischen erlebte die Burg eine sehr bewegte Geschichte.

Der Moorwanderweg führt über eine 320 Meter lange schwimmende (und schwankende) Brücke

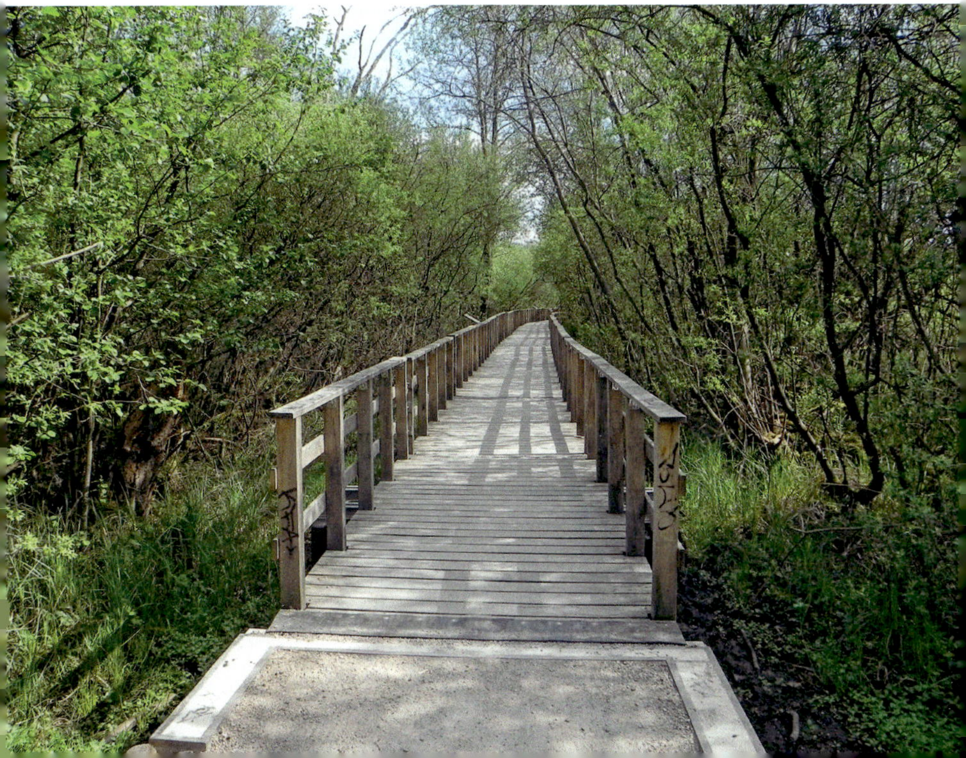

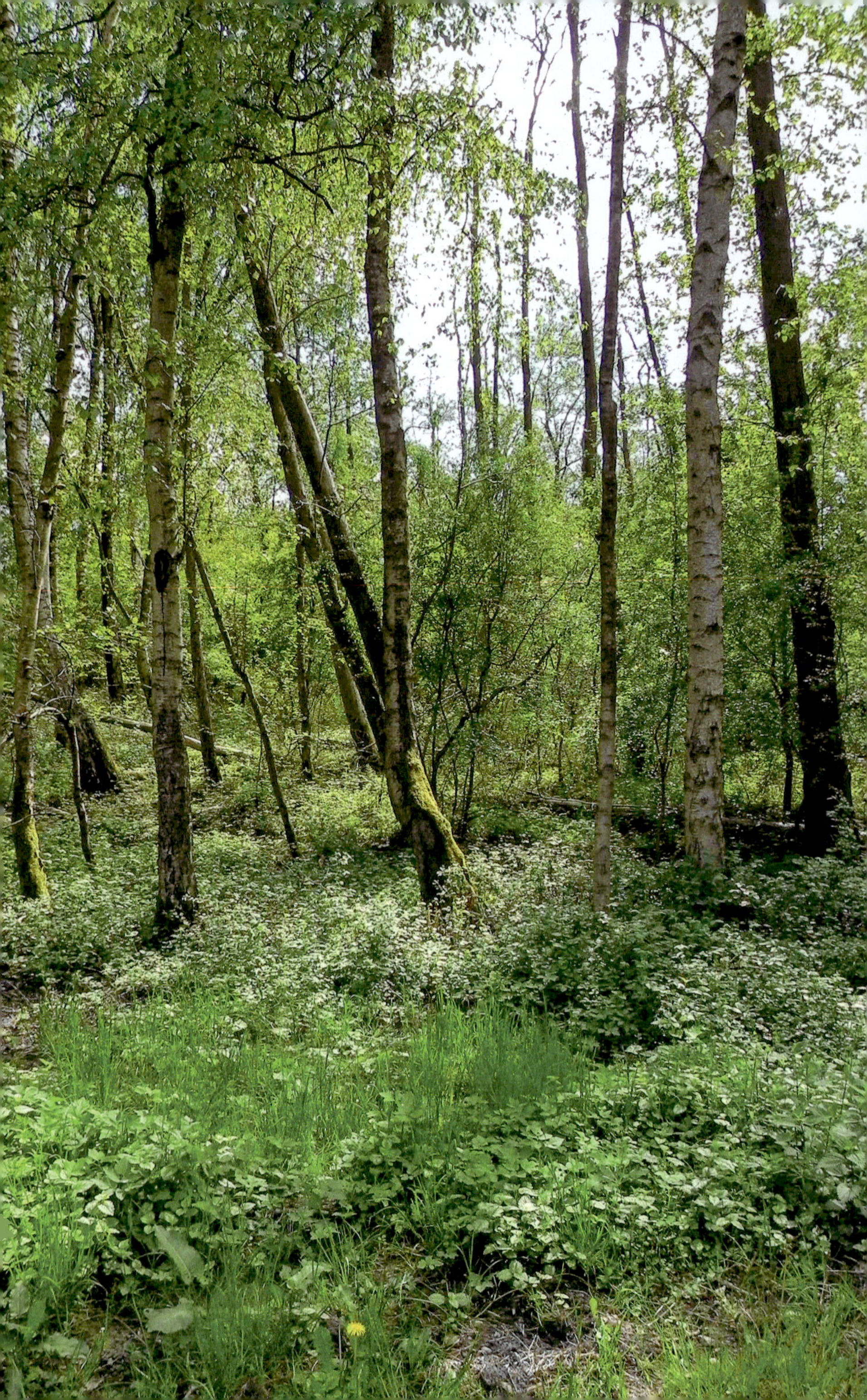

Um das Jahr 1300 befand sich ihr Einzugsbereich auf einem Höhepunkt. Damals sollen die Kirchspiele Alt Rahlstedt, Bargteheide, Kirchsteinbek, Sülfeld und Trittau Burg Arnesvelde gehört haben, was in etwa 100 Dörfern entspricht. 1306 verbündeten sich die Städte Lübeck und Hamburg zur Zerstörung der Burg. Allerdings kam es damals noch nicht dazu. Trotzdem wurde die Burg zwischenzeitlich im Jahr 1327 aufgegeben und lag 240 Jahre in einer Art Dornröschenschlaf, ehe sie 1567 noch einmal kurz zu neuem Leben erweckt wurde. Allerdings nur für wenige Jahre, da 1575 der bereits beschriebene Bau des Ahrensburger Schlosses begann.

BURG ARNESVELDE WAR EINE MEHRTEILIGE ANLAGE, WOBEI DER OVALE BURGHÜGEL MIT DER HAUPTBURG WIE EINE INSEL ANGELEGT WAR. AN DER WESTSEITE GAB ES EINE RAMPE IN RICHTUNG DES VERLANDETEN AHRENSFELDER TEICHES. HEUTE FÜHRT DORT NOCH EIN KLEINER PFAD HIN. NEBEN BURGHÜGEL UND RAMPE SIND DIE WÄLLE DER ANLAGE HEUTE NOCH ZU ERKENNEN.

Das Areal lädt zu einer ausgedehnten Rast ein. Nicht nur aufgrund der Sitzgelegenheiten vor Ort, sondern auch, weil es an diesem verwunschen wirkenden Ort für Kinder viel zu entdecken gibt, so denn welche dabei sind. Wer Glück hat, landet übrigens hier an den Burgruinen (beinahe) wirklich im Mittelalter. Grund dafür sind

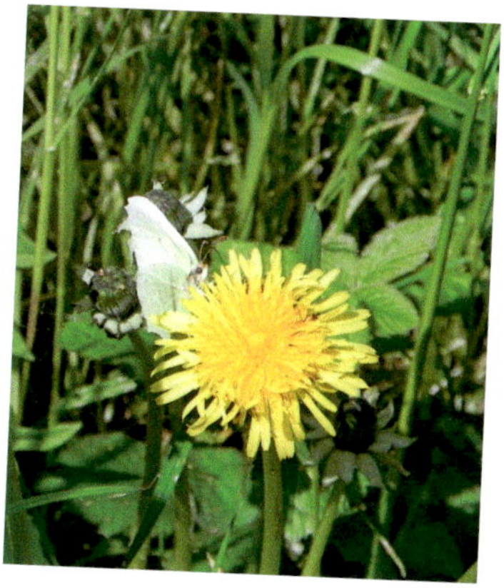

EIN SCHMETTERLING BEI DER RAST

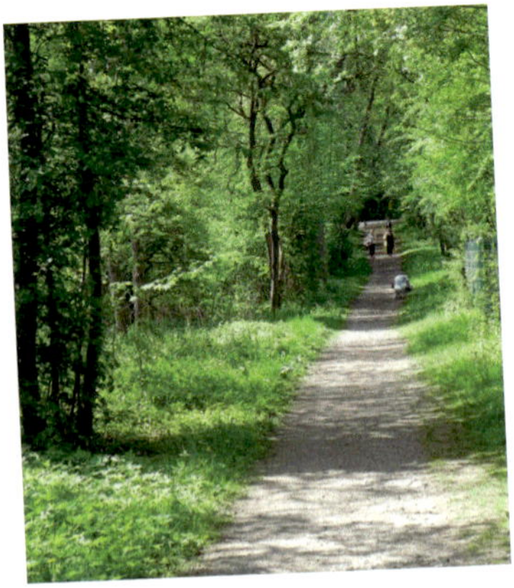

Die Wege sind gut begehbar

die Waldtempler, eine Live-Rollenspielgemeinschaft aus Hamburg. Einmal im Monat treffen diese sich hier im Wald und tragen dabei ihre mittelalterlichen Gewänder, Werkzeuge und Waffen. Sie beschreiben sich so: »Wir sind die Waldtempler aus dem Lande Aldaria. Wir glauben an die große Mutter Gaia, die einzig wahre Göttin der Natur und des Lebens und an den ewigen Kreislauf von Geburt und Zerfall. Sie ist eine lichte Göttin, und so bekämpfen wir in ihrem Namen und unter ihrem Segen das Urböse, welches die Welt heimsucht – das Chaos und den Untod.« Man kann also mit Fug und Recht behaupten, dass das Tunneltal nicht nur seltene Flora und Fauna beherbergt.

Der Wanderweg führt nun noch ein Stück weiter Richtung Süden. Bevor ihr den FORST HAGEN 3 erreicht, biegt ihr scharf links ab in Richtung Nordosten, umrundet also quasi das Burgareal. Später knickt der Weg nach Osten ab, und ihr wandert am Rande des Hopfenbachtals und nördlich der Siedlung Hagen entlang. Dabei gibt der Wald immer wieder den Blick auf das idyllische Tal frei. Nach der erneuten Überquerung der Hagener Allee folgt ihr nun noch dem Waldweg bis zum Ahrensburger Weg, den ihr in Richtung Norden geht, um wieder den U-Bahnhof Ahrensburg-Ost zu erreichen. Hier bietet sich auch mit dem RESTAURANT TUNICI 4 eine hervorragende Möglichkeit zur Einkehr, jedenfalls wenn ihr zünftige Cevapcici, Pljeskavica und Pola Pola, sprich die kroatische Küche, mögt. Das Personal ist herzlich, die Portionen groß. Und der Julischka nach dem Essen ist eine verdiente Belohnung nach einem lehrreichen Tag im Tunneltal.

Alles, was ihr wissen müsst

Rundtour: entspannter Spaziergang // auf meist festem Untergrund // kein besonderes Können erforderlich // **nicht kinderwagentauglich**

Markierung: Wegweiser und der Kopf eines Kultpfahles, der an ein Rentiergeweih erinnert

Entfernung von Hamburg: 21 Kilometer
ÖPNV: U1 bis Ahrensburg-Ost
Auto: Parkplatz Ahrensburg-Ost, Am Aalfang 12, 22926 Ahrensburg

Einkehr: Tunici Restaurant Ahrensburg, Ahrensfelder Weg 52, 22926 Ahrensburg, tunici.de

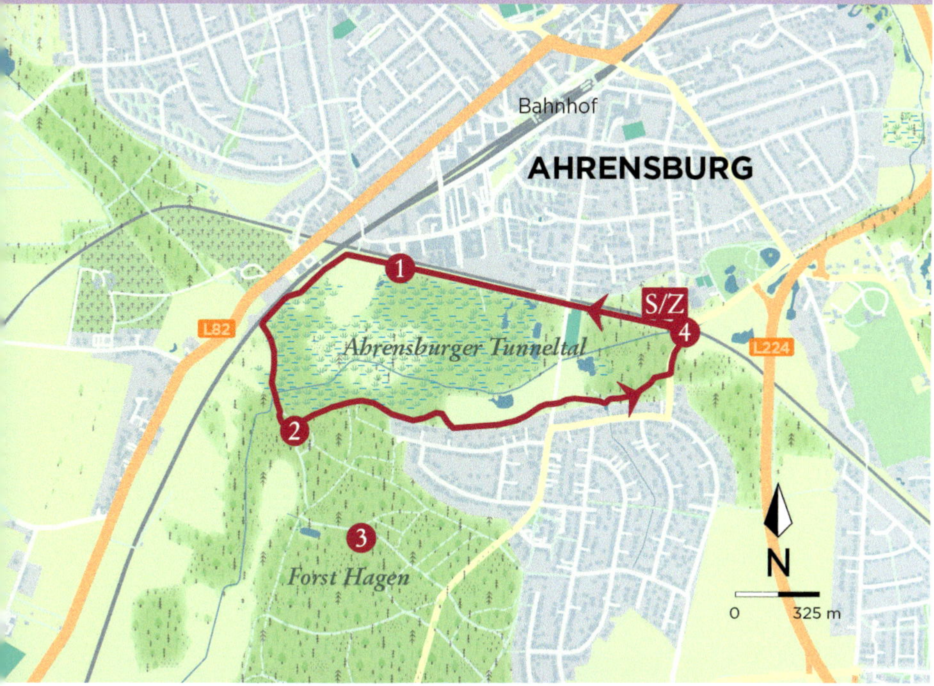

Von Stellingen nach Ohlsdorf

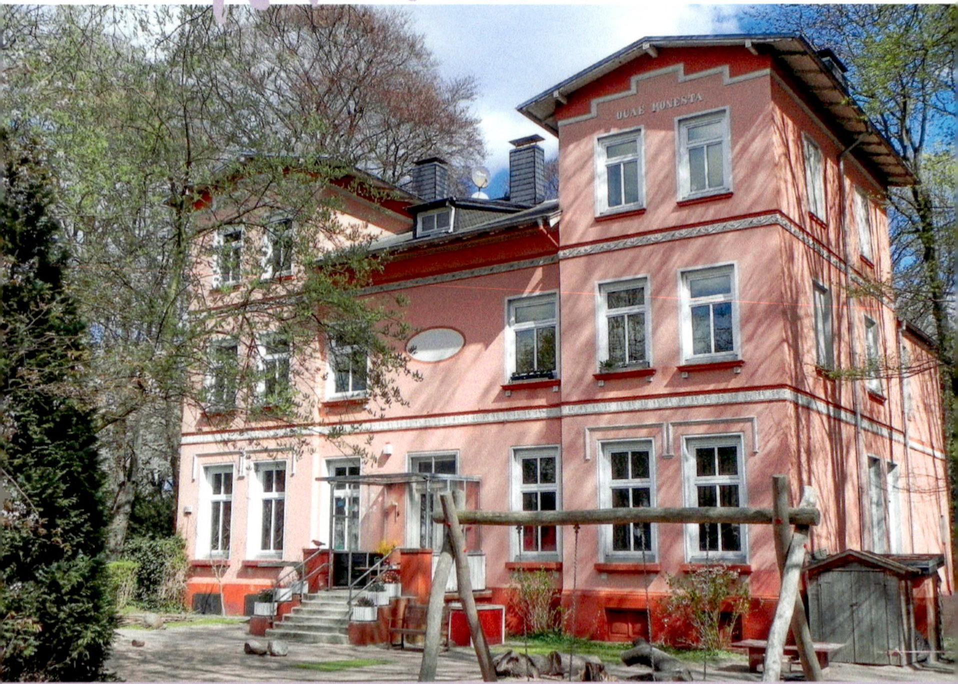

Schwierigkeit: mittel // 12,6 Kilometer // 40 Höhenmeter

Für Familien mit Kindern geeignet

*EINE KURIOSE GESCHÄFTSIDEE,
STARTENDE FLUGZEUGE UND WIENER FLAIR:
KEINE LANGEWEILE AUF DEM GRÜNEN RING*

Der 2. Grüne Ring ist nicht nur eine Pflichtaufgabe für stolze hanseatische Wanderer, sondern auch grundsätzlich eine tolle Sache.

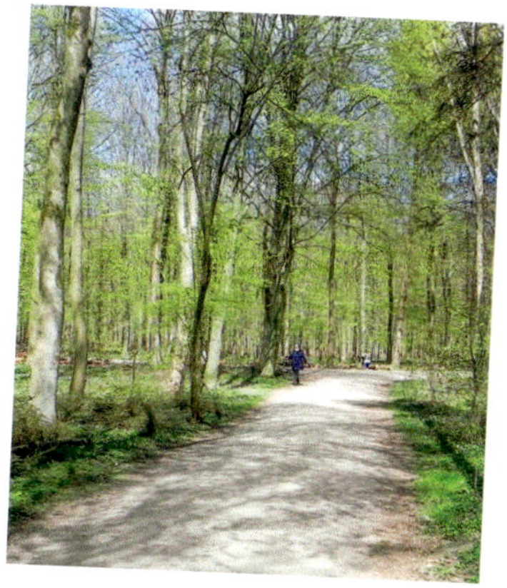

Der Sola-Bona-Park in Eidelstedt

AUF GUT 100 KILOMETERN FÜHRT DER RING UM HAMBURG. ER BEGINNT IN TEUFELSBRÜCK UND ENDET IN FINKENWERDER. WER DIE GESAMTE STRECKE AUF EINMAL WANDERN MÖCHTE, IST ETWA 24 STUNDEN UNTERWEGS. ES IST ABER NATÜRLICH AUCH MÖGLICH, NUR EIN BIS ZWEI STRECKENABSCHNITTE AM STÜCK ZU LAUFEN.

Nahezu überall in der Stadt ist man nicht weit von einer Startmöglichkeit entfernt. Noch ein Vorteil: Der 2. Grüne Ring ist hervorragend markiert (zahlreiche grüne Schilder mit der Aufschrift »11« und »2. Grüner Ring«).
Hier soll es um die Strecke von Stellingen nach Ohlsdorf gehen, die rund 13 Kilometer lang und sehr abwechslungsreich ist. Wer an Stellingen denkt, der hat vermutlich nicht als Erstes Wanderrouten vor Augen. Und tatsächlich müsst ihr vom Startpunkt am S-Bahnhof Stellingen erst einmal ein paar Meter zurücklegen, um euch wirklich als Wanderer zu fühlen. Dazu überquert ihr den Binsbarg und biegt kurz nach Betreten des Rohlfswegs links auf einen Spazierweg ab, der an die Düngelau führt, die später in die Mühlenau münden wird. Erst mal ist sie jedoch Begleiterin durch Wohngebiete, anschließend durch Kleingartenkolonien, die ihr nicht immer auf direktem Weg durchquert. Das ist insbesondere im Sommer aber eine tolle Möglichkeit, liebevoll gestaltete Gärten zu bestaunen und sich an zahlreichen Brombeersträuchern gütlich zu tun, die an mancher Stelle wuchern.

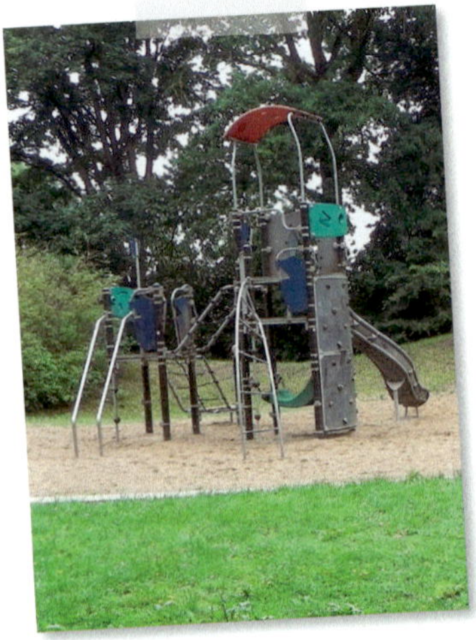

Nachdem ihr das Regenrückhaltebecken passiert habt, verlasst ihr den Lauf der Düngelau kurzfristig, um die hier kreuzenden Schienen zu überwinden. Hinter der Bahnunterführung geht es rechts auf einen kleinen Weg, der unterhalb der Schienen in Richtung Westen führt und an dessen Ende ihr wieder auf das kleine Flüsschen trefft, dessen Verlauf ihr bis zur Kieler Straße folgt. Hier überquert ihr die Straße, um den SOLA-BONA-PARK 1 zu betreten, der seit 1956 für die Öffentlichkeit zugänglich ist. Er verdankt seinen Namen der Inschrift an der zum Park gehörenden Villa: »Sola bona quae honesta« – »Nur die Dinge sind gut, die anständig sind«. Die Anspielung geht zurück auf das Ende des 18. Jahrhunderts, als ein Pastor namens Reichwaldt eine geradezu visionäre Geschäftsidee hatte. Der katholische Geistliche, der in Hamburg zum Protestantismus übergetreten war, gründete im damaligen Dorf Eidelstedt nämlich ein Gasthaus für die eher feine Gesellschaft. Inklusive eines Parks im englischen Landschaftsstil. Keine schlechte Idee eigentlich, denn die Großstädter begannen in dieser Zeit ins Umland zu fahren. Trotzdem lief der Betrieb seines Gasthofes mehr schlecht als recht, was besonders an Reichwaldts Ruf gelegen haben soll. Ausgerechnet der Geistliche ließ nämlich die Gäste von jungen, als Schäferinnen verkleideten Mädchen bedienen. Und das war damals anrüchig, brachte ihn sogar vor Gericht. Der dortige Freispruch änderte allerdings nichts an seinem ruinierten Ruf, der auch das Ende des Gasthofes bedeutete.

Villa und Park wurden bis 1956 noch verschieden genutzt, ehe die Öffentlichkeit Zutritt bekam. Heute beherbergt die Villa eine Kindertagesstätte. Ein kleiner Teich und ein alter, artenreicher Baumbestand sorgen für eine beschauliche Stimmung. Hier steht beziehungsweise stand auch eine »tausendjährige« Eiche, die aber tatsächlich nur etwa 350 Jahre alt wurde, ehe Fäulnis und Stürme ihr den Rest gaben. Ihre Überreste sind allerdings noch vorhanden und haben etwas Anmutiges. An dem kleinen Spielplatz werden Wanderer mit Kindern nur schwer ohne Pause vorbeikommen. Am nördlichen Ausgang des Sola-Bona-Parks haltet ihr euch rechts und erreicht nach wenigen Metern den Parkplatz des angrenzenden Poseidon-Bades. Hier haltet ihr euch links und wandert parallel zur bereits bekannten Bahnstrecke über die Autobahn und an weiten Feldern vorbei bis zur nächsten Straße (Kollenhof), der ihr nun folgt. Der grüne Ring führt nun zwischen Wiesen und Wald entlang an den Ort, an dem die Mühlenau in die Kollau mündet. Hier biegt ihr rechts auf den Kollauwanderweg, dem ihr über die Vogt-Kölln-Straße hinweg ins Niendorfer Gehege folgt, das ihr auf einem von mehreren Wanderwegen durchlaufen könnt. Am einfachsten ist es für

Fast wie in Wien: der Blick von der Kolonie am Häselberg auf den Stadtpark und das Planetarium

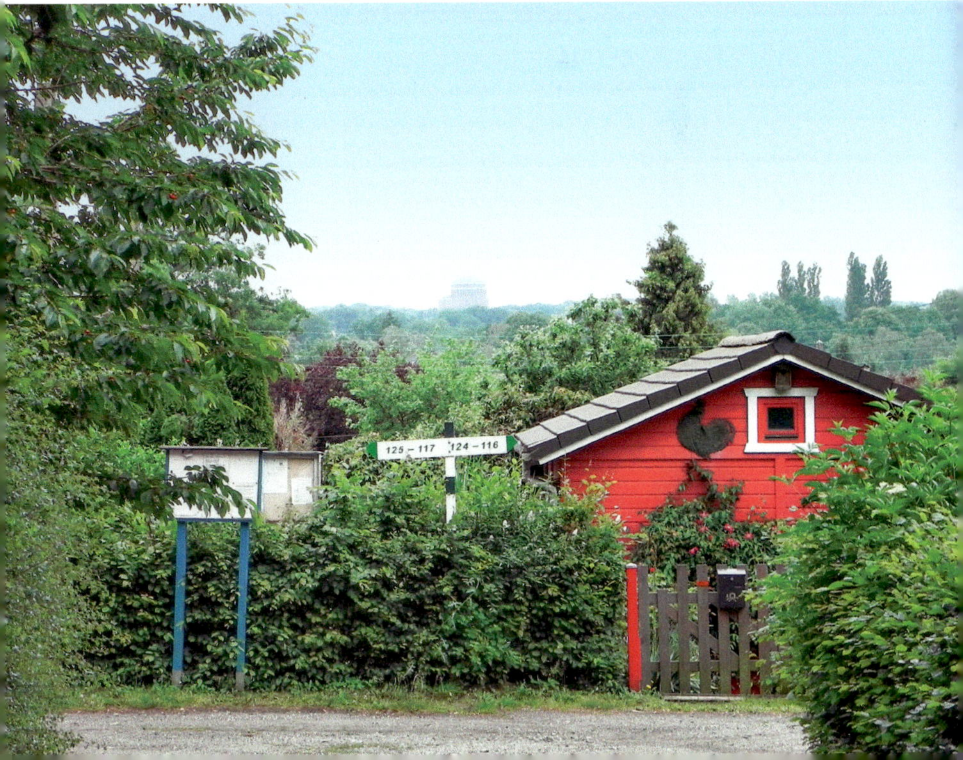

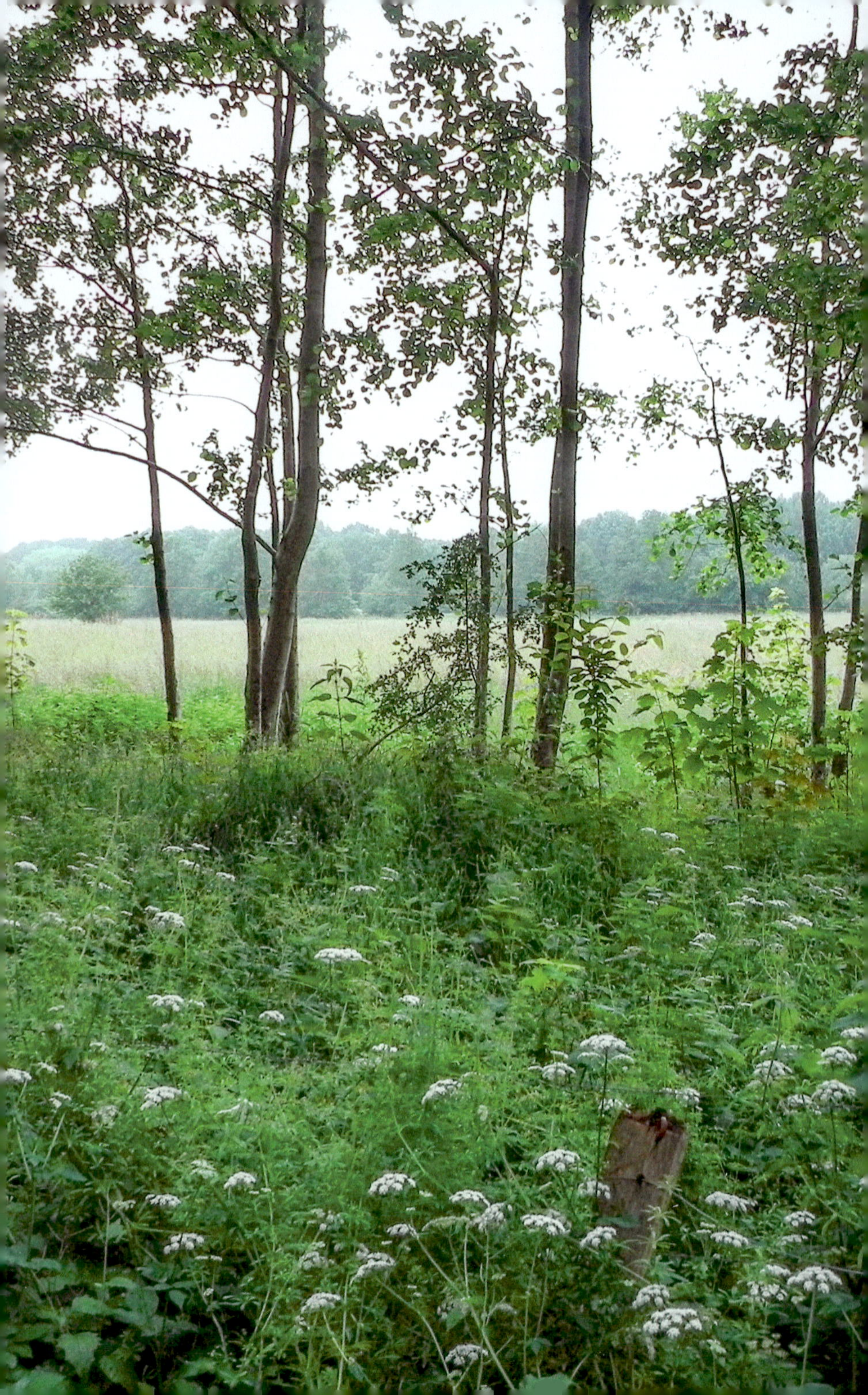

ortsunkundige Wanderer, sich Richtung WILDGEHEGE ② zu orientieren. An seiner südlichen Seite passiert ihr die Mutzenbecher Villa, die Waldschule und die Revierförsterei, um euch an der nächsten Ecke des Geheges in Richtung der asphaltierten Straße (Bondenwald) zu begeben und diese zu überqueren. Von hier führt der Weg an das Wohngebiet Lokstedter Holt. Der gleichnamigen Straße folgt ihr bis zur mehrspurigen Kollaustraße, die überquert werden muss, um in den Vogt-Cordes-Damm zu gelangen, der direkt auf den Flughafen Fuhlsbüttel zuführt, jedenfalls auf das Ende der Start- und Landebahn, die in Richtung Südwesten zeigt.

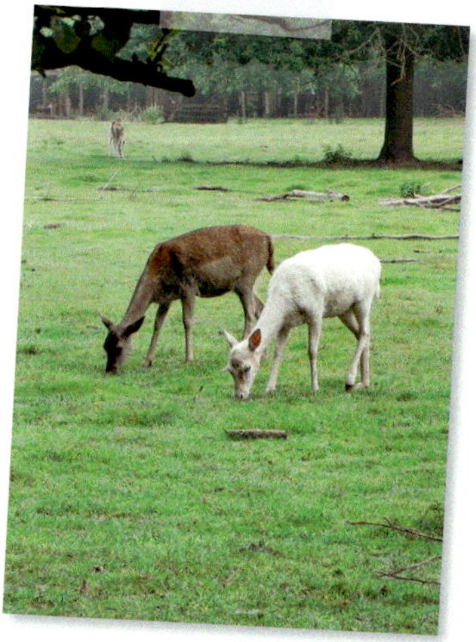

Die Route führt nun östlich des Flughafengeländes entlang in Richtung Nordosten. Während linker Hand (vielleicht) Flugzeuge starten und landen, wird die Strecke rechts von Kleingärten noch und nöcher gesäumt. Durch diese geht es auch, um den Reitzenweg zu erreichen, und weiter, an der Basis der Lufthansa Technik AG vorbei, nach Groß Borstel, zum Borsteler Jäger, einem schattigen Wäldchen mit hohen Bäumen. Nachdem ihr noch den Weg beim Jäger überquert habt, geht es erneut durch Kleingärten, dieses Mal durch die KLEINGARTENANLAGE AM HÄSELBERG ③. Nun ist dieses Gebiet zugegebenermaßen von der Bezeichnung »Berg« weit entfernt. Nichtsdestotrotz ist das Gelände hier hoch genug, um einen überraschend hübschen Blick in Richtung Stadtpark und Planetarium zu erheischen, und der Weg erinnert – Österreicher mögen die Anmaßung verzeihen – ein klitzekleines bisschen an eine Heurigenwanderung auf den Anhöhen Wiens. Mit dem Unterschied, dass hier leider kein Buschenschank am Wegesrand wartet. Doch auch auf dem 2. Grünen Ring soll der Wanderer nicht verhungern oder ver-

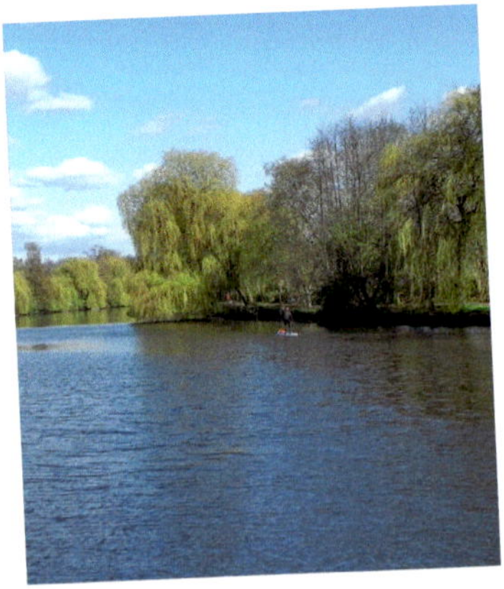

AN DER ALSTER: FAST GESCHAFFT

dursten, denn nachdem ihr die Alsterkrugchaussee überquert habt und den Alsterdorfer Damm bis zur Dammbrücke hinuntergelaufen seid, tut sich mit dem Bistro Braband eine schicke Möglichkeit zur Einkehr auf.

Nun folgt ihr der Alster flussaufwärts durch einen hübschen Park und vorbei an den Behausungen derer, die das nötige Kleingeld haben, bis zur HINDENBURG-BRÜCKE 4. Hier muss das Ufer gewechselt werden, und ihr wandert zwischen Alsterlauf und Rathenaustraße vorbei an herrschaftlichen Häusern mit gepflegten Gärten samt Bootsanlegestelle. Auch die eine oder andere Kuriosität lässt sich in den Gärten der Reichen und Schönen entdecken, es lohnt sich also die Augen aufzuhalten und ganz genau hinzuschauen, was sich am anderen Ufer abspielt.

Das letzte Stück dieser Etappe des 2. Grünen Rings führt unter Schatten spendenden Bäumen am Ufer entlang. Hinter der Kanu-Einsatzstelle am Ringkanal könnt ihr mit Kindern, die noch Energie haben, über die Brücke zum Alsterspielplatz. Alle anderen folgen dem Uferpfad, um direkt am S- und U-Bahnhof Ohlsdorf unter den Bäumen hervorzutreten und nach Hause zu fahren.

AN DER HINDENBURGSTRASSE BIETET SICH EIN KLEINER ABSTECHER INS ZENTRUM VON ALSTERDORF. IN DER ALSTERDORFER STRASSE AN, AN DER ECKE ZUM HEUBERGREDDER BEFINDET SICH DIE »EIS-PERLE« UND BIETET KÖSTLICHE ERFRISCHUNGEN AN. DA LOHNT SICH AUCH DIE WARTEZEIT!

Alles, was ihr wissen müsst

keine Rundtour: gemütliche Wanderung ohne große Anforderungen // Die verschiedenen Tourenvorschläge der Stadt Hamburg für Wanderungen auf dem Grünen Ring findet man unter hamburg.de/wandern-im-gruenen // **kinderwagentauglich**

Markierung: grüne Schilder mit weißer »11«, Aufschrift »2. Grüner Ring«

Entfernung von Hamburg: liegt im Stadtgebiet
ÖPNV: S 3 oder S 21 bis Stellingen, Rückfahrt: S 1 oder S 11 ab Ohlsdorf
Auto: nicht empfehlenswert, ansonsten P + R S-Bahn Stellingen

Einkehr: **Braband Bistro & Wein,** Alsterdorfer Damm 18, 22297 Hamburg, braband-bistro.de

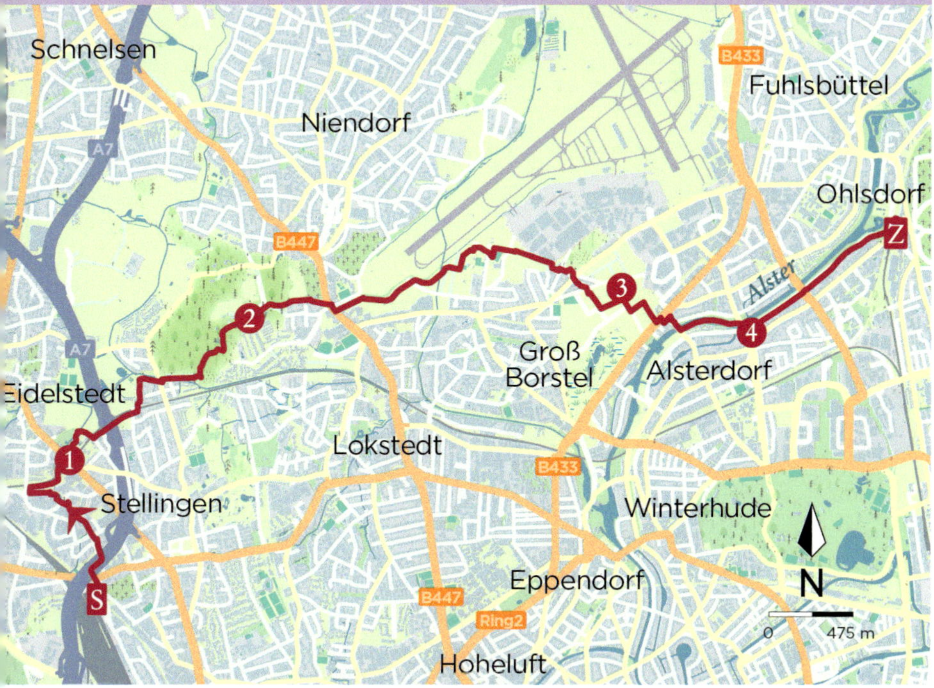

Von Wedel nach Teufelsbrück

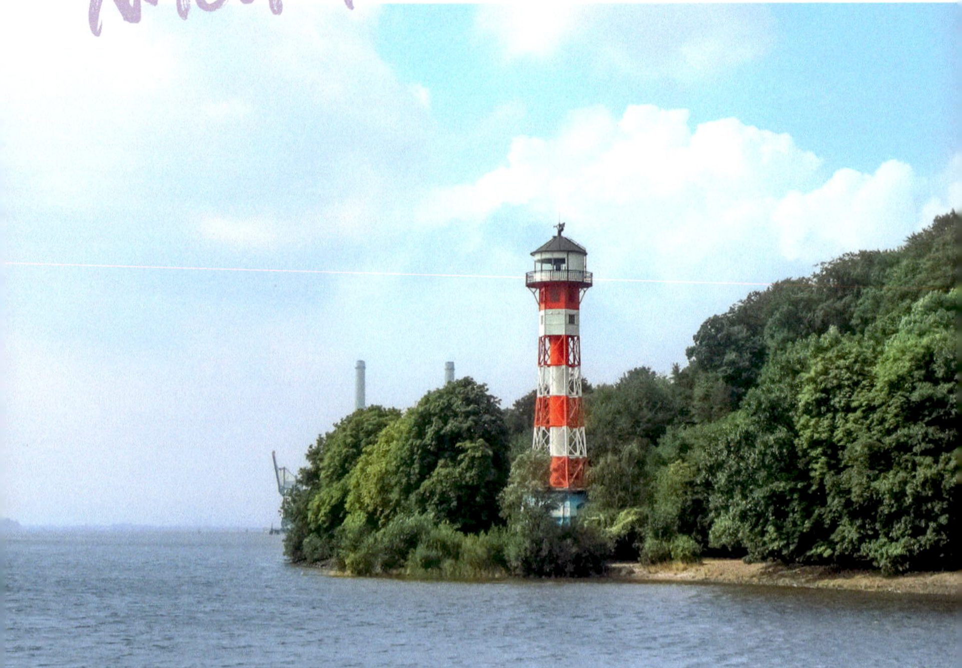

Schwierigkeit: leicht // 14,5 Kilometer // 30 Höhenmeter
Für Familien mit Kindern geeignet

SCHIFFSWRACKS UND HERRLICHE PARKS ALS ANZIEHUNGSPUNKTE: DIE ELBE RAUF NACH HAMBURG

Spontan Lust auf eine Wanderung? Dann ist diese Tour genau das Richtige. Die S-Bahn bringt einen direkt nach Wedel, und ist man erst mal am Wasser, geht es quasi nur noch geradeaus, die Elbe rauf nach Hamburg. Der Weg ist sehr abwechslungsreich und bietet malerische Panoramen. Nicht umsonst hat man hier alle paar Meter eine Bank hingebaut, damit Wanderer und Spaziergänger die Aussicht genießen können.

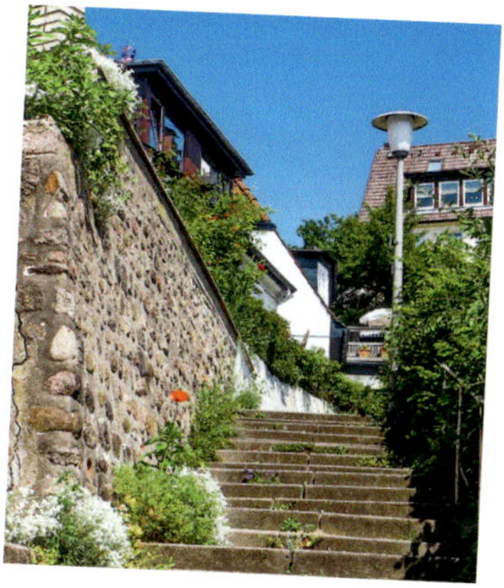

Das Blankeneser Treppenviertel

Die Route startet direkt am S-Bahnhof in Wedel und führt hinunter zum Hafen. Ihr überquert den Rathausplatz und lauft durch die Bahnhofstraße mit ihren zahlreichen Geschäften, in denen ihr notfalls noch Proviant einkaufen könnt. Den Fähranleger Schulau erreicht ihr, nachdem ihr von der Bahnhofstraße auf die Hafenstraße und am Wasser schließlich auf den Strandweg abgebogen seid. Wer sich vor der Wanderung noch einmal stärken möchte, kann hier bereits das erste Fischbrötchen ordern.

Am Fähranleger und dem Fährhaus vorbei geht es die Treppen hoch auf den Elbwanderweg, der tolle Aussichten und Fotomotive bietet. Er wird zum Graf-Luckner-Weg, der kurz vor dem Heizkraftwerk in Richtung Norden abbiegt. Wenn ihr dem blauen Schild mit dem Treppen steigenden Männchen folgt, werdet ihr in einem Bogen zurück auf den Wanderweg geführt. Mittlerweile befindet ihr euch auf Hamburger Stadtgebiet und könnt entweder am Strand entlanglaufen oder dem Otto-Schokoll-Höhenweg bis zur Straße Am Leuchtturm sowie dem Leuchtturmweg folgen. Sie führen zum Eingang des Naturschutzgebietes Wittenbergen, wo es mit der Großen Sandbank nicht nur eine Binnendüne gibt, sondern auch Heideflächen.

Ein kleiner Rundgang lohnt sich, ehe ihr wieder in Richtung Elbstrand Wittenbergen lauft, wo sich auch der WITTENBERGENER LEUCHTTURM (1) befindet. Das Unterfeuer ist seit 1900 in Betrieb und wurde 2004 unter Denkmalschutz gestellt.

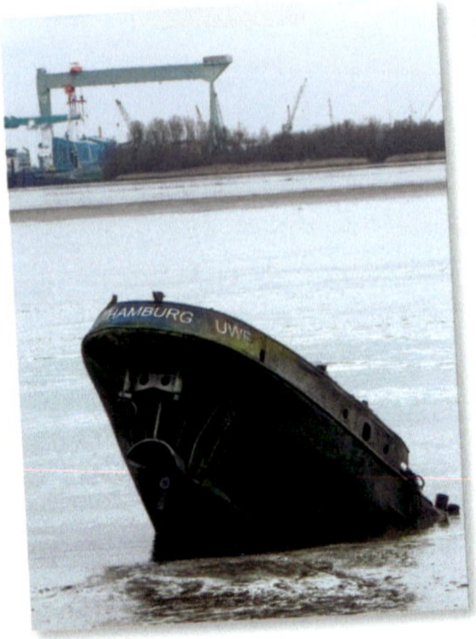

An den Wittenbergener Elbstrand schließt bereits das Falkensteiner Ufer an, vor dem die Schiffswracks der MS Uwe und der MS Polstjernan liegen. Die MS Polstjernan war ein finnischer Motorsegler, der 1926 via Nord-Ostsee-Kanal in Richtung England unterwegs war und dessen Motor explodierte. Das Wrack wurde später vor Blankenese auf Grund gesetzt. Das Binnenschiff MS Uwe hingegen sank 1975 vor Blankenese, nachdem auf der Elbe bei dichtem Nebel die Frachter Wiedau und Mieczyslaw Kalinowski kollidiert waren. Die Wiedau wurde bei der Kollision gedreht und änderte ihren Kurs, was dazu führte, dass sie die MS Uwe in der Mitte durchtrennte. Ihr Kapitän und 16 Besatzungsmitglieder der Wiedau konnten sich ans Ufer retten, zwei Menschen kamen allerdings ums Leben. Die Wracks sind bei Ebbe gut zu sehen.

Auf das Falkensteiner Ufer folgt der Blankeneser Elbstrand mit dem dahinterliegenden Strandweg. Es ist sicherlich etwas anmaßend, diesen Strandabschnitt mit der Promenade in Nizza zu vergleichen, allerdings fühlt man sich doch ein klitzekleines bisschen an die Côte d'Azur erinnert, wenn das Wetter mitspielt und man die Preise für Fischbrötchen sieht. So wandert ihr auf diesem Streckenabschnitt auch weniger, sondern flaniert eher. Schließlich befindet ihr euch ja auch unterhalb des Süllbergs und des Treppenviertels mit seinen 5.000 Stufen.

Hohe Preise hin oder her, etwas muss man bei dem grandiosen Ausblick auf die Kräne und Schiffe ja verzehren. Wer es etwas eiliger hat,

ist in der KAJÜTE S.B. 12 (2) richtig. Hier geht es eher zwanglos zu, und man kann am Strand sein Getränk und seine kleine Mahlzeit genießen. Wer es gediegener mag, läuft noch ein Stück weiter zum Strandhof. Das Lokal rühmt sich damit, das älteste Haus in Blankenese zu sein. Eigenen Aussagen zufolge war die Treppe neben dem Restaurant früher der Zugang zum Strand und der Fähre, außerdem Durchgang für Viehtransporte und die Reitpost von Hamburg nach Köln Ende des 16. Jahrhunderts. 1913 wurde anlässlich der Jungfernfahrt des damals größten Schiffes der Welt aus dem Gebäude das Café Imperator. Heute ist hier der Strandhof, der Fischliebhabern eine reichhaltige Karte bietet. Reservierung empfohlen!
Östlich des Treppenviertels beginnt der Baurs Park, an dem ihr südlich vorbeilauft. Hier steht der Dankesstein für die Schweden, die nach dem Zweiten Weltkrieg von 1946 bis 1950 für die Hunger leidende

Hier weiß man zu leben: In Blankenese fühlt man sich fast ein bisschen wie in Nizza, jedenfalls bei gutem Wetter

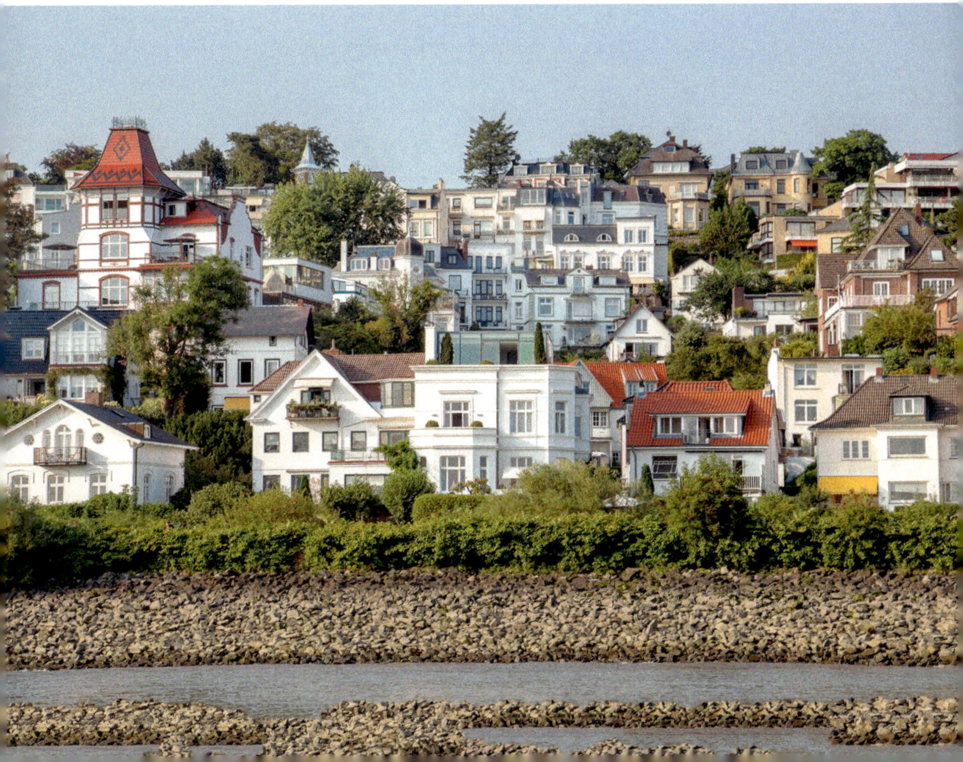

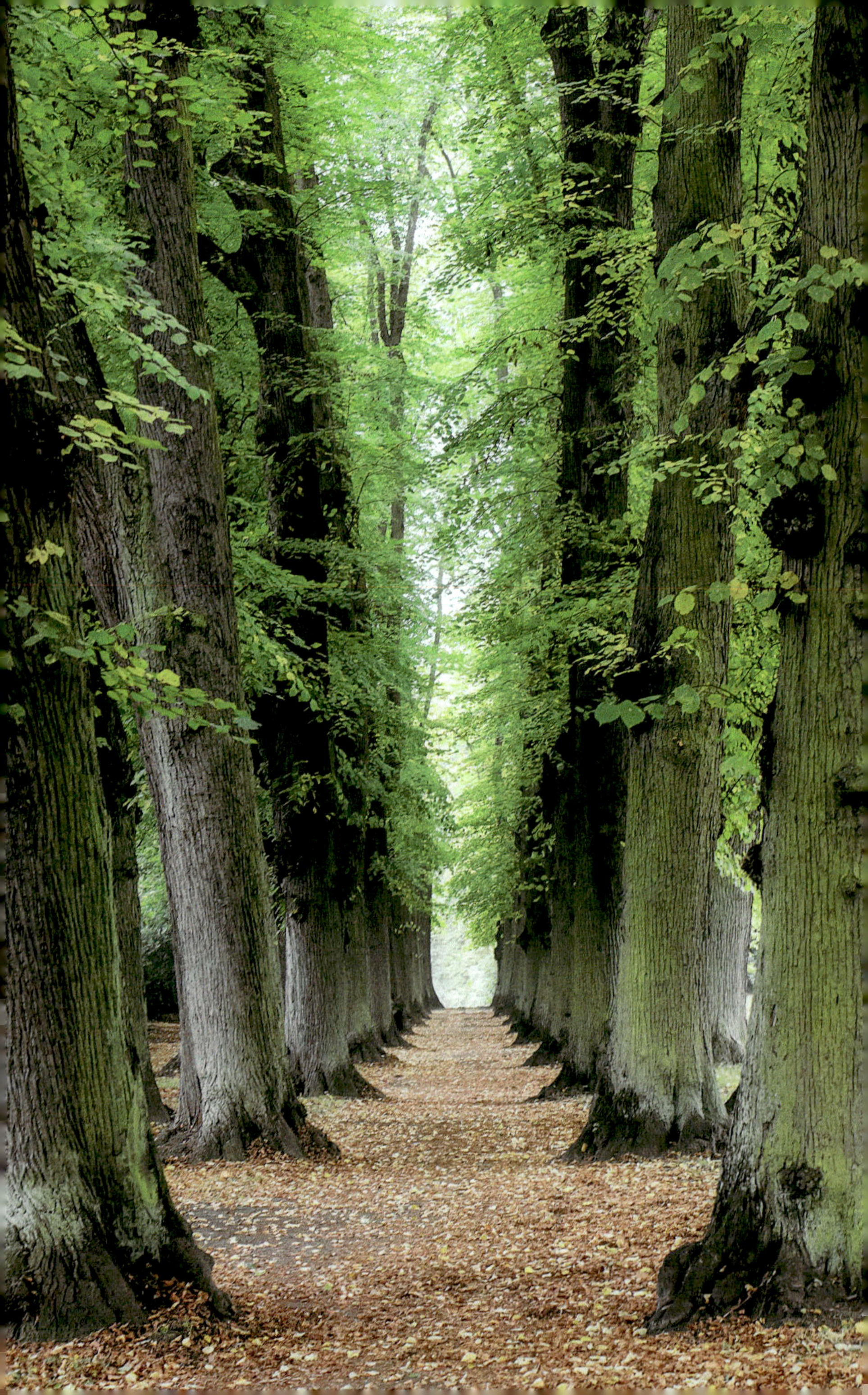

Hamburger Bevölkerung – insbesondere die Kinder – spendeten. Die »Schwedenspeisung« durch das schwedische Rote Kreuz half Hamburgs Kindern von drei bis sechs Jahren durch diese Zeit. Das Hilfsprogramm, das unter anfangs schwersten Bedingungen aufgebaut wurde, war die größte ausländische Hilfsspeisung nach dem Krieg. Nicht weniger als 28,1 Millionen Essen wurden ausgeteilt.

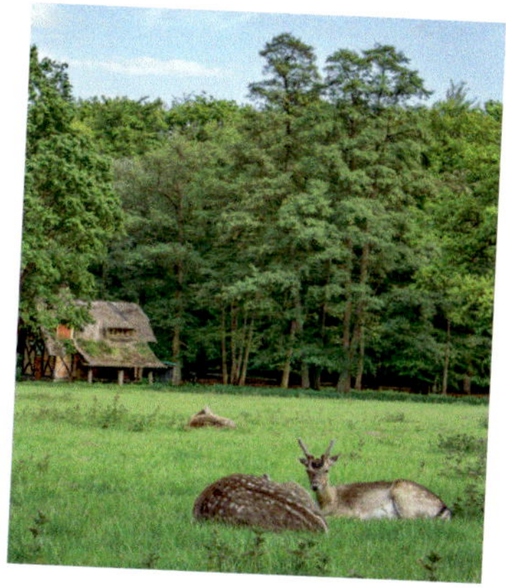

DIE NAMENSGEBER DES HIRSCHPARKS

Der Baurs Park wurde ab 1620 als Landgut angelegt und gilt als der schönste Park an der Elbchaussee – was durchaus etwas heißen will. Die vierreihige Lindenallee ist noch ein Überbleibsel aus der Frühzeit des Parks, bevor 1786 der Kaufmann Johan Cesar Godeffroy das Grundstück bei einer Auktion erwarb und fortan Besitzer des größten Landgutes der Gegend war. Der bekannte Architekt Christian Frederik Hansen entwarf auf seinen Auftrag hin das klassizistische Landhaus, das noch heute steht.

UM 1800 ENTSTAND IM PARK EIN REETGEDECKTES, SOGENANNTES KAVALIERSHAUS. DAS HEUTE UNTER DEM NAMEN WITTHÜS BEKANNTE GEBÄUDE IST JETZT EINE TEESTUBE. BIS 1950 LEBTE HIER ÜBRIGENS DER SCHRIFTSTELLER UND ORGELBAUER HANS HENNY JAHNN.

Der sich anschließende HIRSCHPARK 3 besteht aus weiten Wiesenflächen und imposanten Bäumen, die durch ein geschwungenes Wegesystem verbunden sind und wo es immer wieder Aussichtspunkte gibt. Der Name kommt nicht von ungefähr: Johan Cesar Godeffroy ließ hier nämlich um 1860 das Hirschgatter anlegen, in

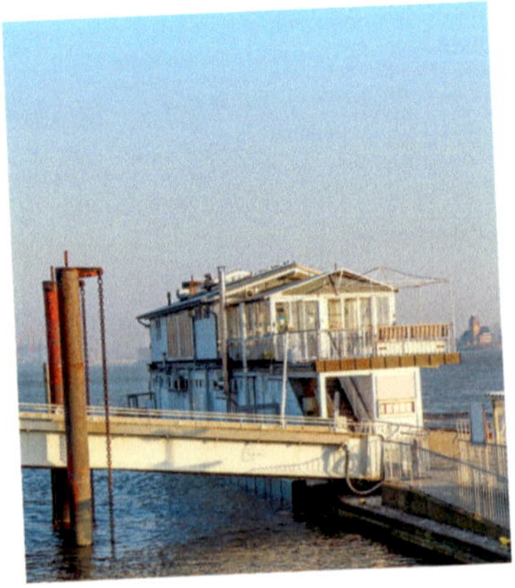

Tour-Ende: Fähranleger Teufelsbrück

dem man noch heute Damwild, aber auch Rentiere, Wasservögel und Pfauen beobachten kann. Hinter dem Hirschpark ist langsam, aber sicher Nienstedten in Sicht. Wem Blankenese zu teuer war, der bekommt in der zauberhaften »Kleinen Rast« seinen Snack schon wieder zu etwas zivileren Preisen. Die liegt eigentlich kurz vor dem Ziel, dem FÄHRANLEGER TEUFELSBRÜCK 4, lädt aber dazu ein, das Ende der Wanderung noch hinauszuzögern. Gerade bei höherem Wasserstand lässt sich hier das Phänomen der Sturmflut hautnah erleben. Hier unten kann es nämlich insbesondere in der kühleren Jahreszeit schon einmal passieren, dass das Wasser der Elbe über das Ufer schwappt und zumindest ein bisschen »Landunter« herrscht. Ein tolles Erlebnis, besonders für Kinder.
Teufelsbrück verdankt seinen Namen übrigens der Brücke über die Kleine Flottbek, die hier in die Elbe mündet.

DER LEGENDE NACH NAHM EIN ZIMMERMANN FÜR DEN BAU DIESER ÜBERFÜHRUNG DIE HILFE DES TEUFELS IN ANSPRUCH, DER DAFÜR DIE SEELE DES ERSTEN LEBEWESENS WOLLTE, DAS DIE BRÜCKE ÜBERQUERT. NACH DER SEGNUNG DER BRÜCKE SCHEUCHTEN DIE MENSCHEN EIN KANINCHEN DARÜBER, SODASS ER (FAST) LEER AUSGING.

Noch heute erinnert ein Denkmal an diese Legende. Die nüchterne Variante besagt übrigens, dass es hier früher zwei Brücken gab und aus der »dövelten«, also der doppelten Brücke »Düvelsbrück« wurde.

Alles, was ihr wissen müsst

keine Rundtour: gemütliche Wanderung ohne große Anforderungen // Handtuch mitnehmen, falls die Kinder am Wasser spielen wollen // **nicht kinderwagentauglich**

Markierung: blaues Schild mit Treppen steigendem Männchen

Entfernung von Hamburg: 20 Kilometer
ÖPNV: S1 bis Wedel, Rückfahrt: Bus oder Fähre (über Finkenwerder) ab Teufelsbrück
Auto: nicht empfehlenswert

Einkehr: **Kajüte S.B. 12,** Strandweg 79, 22587 Hamburg, kajuetesb12.de // **Strandhof,** Strandweg 27, 22587 Hamburg, blankenese-strandhof.de // **Kleine Rast,** Elbuferweg 85, 22609 Hamburg

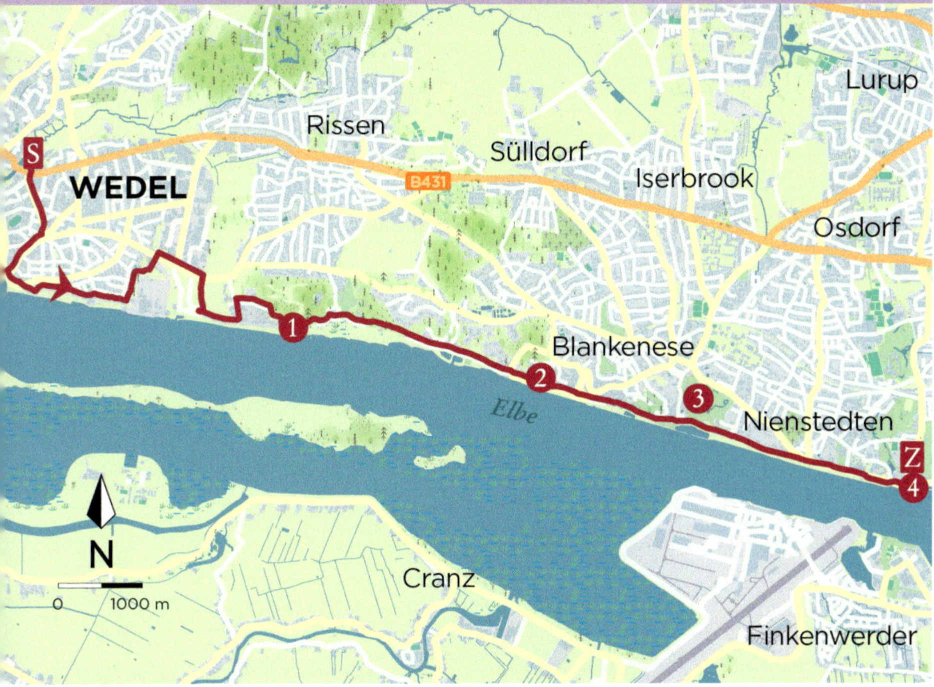

Rothenburgsort, Moorfleet und Kaltehofe

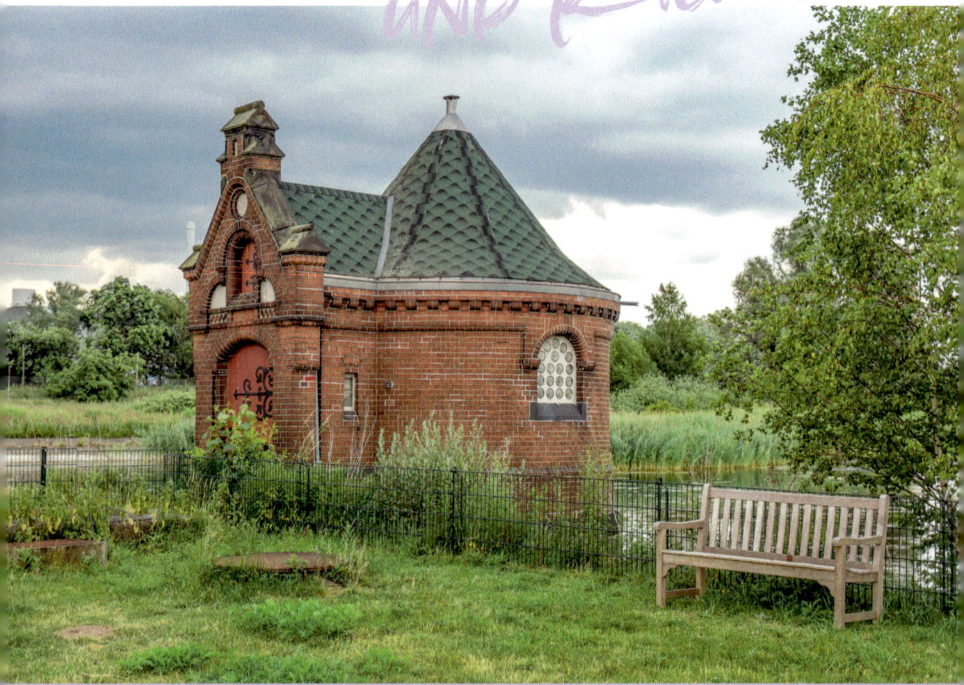

Schwierigkeit: leicht // 11,7 Kilometer // 40 Höhenmeter
Für Familien mit Kindern geeignet

GOMORRHA, GIFT UND CHOLERA: SPANNENDE GESCHICHTEN RANKEN SICH UM DIESEN WEG

Es klingt erst mal gewöhnungsbedürftig, eine Wanderung durch Rothenburgsort und Moorfleet zu unternehmen, stehen diese beiden Stadtteile doch nicht gerade für die schönen Seiten der Stadt, sondern vielmehr für schmucklose Gewerbegebiete, das Kraftwerk Tiefstack, den Boehringer-Skandal und seit geraumer Zeit auch für ein bekanntes schwedisches Möbelhaus. Nichtsdestotrotz ist diese Wandertour etwas für Menschen, die Hamburg (wieder-)entdecken wollen und auch durchaus geschichtlich interessiert sind.

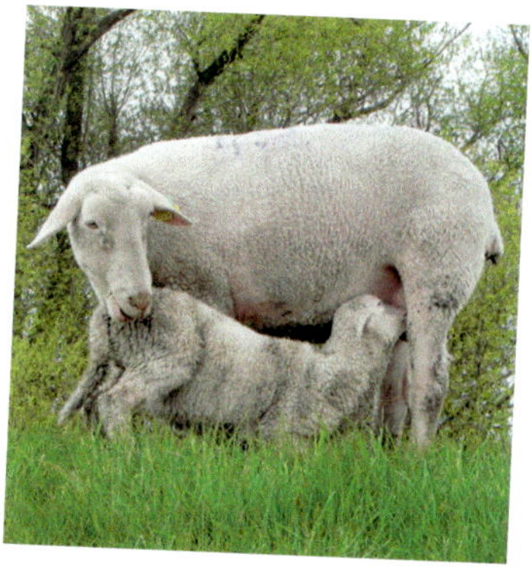

NATUR PUR IN HAMBURG-MITTE

Die Tour beginnt am S-Bahnhof Rothenburgsort, der bis zum Zweiten Weltkrieg eigentlich ein U-Bahnhof war. Bei den Bombenangriffen im Rahmen der »Operation Gomorrha« wurde die Hochbahnlinie allerdings zerstört und nicht wiederaufgebaut. Die unter diesem Namen groß angelegte Bombardierung Hamburgs im Jahr 1943 traf insbesondere – neben Hamm und Hammerbrook – den Stadtteil Rothenburgsort. Etwa 40.000 Menschen fielen ihr zum Opfer, denn die genannten Stadtteile waren damals dicht besiedelte Arbeiterquartiere. Es erinnert nicht mehr viel daran, dass der Röhrendamm, Rothenburgsorts Hauptstraße, früher von Gründerzeitbauten geprägt war, von Kaufhäusern, Kinos, kleinen Geschäften und Kneipen.
Ihr verlasst den S-Bahnhof Rothenburgsort links herum in Richtung Süden. Nach der Überquerung der Schienen ist auf der linken Seite der Straße Billhorner Deich das DENKMAL 1 aus Anlass des 60. Jahrestages des Hamburger Feuersturms in Rothenburgsort von Volker Lang zu sehen. Das Gebäude ist im verkleinerten Maßstab 1:2,5 einem sogenannten Terrassenhaus nachempfunden.

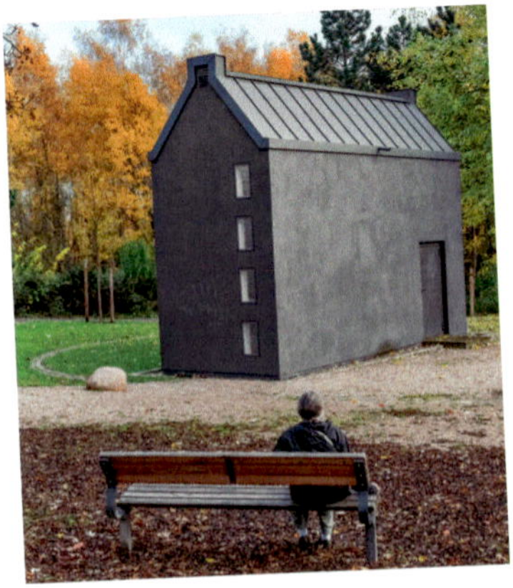

FEUERSTURM-DENKMAL VON VOLKER LANG

TERRASSENHÄUSER WURDEN UM 1880 FÜR DIE ARBEITER-QUARTIERE HAMBURGS ENTWICKELT UND PRÄGTEN BIS ZUR ZERSTÖRUNG DEN CHARAKTER DES STADTTEILS. IM HAUS SELBST KANN MAN FRAGMENTE AUS BERICHTEN VON MENSCHEN, DIE DIE BOMBENANGRIFFE ERLEBT HABEN, LESEN. DAS DENKMAL IST JEDEN ERSTEN UND DRITTEN SONNTAG IM MONAT VON 14 BIS 16 UHR GEÖFFNET.

An das Denkmalgelände grenzt übrigens das Sportgelände des FTSV Lorbeer, der unter dem Namen Sport Club Lorbeer von 1906 bis zum Verbot des Arbeitersports durch die Nazis im Jahr 1933 einer der führenden Clubs im Arbeiterfußball war. Hier spielte unter anderem auch »Old« Erwin Seeler, der Vater von Uwe Seeler.
Zwischen dem Lorbeergelände und den Gleisen führt nun ein schmaler Weg in Richtung Osten, an dem neben einem alten Hochbunker aus der NS-Zeit noch einige Rotklinkerbauten aus dem Schutt der bombardierten Häuser an frühere Epochen erinnern. Am Wohnpark Rothenburgstraße biegt ihr in südliche Richtung ab, um zur Ausschläger Allee zu gelangen. Autobesitzern stockt der Atem, denn hier befindet sich Hamburgs berühmt-berüchtigter Autoknast, auf Beamtendeutsch auch Kfz-Verwahrungsstelle genannt. Drum herum reihen sich Gewerbebetriebe mit hohen Zäunen, Werkshallen und gedrungenen Lagerbaracken aneinander, während ein einziges Haus aus der Zeit vor dem Zweiten Weltkrieg dem Hamburger Wetter zu trotzen versucht.

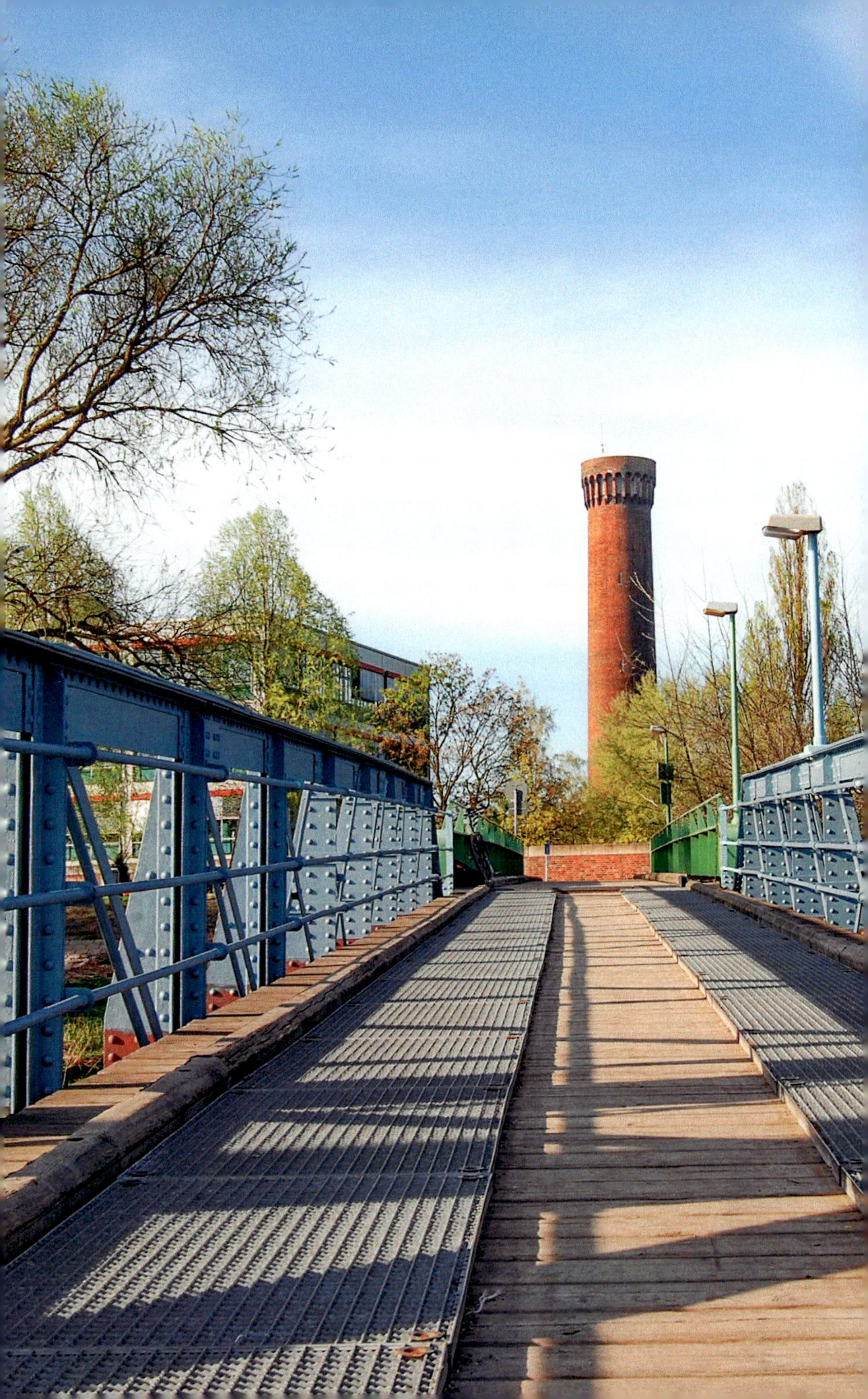

Ein Ende dieser städtebaulichen Tristesse ist am HEIZKRAFTWERK TIEFSTACK 2 in Sicht. Über die Tiefstackbrücke und die Andreas-Meyer-Brücke erreicht ihr Moorfleet. Zum Moorfleeter Deich kommt ihr, wenn ihr hinter der Brücke rechts abbiegt. Hier ist etwas Vorsicht geboten, denn es gibt keinen befestigten Fußweg. Der Moorfleeter Deich überrascht durch Abwechslung: Eine Schiffswerft auf der einen, ein kleines Häuschen, das mit Kartoffeln und Eiern ab Hof wirbt, auf der anderen Seite der Straße auf dem Deich. Dazu Hausboote, die im Wasser des Holzhafens dümpeln.
Fast möchte man von dörflicher Idylle sprechen, wenn da nicht die Erinnerung an einen Umweltskandal wäre: Denn nicht weit entfernt befanden sich die Hallen des Chemiekonzerns Boehringer Ingelheim, der für einen der größten Umweltskandale in der Geschichte der Bundesrepublik Deutschland verantwortlich war. 1984 musste das

Früher war hier mehr los: Im alten Holzhafen liegen heute nur noch Hausboote vor Anker

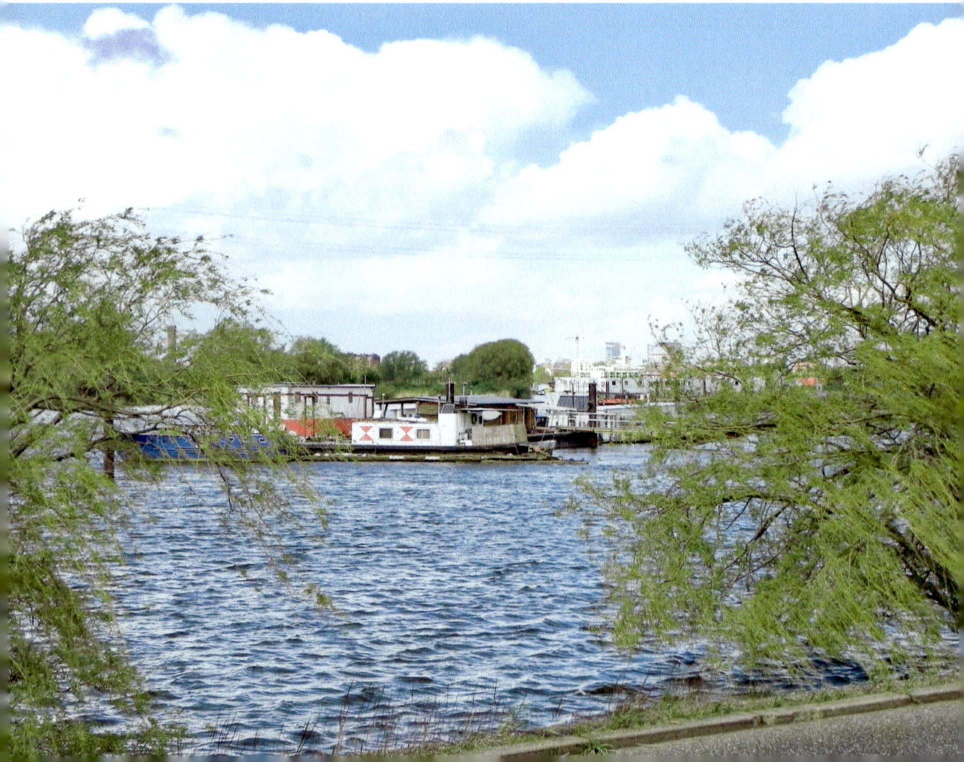

Unternehmen sein Hamburger Werk schließen, da das stark krebserregende Gift Dioxin und andere Umweltgifte im Boden und im Grundwasser nachgewiesen wurden. Mittlerweile gilt das Gelände aber als gesichert.

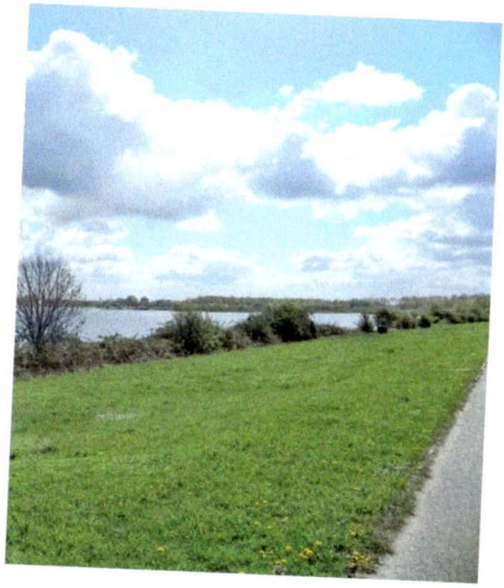

Deichromantik auf Kaltehofe

Am Moorfleeter Deich spürt man davon jedoch nichts, lediglich nachdem man das Autobahndreieck Südost unterquert hat, wird einem der Skandal noch mal in Erinnerung gerufen, denn man muss in den Boehringerweg einbiegen. Der heißt so, weil in dieser Gegend die Angestellten des Unternehmens wohnten. Der Boehringerweg führt durch das Gelände eines Golfplatzes und geht in den Vorlandring über, von dem links der Bodenlehrpfad Bille-Siedlung abzweigt. Auch hier musste der Boden saniert werden. Allerdings hatte das nichts mit der Chemiefabrik zu tun, sondern damit, dass das Gebiet für die Siedlung einst mit Schlick aus dem Hafen aufgeschüttet worden war, der schwer belastet war. Tafeln am Wegrand des Lehrpfades informieren über diese Bodensanierung.

Am Ende des Bodenlehrpfades führt der Kneidenweg schließlich zum Moorfleeter Hauptdeich. Ihm folgt ihr nun rechter Hand auf der Deichkrone, die den Blick auf die Auwälder der Dove Elbe freigibt. Unter der Elbbrücke hindurch geht der Weg immer am oder auf dem Deich entlang, der ab hier Kaltehofe-Hauptdeich heißt. So nähert ihr euch dem nächsten Etappenziel, das mit Tod und Verderben zu tun hat. Jedenfalls fast, denn eigentlich darf man Kaltehofe mit dem Aufbruch in eine bessere Zeit verbinden. 1893 wurde hier nämlich die Elbwasserfiltrationsanlage in Betrieb genommen, nachdem die Stadt im Vorjahr von der Cholera heimgesucht worden war.

1990 wurde die Anlage stillgelegt. Erst seit 2011 erfreut die Wasserkunst nebst Naturschutzgebiet wieder die Hamburger, wobei mit Wasserkunst eigentlich nicht die Ästhetik der Bauten gemeint ist. Der Begriff war vielmehr seit dem Mittelalter für technische Anlagen zur Wasserversorgung im Generellen üblich. Wanderer haben am südlichen Ende der Wasserkunst Kaltehofe zwei Möglichkeiten, an der Anlage vorbeizulaufen. Die schönere Aussicht (und damit auch die besseren Fotos) auf die Anlage hat man, wenn man weiter dem Deichverlauf folgt. Ruhiger und idyllischer ist hingegen der kleine Pfad am Moorfleeter Hinterdeich, der über den Jachthafen Moorfleet führt. Auf beiden Strecken bietet sich übrigens die Möglichkeit zur Einkehr. Auf der Deichseite wartet das Café Kaltehofe, im Jachthafen das Café

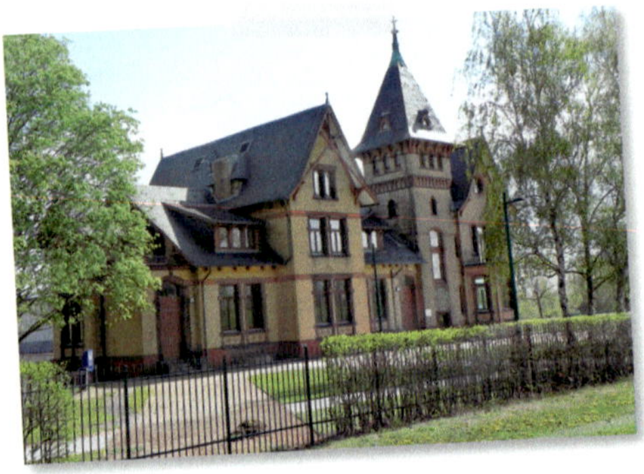

Schlick. Und wer noch etwas warten kann, der macht hinter dem Sperrwerk Billwerder Bucht, vor dem sich beide Wege wieder treffen, einen Abstecher zum ENTENWERDER FÄHRHAUS 3. Es liegt am Anfang der Insel Entenwerder mit ihrem weitläufigen Park, in dem es sich herrlich entspannen lässt und der auch einen Spielplatz beherbergt. Von hier ist es theoretisch auch möglich, über einen kleinen Steg in Richtung Rothenburgsorter Marktplatz zu laufen, wo der Metrobus 3 in Richtung Innenstadt fährt.

Alle anderen folgen dem Verlauf der Straße Billhorner Deich zurück zur S-Bahn-Station Rothenburgsort. Wer auf türkische Snacks steht, sollte dabei unbedingt an der Kreuzung zum Vierländer Damm stoppen und die CAGLAR BÄCKEREI 4 aufsuchen. Dort gibt es eine breite Auswahl an herzhaften und süßen Backwaren, mit denen ihr euch für eure Wanderung belohnen könnt.

Alles, was ihr wissen müsst

Rundtour: gemütliche Wanderung ohne große Anforderungen zumeist auf asphaltierten oder gepflasterten Wegen // **kinderwagentauglich**

Markierung: keine, lediglich Straßenschilder, besser Text oder GPS nutzen

Entfernung von Hamburg: liegt im Stadtgebiet
ÖPNV: S 21 bis Rothenburgsort
Auto: Parken am Billhorner Deich, 20539 Hamburg

Einkehr: **Café Kaltehofe,** Kaltehofe-Hauptdeich 6–7, 20539 Hamburg, kochlust-catering.de // **Café Schlick im Moorfleeter Yachthafen,** Kaltehofe-Hinterdeich 9, 20539 Hamburg // **Entenwerder Fährhaus,** Entenwerder Stieg 6–8, 20539 Hamburg, entenwerder.1872.business.site // **Caglar Bäckerei,** Vierländer Damm 9, 20539 Hamburg, caglar-baeckerei.de

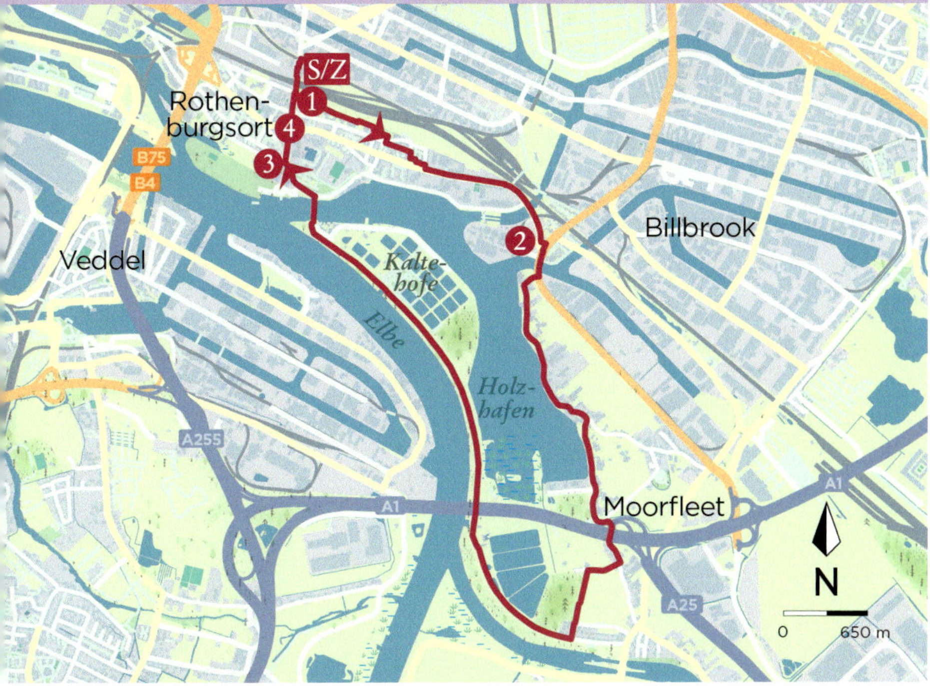

Moisburger Grenzstein und Hasselbrack

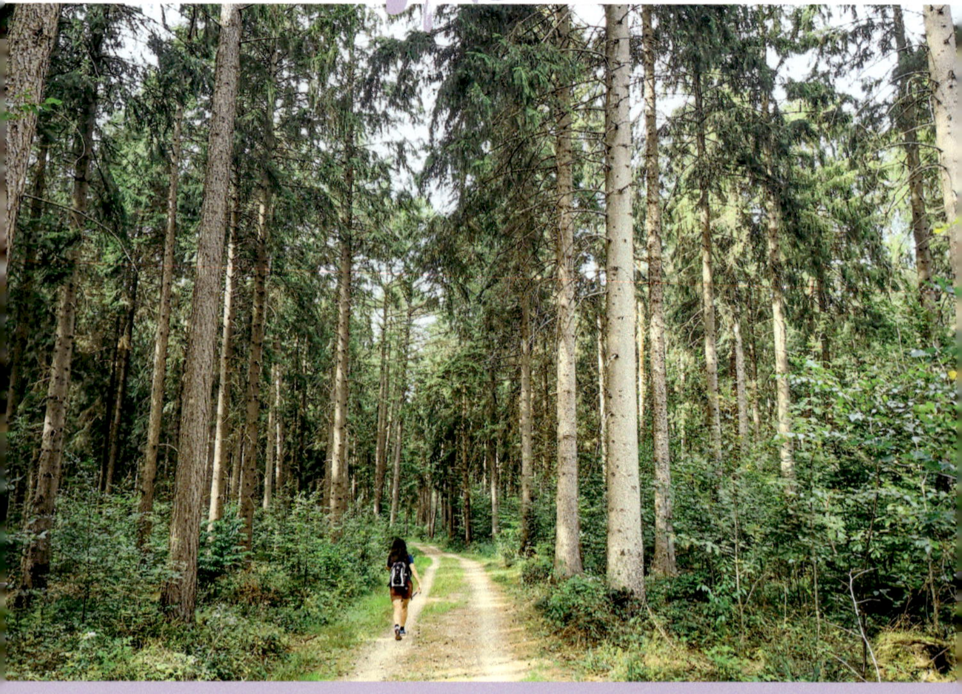

Schwierigkeit: mittel // 13 Kilometer // 160 Höhenmeter
Für Familien mit älteren Kindern

IN DIE UNBERÜHRTE NATUR DER HAMBURGER »ALPEN«: EIN STETES AUF UND AB

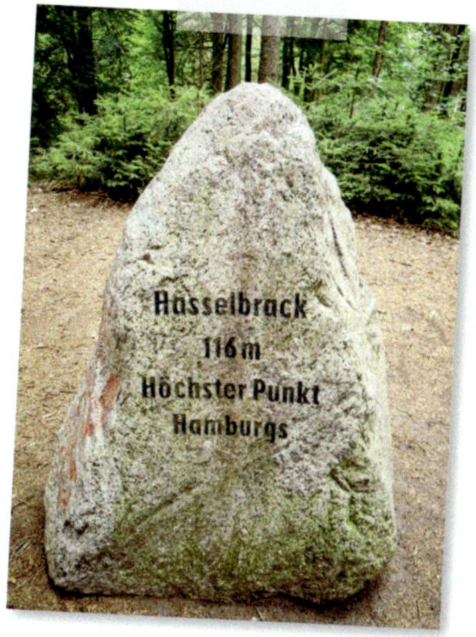

Hohe Gipfel, tiefe Täler, so stellt man sich den Süden Deutschlands vor. Vollkommen berechtigt. Aber den Hamburger Süden? Gestandene Bajuwaren oder Erzgebirgler werden natürlich nur müde lächeln, aber auch Hamburg hat Berge. Und damit ist nicht die Mülldeponie in Georgswerder gemeint, sondern die Harburger Berge und die Schwarzen Berge. Natürlich ist man hier oben naturgemäß etwas genügsamer, was die Höhenmeter angeht, aber so ein kleines bisschen Alpenfeeling kommt schon auf, wenn man südlich der Elbe unterwegs ist und die Kärntner Hütte an der (ausgerechnet) Cuxhavener Straße erblickt, die Straße Sennhüttenweg oder eben das Hinweisschild auf das »Berghotel Hamburg Blick«. Und wer mal in den Harburger Bergen gewandert ist, kann auch verstehen, warum Gastronomie und Hotellerie hier solch exotische Namen wählten – denn tatsächlich hat manche Steigung es in sich und führt mancher Pfad über Bergrücken an steilen Abhängen entlang zum Hasselbrack. Das ist Hamburgs höchster Gipfel, der eigentlich gar nicht so leicht zu finden ist, weil er nicht ausgeschildert ist. Dort lebt eine seltene Eulenart. Seid also ruhig und vorsichtig, wenn ihr ihn besteigt!

Wie es mit dem Bergland (und den Hamburger Vororten) so ist, ist der öffentliche Nahverkehr leider nicht im Fünf-Minuten-Takt unterwegs. Daher nutzt ihr für die An- und Abreise am besten das eigene Auto, das ihr – zumindest am Wochenende – auf dem Parkplatz der Rudolf-Steiner-Schule Harburg abstellen könnt, ohne gleich zu riskieren, nach der Wanderung noch einen Abstecher zum Autoknast in Rothenburgsort machen zu müssen.

Vom Parkplatz der Rudolf-Steiner-Schule Harburg, übrigens ist das auch die Bushaltestelle, an der ihr rausmüsst, wenn ihr doch mit dem ÖPNV fahrt, geht es an der Schule vorbei und auf einer Treppe den

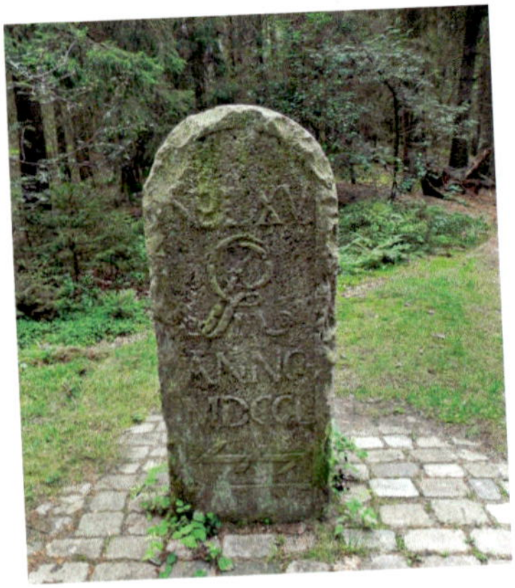

SEIT 1750: DER MOISBURGER GRENZSTEIN

Hang hinunter durch den Wald, um wieder in einem Wohngebiet am Fuße des 74 Meter hohen Wulmsberges zu landen. Hier haltet ihr euch nun links und beneidet die idyllische Lage der Einfamilienhäuser, um am Ende der Straße erneut in den Wald vorzudringen. Hier nehmt ihr übrigens den rechten Weg. Es dauert nicht lange, bis ihr tatsächlich eine recht beachtliche Steigung bewältigen müsst. Der Boden ist hier wie auch an zahlreichen anderen Stellen von Wurzeln durchzogen und nach Regenperioden relativ glitschig. Festes Schuhwerk ist also ein Muss, genauso wie ein aufmerksamer Blick zu Boden. Seid ihr erst einmal in die Berge vorgedrungen, bietet sich eine in Hamburg sicherlich einmalige Atmosphäre. Der Lärm der Großstadt ist weit weg, und schmale Pfade führen durch nahezu unberührte Natur, steigen an und fallen teilweise steil ab. Mal lauft ihr über einen schmalen Bergrücken und mal durch eine Schlucht.

Nach diesen alpinen Erfahrungen ist es Zeit für eine kleine Verschnaufpause, wenn der HEIDEFRIEDHOF 1 in Sicht kommt, an dessen Ostseite ihr entlanglauft, um dann rechts abzubiegen und auf eine Wiese zu kommen, wo ihr euch links haltet. Hier gibt es auch Bänke für eine kleine Pause. Von dort ist es nicht mehr weit zum Moisburger Stein, auch MOISBURGER GRENZSTEIN 2 genannt. Seit 1750 markiert er die Grenze zwischen Harburg und Moisburg. Davon zeugen die römischen Ziffern und die Initialen von König Georg II., damals König von Großbritannien und Irland und Kurfürst von Braunschweig-Lüneburg, die nebst einer Wolfsangel (eine Rune) in den Stein gemeißelt wurden. Die Wolfsangel soll bereits Anfang des 17. Jahrhunderts die Grenze zwischen Braun-

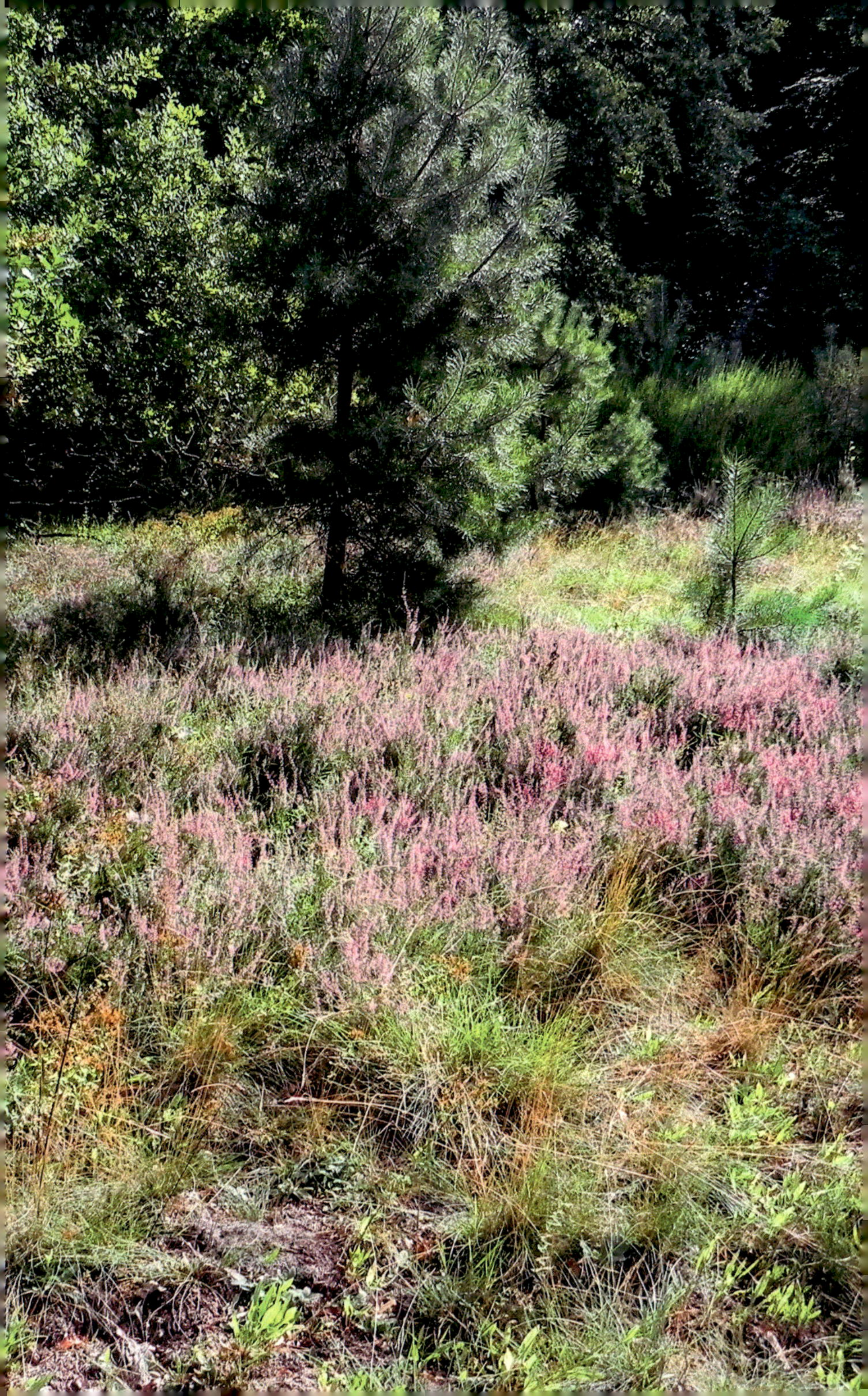

schweig-Lüneburg und Hessen markiert haben. Der Moisburger Stein ist außerdem der letzte von 65 Grenzsteinen, die einst den königlichen Forst vom Bauernwald trennten.
Nun könntet ihr einfach einem Waldweg folgen, um nach Alvesen zu gelangen (der Ausschilderung »Kiekeberg« folgen). Allerdings ist der Hasselbrack ja noch auf eurer Liste, weshalb ihr erst mal geradeaus lauft, um dann links den ansteigenden Weg zu bewältigen. Der führt euch auf den Hasselbrack, auf dessen Gipfel neben einem Gipfelstein auch ein Gipfelbuch zu finden ist, in das ihr euch eintragen könnt. Dafür solltet ihr aber einen Stift dabeihaben.
Falls ihr den Hasselbrack übrigens mangels Beschilderung nicht finden solltet, gibt es noch eine Alternative, um dieses Must-have in der To-do-Liste eines Hamburgers abzuhaken: Die NABU-Gruppe Süd bietet Führungen zum Hasselbrack mit einer Botanikerin und

Geschichte zum Anfassen: Im Freilichtmuseum Kiekeberg gibt es zudem auch noch gutes Essen

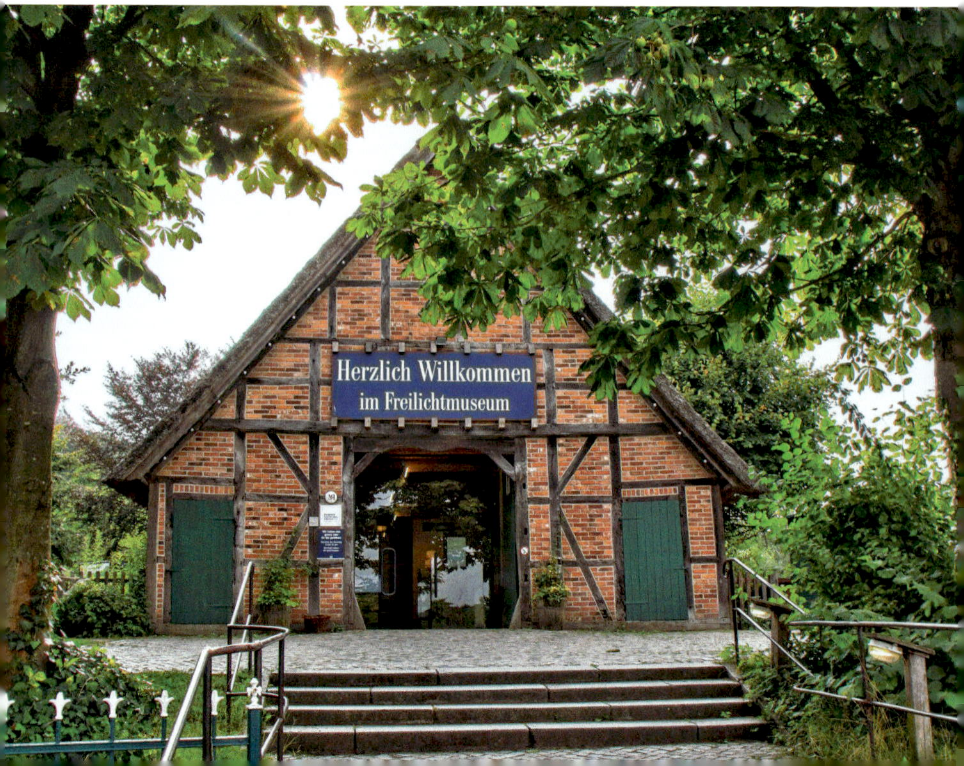

einem Vogelkundler an. Der Spaziergang ist kostenlos und ihr erfahrt Wissenswertes über Flora und Fauna.

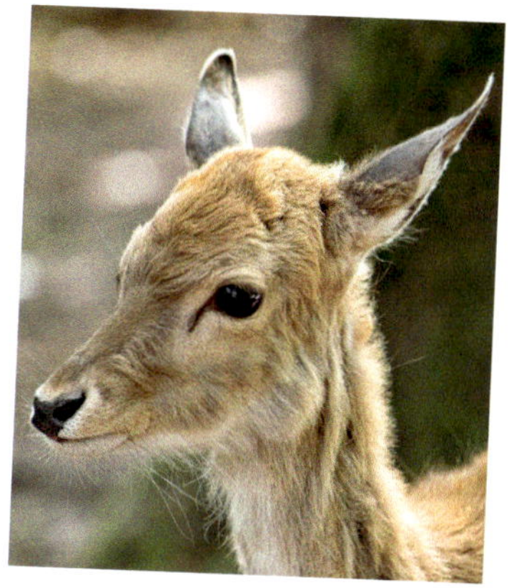

Ein Bewohner des Wildparks

Weiter geht es den gleichen Weg zurück, dann allerdings scharf rechts, um in Richtung Alvesen zu gelangen. Alvesen gehört zur Gemeinde Rosengarten und stellt den Wanderer vor die Wahl: zum Wildpark Schwarze Berge laufen oder einen Abstecher zum FREILICHTMUSEUM KIEKEBERG 3 machen. Dort lernt ihr nicht nur eine Menge über die Kulturgeschichte der nördlichen Lüneburger Heide und der angrenzenden Elbmarschen, sondern es bietet sich auch die Möglichkeit zur Einkehr in die Museumswirtschaft Stoof Mudders Kroog, wo alle Register der deftigen norddeutschen Küche gezogen werden. Insbesondere die Freunde der »Braatkartüffeln« finden diese hier mit so ziemlich jeder Beilage.

Wer hingegen direkt in Richtung des Wildparks gelaufen ist, hat dort zumindest im Sommer die Möglichkeit, sich am Eingang mit frischem Obst und Spezialitäten vom Land einzudecken. Und wer besonders früh zur Wanderung aufgebrochen ist, möchte vielleicht noch in Hamburgs Haus-Wildpark eine Runde drehen.

DER GANZJÄHRIG GEÖFFNETE PARK KOSTET ELF EURO EINTRITT. DAFÜR SEHT IHR ETWA 100 TIERARTEN, UNTER ANDEREM WISENTE, EUROPÄISCHE WÖLFE, LUCHSE UND ELCHE. VOM ELBBLICKTURM KÖNNT IHR BEI GUTER SICHT BIS NACH HAMBURG SCHAUEN. UND AUCH IM WILDPARK FINDET SICH EIN RESTAURANT MIT TYPISCH NORDDEUTSCHER KÜCHE.

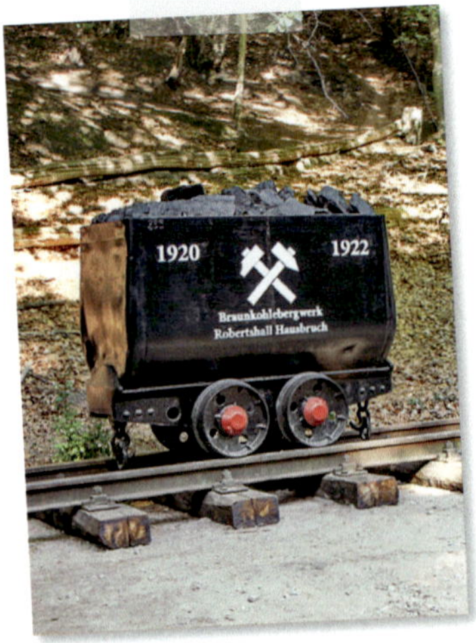

Vom Wildpark führt der Weg nun über die Straße Am Blöcken nach Ehestorf. Hier geht es durch den Hohlredder zurück in Richtung Hamburg, wobei ihr teilweise extravagante Behausungen passiert, die sich im Schatten hoher Bäume an die Berghänge schmiegen. Der Hohlredder endet am Emmetal. Die Straße markiert die Grenze zwischen Niedersachsen und Hamburg. Wer ihr linker Hand folgt, kommt wieder auf den Ehestorfer Heuweg und sieht auf der Hamburger Straßenseite etwas, das man eher im Ruhrgebiet oder Erzgebirge erwarten würde: ein Denkmal für ein ehemaliges Bergwerk. Hier wurde einst im Bergwerk Robertshall Kohle gefördert, woran ein alter Grubenwagen, ein sogenannter Hunt, nebst Informationstafel erinnert.

IN DEN HARBURGER BERGEN WURDE VON 1919 BIS 1922 KOHLE GEFÖRDERT, ALS SICH AUFGRUND DER ROHSTOFFKNAPPHEIT NACH DEM ERSTEN WELTKRIEG AUCH DER ABBAU WENIG ERGIEBIGER LAGERSTÄTTEN WIRTSCHAFTLICH LOHNTE. DIE GEFÖRDERTE BRAUNKOHLE WURDE AN DIE VEREINIGTE GUMMIWAREN FABRIKEN HARBURG–WIEN IN DER NÄHE DES HARBURGER BAHNHOFS GELIEFERT.

Einen würdigen Abschluss findet diese Wandertour schließlich im STEAKHOUSE GRANDO SUKREDO (4), das sich gegenüber der Rudolf-Steiner-Schule befindet. In der ehemaligen Sennhütte, die tatsächlich auch in einem »richtigen« Gebirge stehen könnte, gibt es Deftiges auf den Teller, was nach den teilweise steilen An- und Abstiegen genau richtig ist, um wieder zu Kräften zu gelangen.

Alles, was ihr wissen müsst

Rundtour: auf teils unbefestigtem Untergrund // Festes Schuhwerk ist ratsam // teilweise steile Anstiege und steiles Gefälle // **nicht kinderwagentauglich**

Markierung: Der Hasselbrack ist bewusst nicht ausgeschildert. Zu allem anderen gibt es hin und wieder Schilder und Wegweiser.

Entfernung von Hamburg: Startpunkt liegt im Stadtgebiet
ÖPNV: S 3 bis Neuwiedenthal, dann Bus 340 bis Rudolf-Steiner-Schule Harburg
Auto: Parkplatz Rudolf-Steiner-Schule Harburg, Ehestorfer Heuweg 82, 21149 Hamburg

Einkehr: **Stoof Mudders Kroog,** im Freilichtmuseum Kiekeberg, Am Kiekeberg 1A, 21224 Rosengarten, stoof-mudders-kroog.de // **Steakhouse Grando Sukredo,** Ehestorfer Heuweg 89, 21149 Hamburg, grandosukredo.de

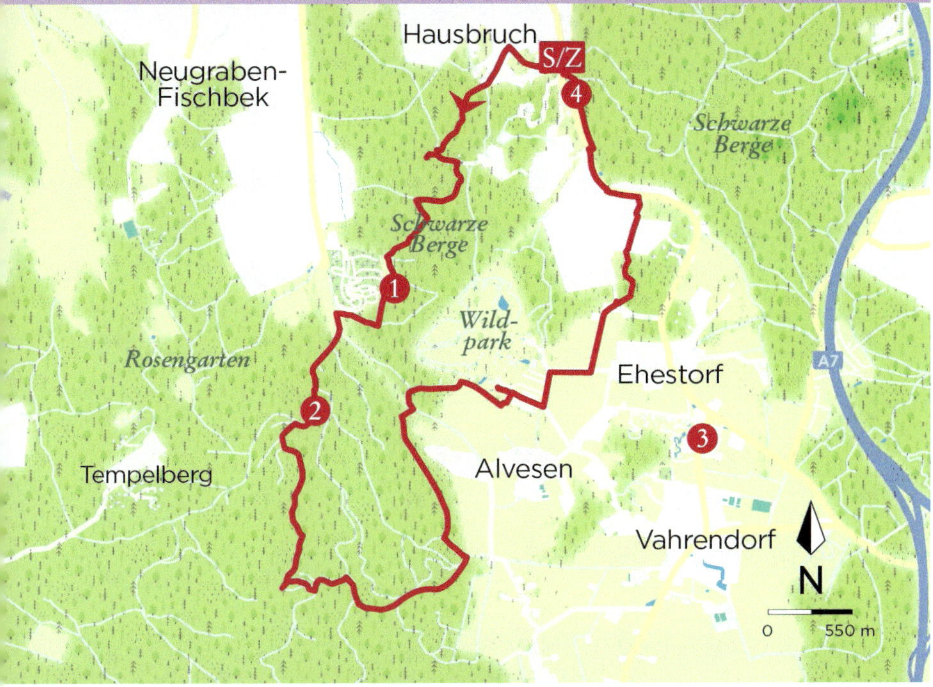

Von Ohlsdorf nach Farmsen

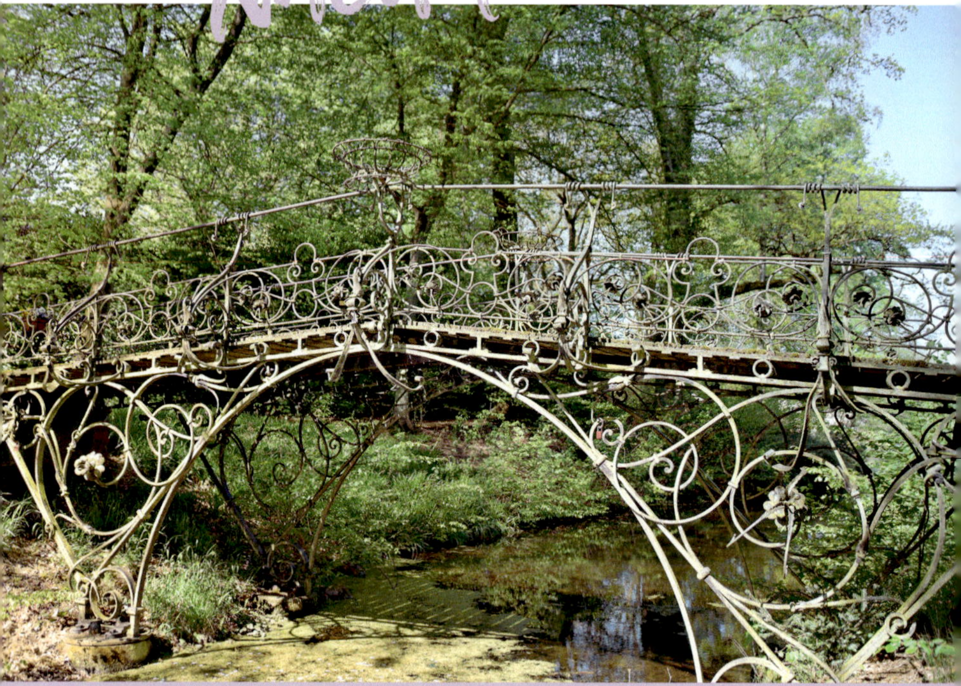

Schwierigkeit: leicht // 7,6 Kilometer // 60 Höhenmeter
Für Familien mit Kindern geeignet

DURCH EINEN PARADIESGARTEN MIT SEEBLICK ZU EINEM ARCHITEKTONISCHEN HIGHLIGHT

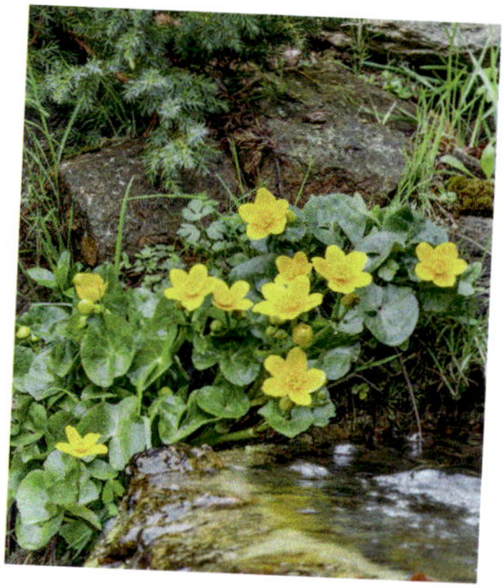

AN DER SEEBEK: SUMPFDOTTERBLUME

Wandern auf dem Friedhof? Die spinnen, die Hamburger! Oder eben auch nicht, denn der Friedhof Ohlsdorf ist der größte Parkfriedhof der Welt. Unter alten Bäumen kann man hier die Natur genießen, vorausgesetzt man hat kein Problem damit, dass die Parkanlage nach englischem Vorbild eigentlich ein Gräberfeld ist. Oder besser gesagt handelt es sich um mehrere, die auf ganze 389 Hektar verteilt sind und den Friedhof zugleich zu Hamburgs größter Grünanlage machen. Hier wachsen 450 Laub- und Nadelgehölzarten, und die Teiche und Bäche sind von Wasservögeln belebt. Warum also nicht den Ohlsdorfer Friedhof zu einer Teilstrecke auf dem Weg vom S-Bahnhof Ohlsdorf zur Trabrennbahn in Farmsen machen?

Wer in Ohlsdorf mit der Bahn ankommt, kann den Friedhof nicht verfehlen. Mal abgesehen davon, dass er ausgeschildert ist, weisen Blumenhändler und Bestattungsunternehmen den Weg bereits ab der Station, und die stattliche Einfahrt sieht man ebenfalls, wenn man den Bahnhof verlässt. Dort müsst ihr auch hinein, um als Erstes der Cordesallee zu folgen. Sie ist benannt nach Wilhelm Cordes, unter dessen Bauleitung die erste Fläche des Friedhofs am 1. Juli 1877 eröffnet wurde. Die Idee hinter der großzügig geplanten Anlage war, dass es in Hamburg keinen Mangel an Bestattungsfläche mehr geben sollte. 1879 erhielt Cordes das Amt des ersten Friedhofsverwalters, 1898 wurde er Friedhofsdirektor und blieb es 38 Jahre lang. Er erschuf einen romantischen Parkfriedhof und orientierte sich dabei am englischen Landschaftsgarten mit seinen der Natur nachgeformten Wegeführungen, Gewässerformen und Pflanzungen. Bis heute ist der Friedhof sowohl Erholungsraum als auch Bestattungsfläche.

Cordes' Anliegen war es, dass jeder Verstorbene im eigenen Grab in einem Paradiesgarten ruhen soll. Cordes starb 1917, die »Hauptstraße« des Friedhofs wurde später nach ihm benannt. Diese geht an der Kreuzung zur Oberstraße/Waldstraße über in die Südallee, auf der auch ein historischer Wasserturm steht.

LINKER HAND LOHNT SICH EIN ABSTECHER IN DEN GARTEN DER FRAUEN, EIN ORT MIT HISTORISCHEN GRABSTEINEN UND DEN GRABSTÄTTEN BEDEUTENDER FRAUEN, WIE ZUM BEISPIEL MARGARETHA ROTHE, MARGARETHE MÜNCH ODER AUCH DOMENICA NIEHOFF.

Auf der rechten Seite folgt Kapelle 10 (dort befinden sich öffentliche Toiletten) und nach kurzer Zeit bereits der BRAMFELDER SEE 1, der hinter dem Zaun südlich des Friedhofs bereits zu erkennen ist. Die Südallee verläuft parallel zum Seeufer und endet am Friedhofsausgang Seehofstraße am östlichen Ende des Bramfelder Sees.
Der Bramfelder See gehört übrigens eigentlich zum Stadtteil Steilshoop, dessen bekannte Hochhäuser südlich des Sees stehen. Der Rundweg um den See ist 2,9 Kilometer lang, vom Westufer, wo sich ein großer Kinderspielplatz befindet, bis zum Ostufer ist der See 1,2 Kilometer lang und zwischen 100 und 400 Meter breit. Die vier Inseln im See wurden zum Naturschutzgebiet erklärt, wo unter anderem Enten und Graureiher brüten. Ursprünglich lagen hier einmal zwei Teiche, die allerdings irgendwann zum heute bekannten See ausgebaggert wurden.

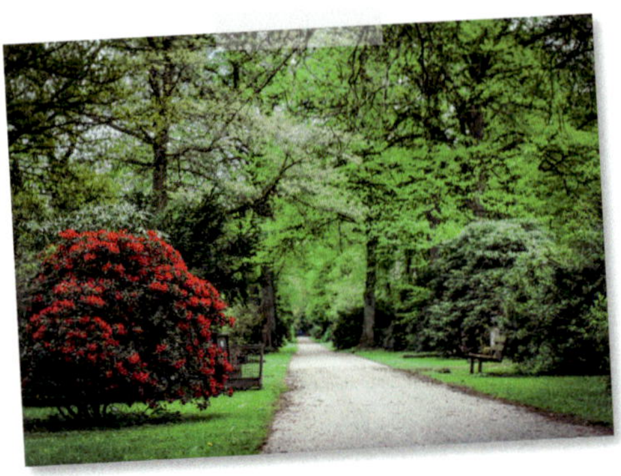

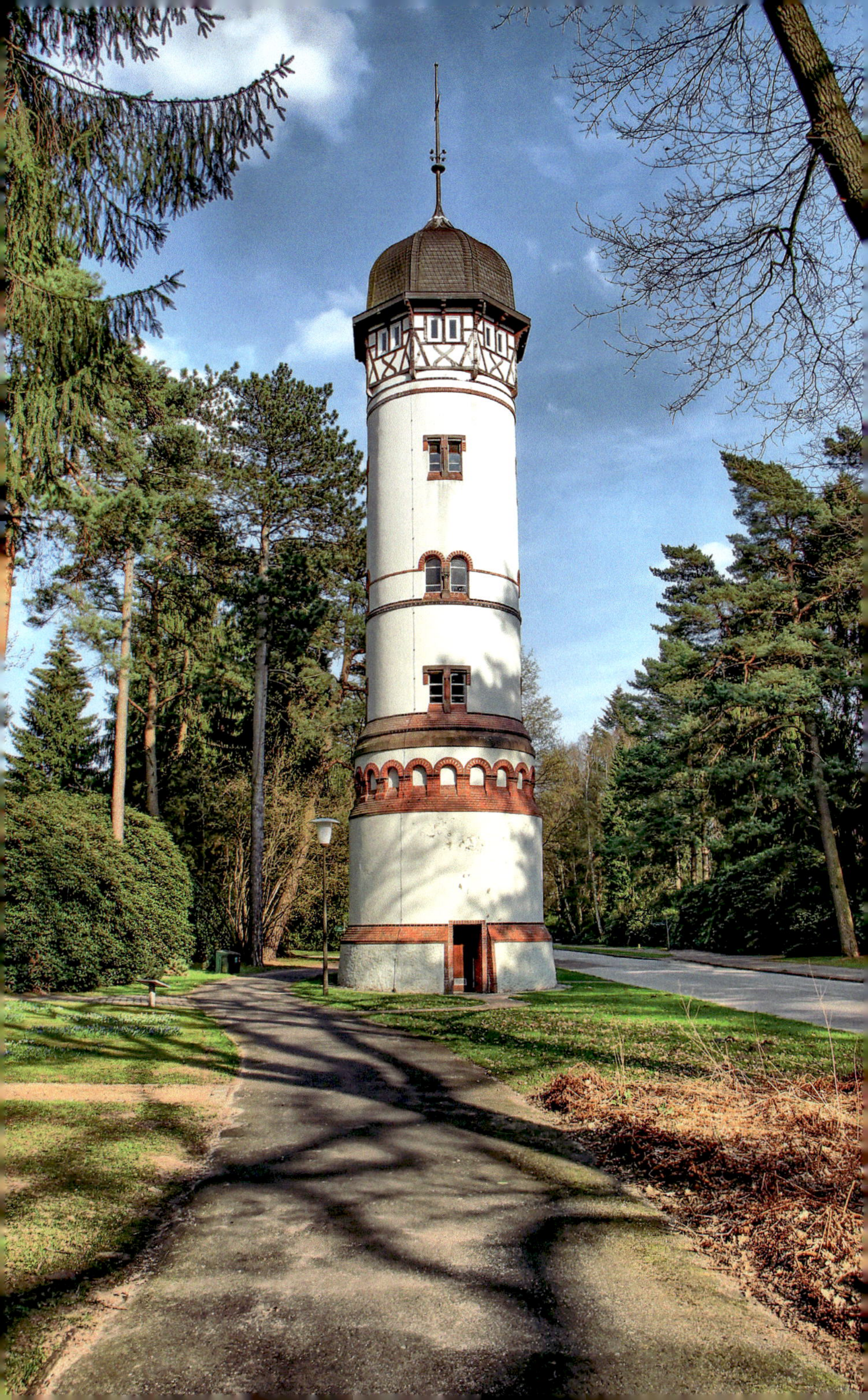

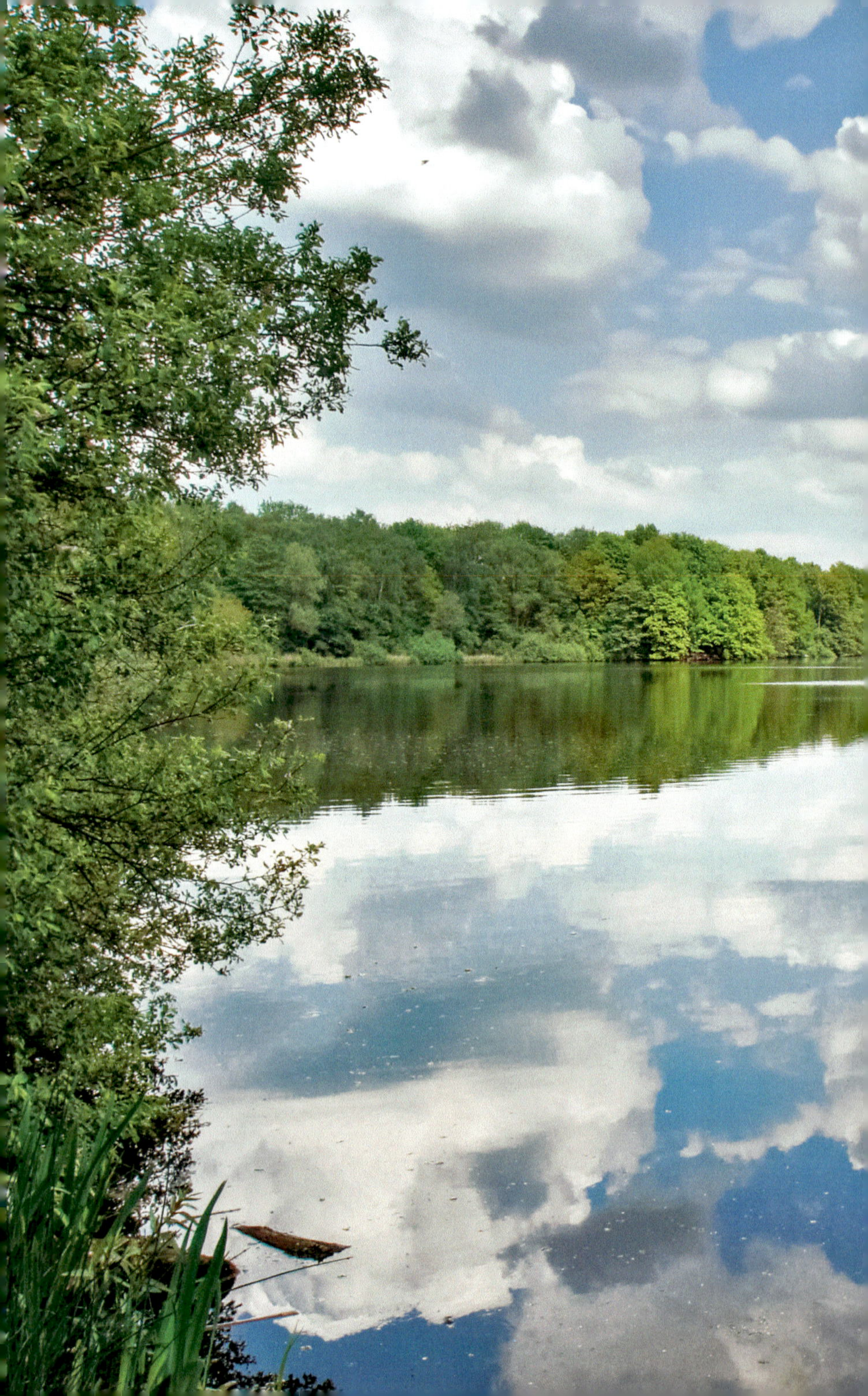

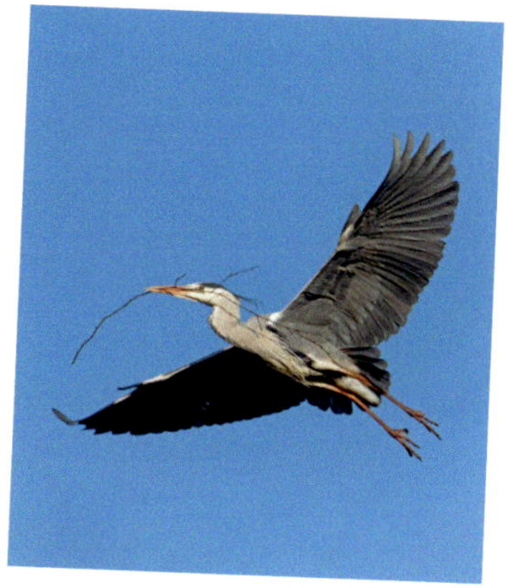

Graureiher beim Nestbau

Am Friedhofsausgang Seehofstraße könnte der Kontrast dann auch kaum größer sein. Nördlich des schmiedeeisernen Zauns befinden sich die Gräber teils jüngster Kinder, südlich liegt der Bramfelder See – ein Naherholungsgebiet, in dem sich Jogger, Fahrradfahrer und Familien auf Kinderspielplätzen tummeln. So ist der mobile Eisstand, der gleichermaßen an Friedhof und See steht, auf den ersten Blick gewöhnungsbedürftig. Andererseits wird der Friedhof Ohlsdorf auch zur Erholung genutzt, und Eis und Crêpes von »Eis am See« schmecken zu gut, um darauf zu verzichten. Wer es etwas gesetzter mag oder sich etwas ausruhen muss, findet hier am östlichen Ufer des Bramfelder Sees ebenfalls ein Plätzchen. Auf der gegenüberliegenden Seite der Fabriciusstraße lockt nämlich der SEEHOF 2 mit Kaffee und Kuchen oder gutbürgerlicher Küche. Und das Lokal ist ein echtes Traditionshaus, das es bereits gab, als Bramfeld noch ein Dorf war und der Bramfelder See ein Strandbad ohne Kurtaxe. Bereits 1897 wurde das erste Restaurant eröffnet und 1980 an gleicher Stelle auch der heutige »Seehof«. Heute wie damals eine sichere Bank, wenn es um gepflegte Gastlichkeit geht.

Weiter führt der Weg vom östlichen zum südlichen Ufer des Bramfelder Sees, wo dieser die Seebek speist. Ihrem Verlauf folgt ihr nun auf der Steilshooper Seite, also am Westufer. Die Seebek ist ein kleiner Bach, der aus dem Bramfelder See bis in die Osterbek fließt, die schließlich in die Alster mündet. Bis in die 1980er Jahre war die Seebek einbetoniert und hatte den Charme eines Abflussgrabens. Danach begann man sie zu renaturieren, sodass sie heute recht idyllisch durch sattes Grün fließt und man sogar Sumpfdotter- und

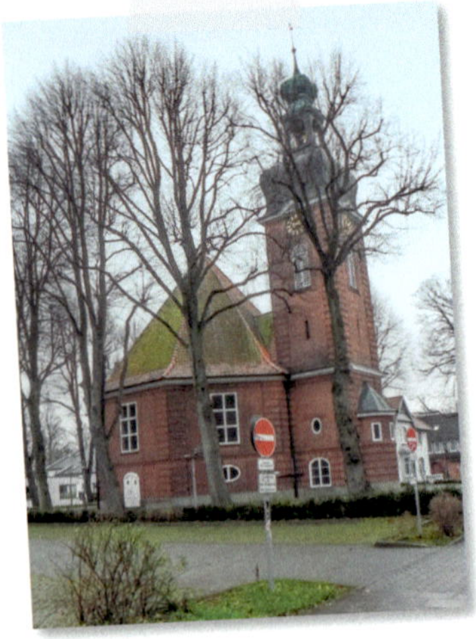

Schachbrettblumen entdecken und mit Glück auch Eisvögel beobachten kann. Kurz vor der Steilshooper Allee überquert ihr das Bächlein, um jetzt auf Bramfelder Gebiet zu wandern. Nun folgt ihr dem Grünzug über die Fabriciusstraße und die Bramfelder Chaussee, um an der Bramfelder Osterkirche weiter in Richtung Osten zu wandern. Hinter der OSTERKIRCHE 3 befindet sich übrigens ein etwas größerer Kinderspielplatz, an dem es sich gut rasten lässt, während der Nachwuchs sich austobt. Besagter Grünzug zieht sich an der Ellernreihe vorbei bis zur Haldesdorfer Straße. Hier überquert ihr die Ampel, um durch die Kleingartenanlage zwischen Steilshooper Allee und Weidkoppel zur Osterbek zu gelangen. An ihrem Ufer führt der Wanderweg nun in Richtung Süden und dort, wo der Fluss, der früher Bernebek hieß und dem Stadtteil Barmbek seinen Namen gab, eine Biegung macht, weiter geradeaus durch ein Wohngebiet. An der U-Bahn-Trasse haltet ihr euch nun links, um zum Bahnhof Trabrennbahn zu gelangen.

Wer architektonisch beziehungsweise städtebaulich interessiert ist, für den dürfte ein kleiner Abstecher zur ehemaligen TRABRENNBAHN FARMSEN 4 interessant sein. Rennsport wird hier zwar schon lange nicht mehr betrieben. Ende der 1980er Jahre kam allerdings die Idee auf, das Gelände für den Wohnungsbau zu nutzen. Der Siegerentwurf eines daraufhin ins Leben gerufenen Wettbewerbes sah die Bebauung direkt im Oval der Rennbahn vor. Die Fassaden und schrägen Dächer ließen den Eindruck von Tribünen entstehen. Bis zum Jahr 2000 baute man hier 1.170 Wohnungen, und das Bebauungskonzept wurde später sogar mit Preisen ausgezeichnet. Die Wohnanlage erreicht ihr, indem ihr am Bahnhof einfach dem Traberweg auf der anderen Seite der Bahnstrecke folgt.

Alles, was ihr wissen müsst

keine Rundtour: gemütliche Wanderung ohne große Anforderung // Nach Regenperioden ist festes Schuhwerk angeraten, das auch schmutzig werden darf // **kinderwagentauglich**

Markierung: weiße »11« auf grünem Grund, da Teil des grünen Rings (außer Friedhof Ohlsdorf zwischen Kapelle 10 und Seehofstraße)

Entfernung von Hamburg: liegt im Stadtgebiet
ÖPNV: S1 oder S 211 bis Ohlsdorf, Rückfahrt: U1 ab Trabrennbahn
Auto: nicht empfehlenswert

Einkehr: **Eis am See,** Bramfelder See, Ostufer // **Seehof,** Fabriciusstraße 288, 22177 Hamburg, seehof-hamburg.de

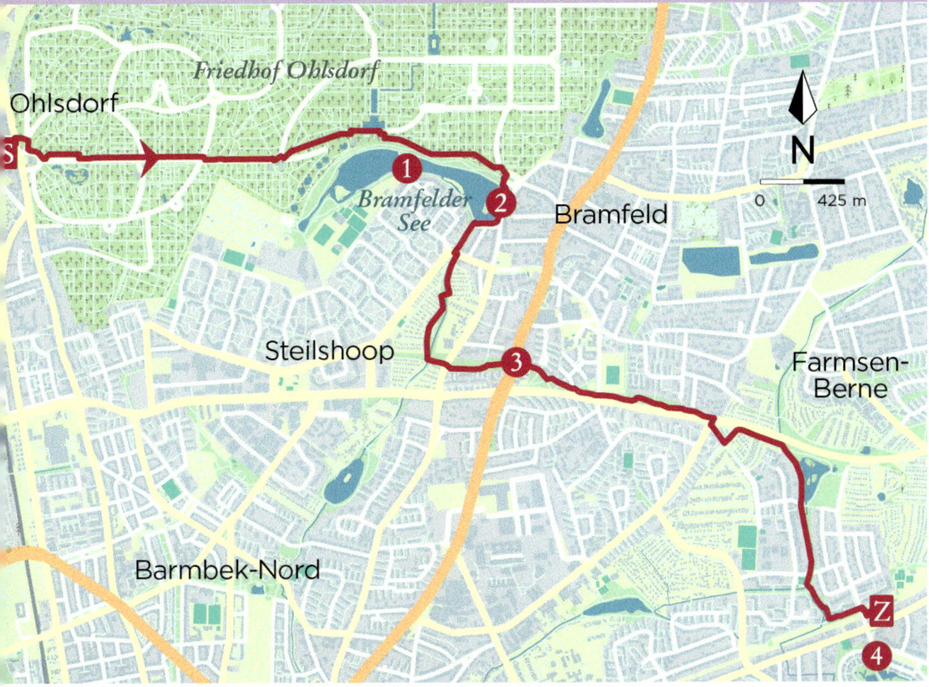

Von Timmendorfer Strand bis Travemünde

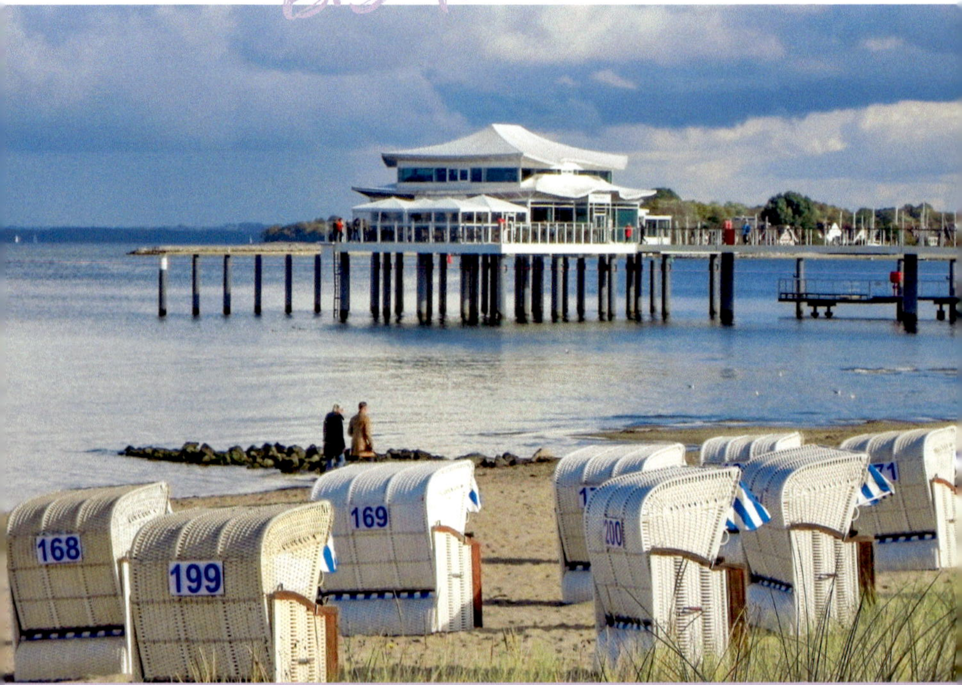

Schwierigkeit: leicht // 10 Kilometer // 30 Höhenmeter

Für Familien mit Kindern geeignet

COCKTAILS AM WEISSEN STRAND,
EIN TONNENSCHWERER »UDO LINDENBERG«
UND EIN HOHES KLIFF

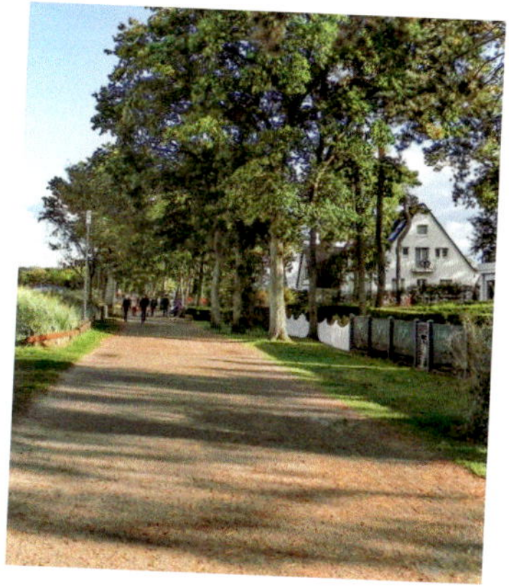

PROMENADE IN TIMMENDORFER STRAND

Wandern am Timmendorfer Strand? Das klingt in hanseatischen Ohren erst mal etwas merkwürdig, zumindest, wenn man Hamburgs »Hausstrand« nur im Sommer besucht, um sich dort neben ungefähr der Hälfte aller Hamburger Einwohner im Sand in der Sonne zu aalen und im Oswald ein kühles Getränk zu konsumieren. Doch machen wir uns nichts vor: Die Badesaison an der Ostsee ist nicht unbedingt die längste, und eine Sonnengarantie gibt es im norddeutschen Sommer auch nicht. Oder anders ausgedrückt: Es gibt deutlich mehr Tage im Jahr, an denen ein Spaziergang in angemessener Kleidung ratsamer ist als ein Bad in der Ostsee, zum Beispiel von Timmendorf zum Brodtener Steilufer.

Über Timmendorfer Strand muss man gegenüber den meisten Hamburgern nicht viele Worte verlieren, für alle anderen soll das allerdings der Vollständigkeit halber geschehen. Der Ort vermittelt offenbar insbesondere Reichen und Schönen ein ganz besonderes Lebensgefühl. Einem hat man hier auch gleich ein Denkmal gebaut: dem Panikrocker Udo Lindenberg, der sich im Hotel Maritim – dort steht auf der Promenade auch die Skulptur – mit seinem Panikorchester gern auf Tourneen vorbereitet und in Timmendorf auch seinen (traurigen) Hit »Horizont« schrieb. Und zugegeben: Die Ostsee, die in allen Blautönen schimmert, und der sieben Kilometer lange weiße Strand haben schon ihren Reiz und etwas Inspirierendes. Dazu umrahmt das Hinterland dieses kleine Träumchen mit saftig grünen Wiesen und Wäldern sowie knallgelben Rapsfeldern.

Direkt südlich von Timmendorfer Strand und Niendorf liegt außerdem das Naturschutzgebiet Aalbek-Niederung, das bis an den Hem-

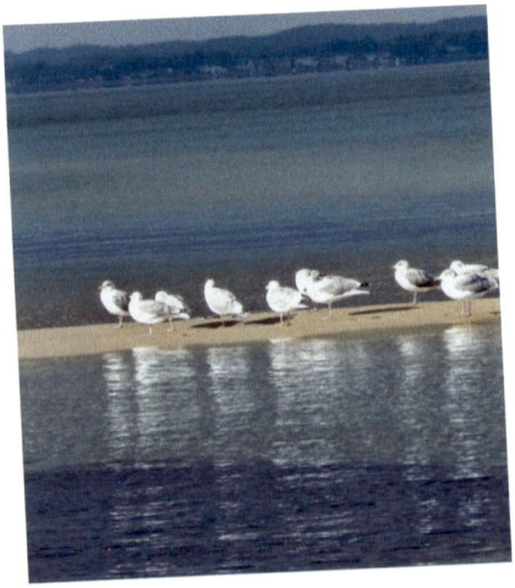

MÖWEN RASTEN AUF EINER SANDBANK

melsdorfer See reicht. Das Gebiet, das Refugium für zahlreiche Wiesenvögel ist, liegt nur wenige Meter über Normalnull, weshalb es bei länger anhaltendem Ostseehochwasser großflächig überflutet wird. Dann kann nämlich der See nicht in die Ostsee abfließen. Wer vom Bahnhof kommt, passiert in den meisten Fällen den Kurpark. Und hier müssen zumindest Minigolffans schon vor dem Tourbeginn einen Stopp einlegen, denn es handelt sich um Deutschlands erste Minigolfanlage. Da ist eine Runde natürlich Pflicht, auch wenn diese nicht mehr am Originalstandort steht.

Die Wanderung selbst beginnt, wo der Saunaring auf die Strandpromenade trifft. Hier stellt sich gleich die Frage, ob ihr direkt am Wasser oder doch lieber auf der Promenade wandern, nein, wandeln wollt. Da hier allerdings die Strandkorbdichte relativ hoch ist, bietet es sich an, erst mal die Promenade hinunterzulaufen und die teilweise pittoresken Häuser zu bestaunen, die sich hier aneinanderreihen.

Einen ersten Stopp solltet ihr im schönen RESTAURANT WOLKENLOS 1 am Ende der Seebrücke einlegen. Hier bekommt ihr an einem Nachmittag am Wochenende einen guten Eindruck davon, wie sich das Timmendorffeeling anfühlt und könnt euch bei moderner Küche und Cocktails stärken. Nicht gerade typische Wanderverpflegung, aber zum Timmendorfer Strand gehört das nun mal dazu. Bei gutem Wetter genießt ihr Essen und Getränke auf der Sonnenterrasse, bei widrigeren Bedingungen im stilvollen Inneren. Der Clou ist dabei die Glasplatte im Boden des Restaurants, die von Menschen mit Höhenangst aber vielleicht besser gemieden wird. An den Panoramafenstern des »Wolkenlos« habt ihr übrigens einen tollen Blick über die Lübecker Bucht, und mit ganz viel Glück sitzt vor

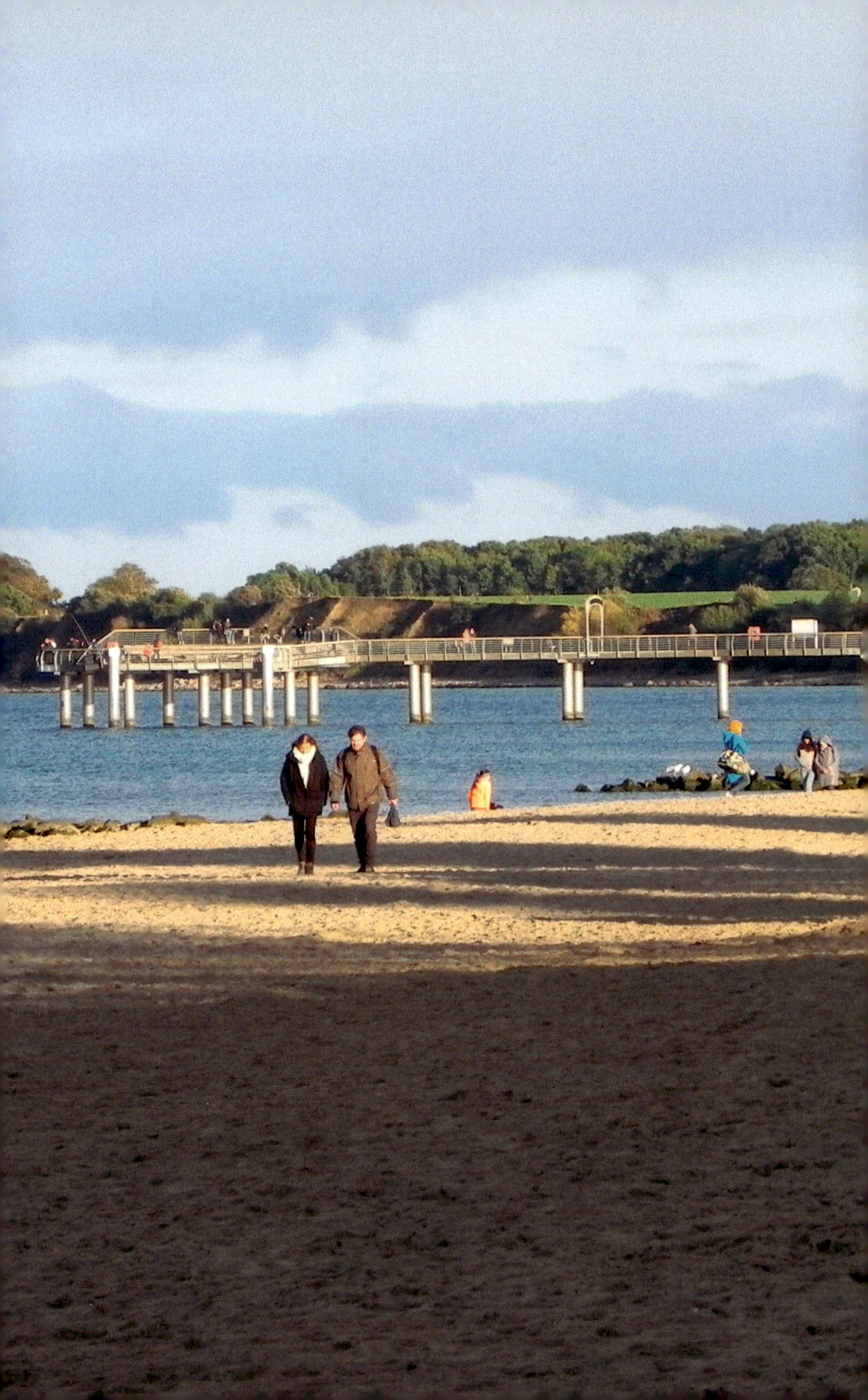

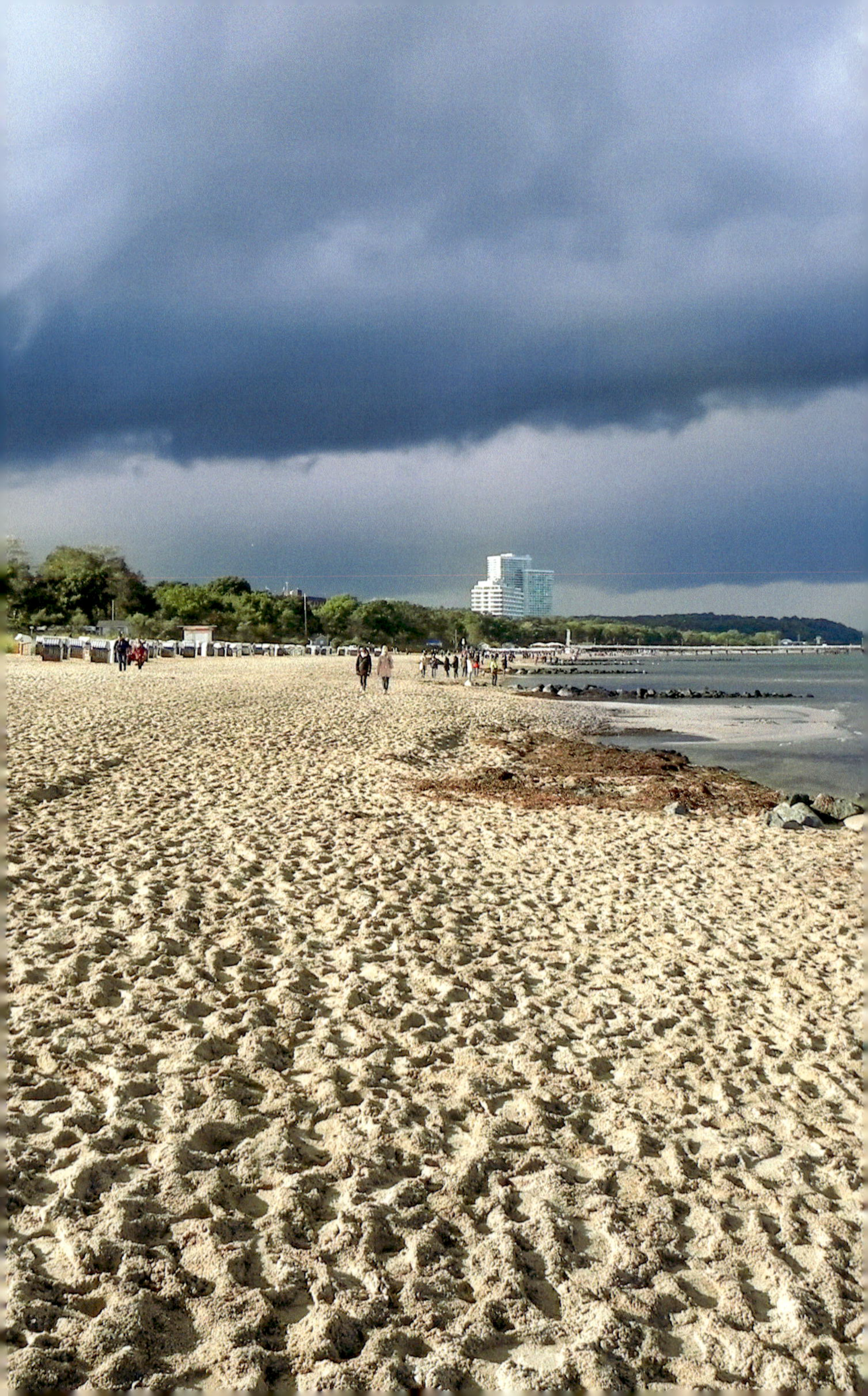

dem Fenster ein Kormoran und stärkt sich für seinen nächsten Beutezug im Ostseewasser. So nah kommt ihr diesen Vögeln sonst in freier Wildbahn wahrscheinlich selten.
Frisch gestärkt geht es nun am Strand entlang weiter in Richtung Niendorf. Weniger Strandkörbe und Touristen bedeuten mehr Platz. Den solltet ihr auch den Füßen gönnen, die Schuhe ausziehen und die Hosen hochkrempeln, um direkt am Wasser entlangzuschlendern. Zu behaupten, dass zwischen Timmendorfer Strand und Niendorf ein Unterschied wie Tag und Nacht herrscht, ist vielleicht etwas zu weit hergeholt, aber in der Tat ist Timmendorfs östliche Nachbargemeinde deutlich ruhiger. Allerdings könnt ihr auch im NIENDORFER HAFEN 2, Deutschlands kleinstem aktiven Fischereihafen, zwischen den Fischkuttern schon mal die eine oder andere Luxusjacht bestaunen, während ihr an einer der Fischbuden ein herzhaftes Heringsbrötchen verspeist. Aber Vorsicht! Die Möwen, die hier auf der Kaimauer sitzen, haben alles genau im Blick, besonders etwaige Futterquellen.
Apropos: Davon gibt es in Niendorf reichlich, wenn man an der neuen Strandpromenade entlangläuft, die nebenbei auch immer wieder kleine Attraktionen für Kinder bereithält. Eine dieser Futterquellen ist das Bistro-Café Lieblingsplatz, nur wenige Meter östlich der Niendorfer Seebrücke. Hier finden auch diejenigen etwas, die keinen Fisch mögen oder lieber etwas Warmes im Magen haben möchten, ehe es in Richtung des Brodtener Ufers, auch als Brodtener Steilufer bekannt, geht.
Das Steilufer erreicht ihr, indem ihr weiter dem Strandverlauf in Richtung Travemünde folgt. Dieser wird immer schmaler, und spätestens an der Steiluferallee müsst ihr euch entscheiden, wie ihr die nächsten vier

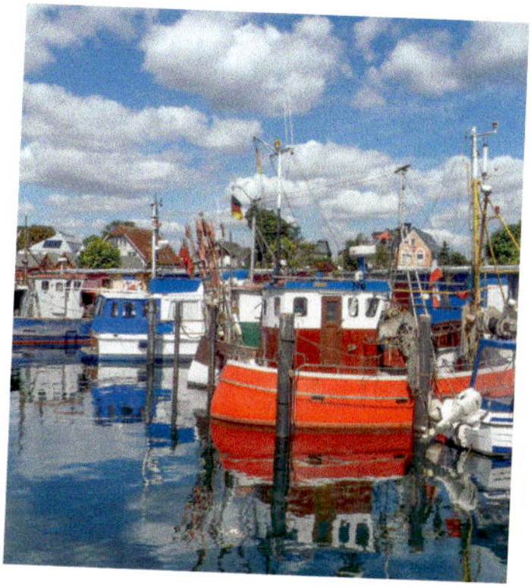

Kutter im Niendorfer Hafen

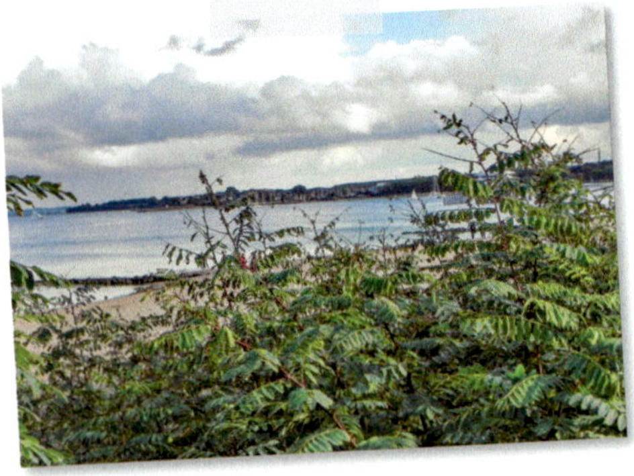

Kilometer bewältigen möchtet: am Wasser oder auf dem Steilufer. Nehmt den bequemeren Wanderweg oberhalb des Brodtener Steilufers. Er bietet einen traumhaften Blick auf das Meer und die Hügel des Hinterlandes. Allerdings solltet ihr Kinder an die Hand nehmen, falls ihr mit ihnen wandert, denn das Kliff ist 15 bis 20 Meter hoch und es gibt keinen Handlauf und keinen Zaun. Die Steilhänge dürfen nämlich nicht künstlich gesichert werden, weil sie einzigartige Lebensbedingungen für Tier- und Pflanzenarten bieten.

WEITE TEILE DES BRODTENER STEILUFERS UND DIE RUND 20 QUADRATKILOMETER GROSSE FLACHWASSERZONE VOR DEM STEILUFER SIND EUROPÄISCHES VOGELSCHUTZGEBIET. DAS GESAMTE BRODTENER STEILUFER UND DAS HINTERLAND SIND DER LETZTE UNVERBAUTE KÜSTENABSCHNITT AN DER LÜBECKER BUCHT. DER BRODTENER WINKEL STEHT KOMPLETT UNTER LANDSCHAFTSSCHUTZ.

Die ersten gepflegten Rasenflächen auf der Landseite des Steilufers künden bereits davon, dass ihr euch Travemünde nähert. Der Wanderweg führt nun durch ein kleines Wäldchen, das angenehmen Schatten spendet. Nachdem ihr den JACHTCLUB 3 hinter euch gelassen habt, beginnt schon die Travemünder Strandpromenade. Das mondäne Kur- und Seebad erhielt seine breite Promenade am Ende des 19. Jahrhunderts, also zur Kaiserzeit. Von 1911 bis 1913 baute man außerdem auch gleich noch einen STRANDBAHNHOF 4 mit Uhrenturm, der die Uhr bis zum Strand sichtbar machte, damit die Badegäste wussten, wann ihr nächster Zug zurückfuhr. Hier endet auch die Wanderung. Wer nicht mit dem Zug, sondern dem Auto angereist ist, kann von hier mit dem Bus zurückfahren.

Alles, was ihr wissen müsst

keine Rundtour: gemütliche Wanderung, meist auf befestigtem Untergrund // Handtuch und Wechselkleidung für den Nachwuchs nicht vergessen // keine Begrenzung an der Abbruchkante des Steilufers // **kinderwagentauglich**

Markierung: keine, bitte Text oder GPS nutzen

Entfernung von Hamburg: 79 Kilometer
ÖPNV: RE 80 bis Lübeck Hbf., dann RB 85, Rückfahrt: RE 80 ab Travemünde Strandbahnhof
Auto: nicht empfehlenswert, ansonsten: Parkplatz Wohldstraße 24, 23669 Timmendorfer Strand, Rückfahrt von Travemünde mit Bus 40 bis Seniorenheim Timmendorfer Strand

Einkehr: **Wolkenlos,** Strandallee 144, 23669 Timmendorfer Strand, wolkenlos-timmendorf.de // **Bistro-Café Lieblingsplatz,** Strandstraße 133, 23669 Timmendorfer Strand

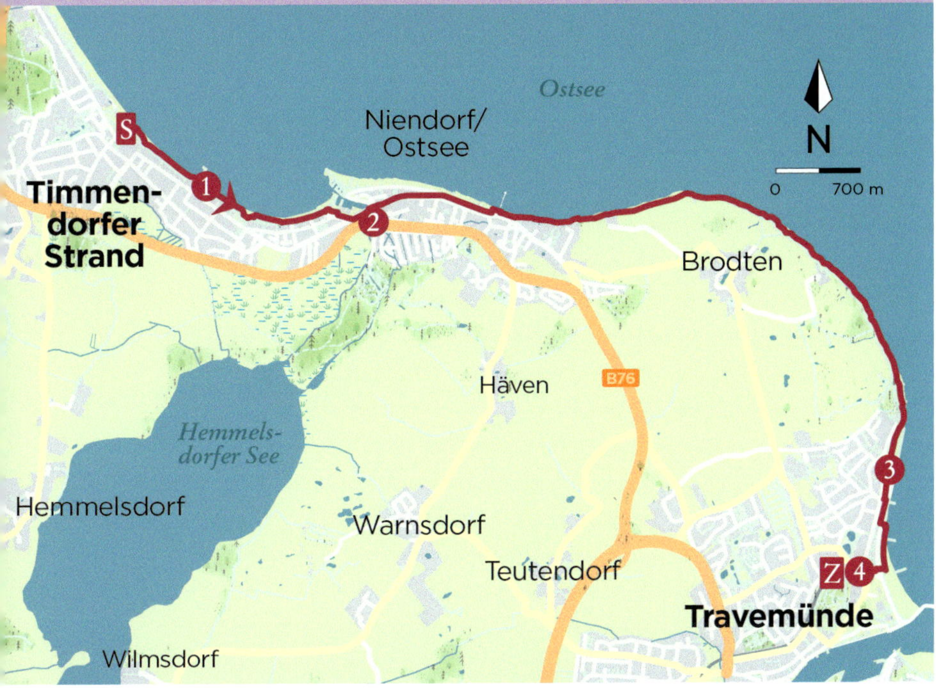

Durch den Sachsenwald nach Friedrichsruh

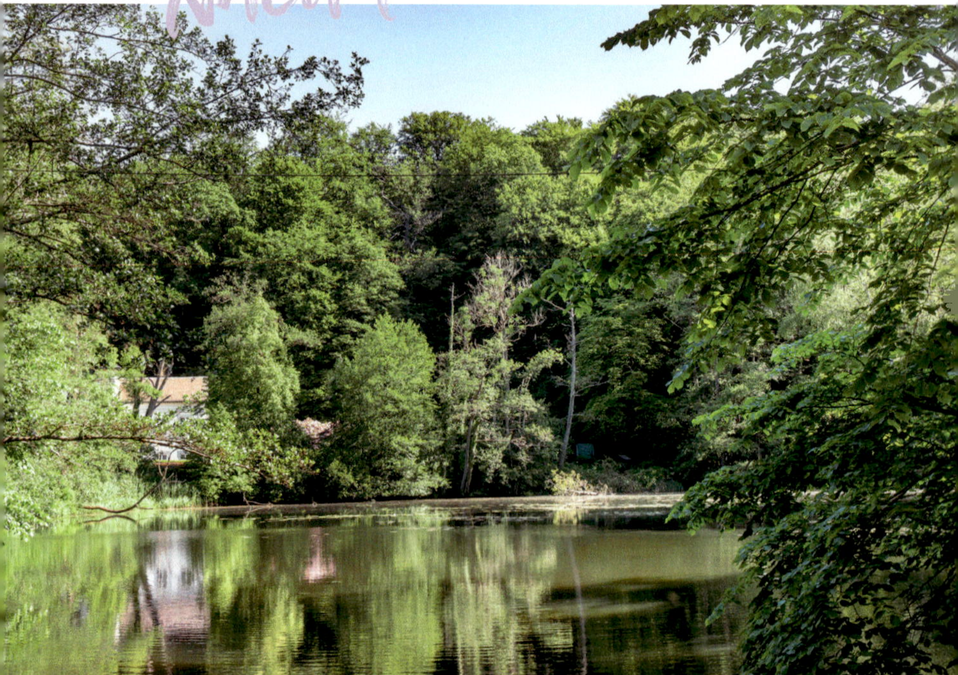

Schwierigkeit: leicht // 7,1 Kilometer // 50 Höhenmeter

Für Familien mit Kindern geeignet

VOM EISERNEN KANZLER
UND SCHMETTERLINGEN IM GLASHAUS:
IM ZEICHEN BISMARCKS

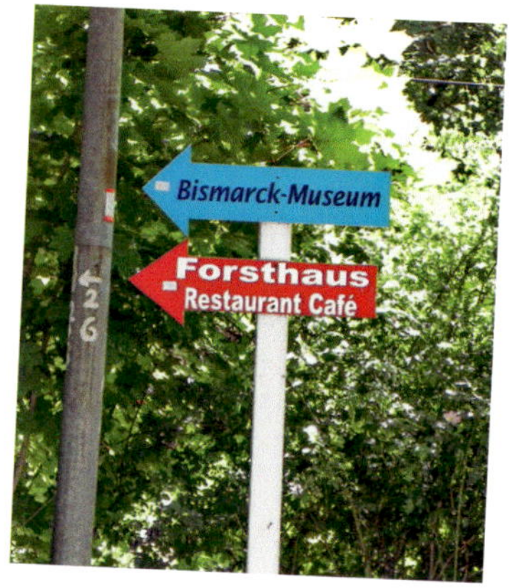

BISMARCK IST STETS PRÄSENT

In Bergedorf, so sagen die Bergedorfer, hatte man schon immer einen besonderen Blick auf Hamburg. Zwar gehört man dazu, doch ist hier im Hamburger Osten alles etwas ruhiger und langsamer. Und wenn es in Bergedorf schon langsamer ist, ist in Aumühle und Friedrichsruh die Zeit sozusagen stehen geblieben. Nicht umsonst dreht sich hier gefühlt alles um den alten Bismarck, den Sachsenwald, das ruhige Leben der Schmetterlinge – und um Eisenbahnen aus längst vergangenen Tagen.
So ist es auch nicht weiter verwunderlich, dass es hier noch ein schönes, altes Bahnhofsgebäude mit Schalterhalle gibt. Hinter dem Bahnhof haltet ihr euch rechts und überquert die Ampel an der Schönningstedter Straße, um dann direkt in die Straße Am Mühlenteich einzubiegen und in der ersten Kurve direkt rechts auf einen Waldweg, der bereits zu einem Ausläufer des Sachsenwaldes gehört. Der Sachsenwald, durch den diese Tour führt, ist mit knapp 70 Quadratkilometern Schleswig-Holsteins größtes zusammenhängendes Waldgebiet. Er ist eines von nur zwei gemeindefreien Gebieten in Schleswig-Holstein. Der ehemalige Urwald ist mit seiner erholsamen Natur, den touristischen Attraktionen und diversen Möglichkeiten zur Einkehr ein beliebtes Ausflugsgebiet, das dennoch nicht überlaufen wirkt. Kein Wunder, denn das markierte Wegenetz ist mehr als 80 Kilometer lang. Übrigens schenkte Kaiser Wilhelm I. Otto von Bismarck den Sachsenwald im Jahr 1871. Deutschlands erster Reichskanzler nutzte den Sachsenwald forstwirtschaftlich und kaufte mehrere Anwesen in Friedrichsruh. Nach seiner Entlassung im Jahr 1890 setzte er sich dort auch zur Ruhe. Bis heute leben die von

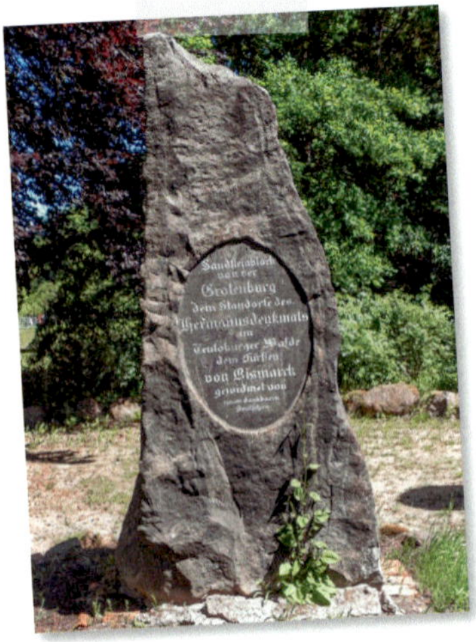

Bismarcks in Friedrichsruh. Ihr Name dominiert hier quasi alles.
Sogar Bismarcks Leichnam befindet sich noch vor Ort in einem Mausoleum, das man besuchen kann. Zusätzlich stellt das Bismarck-Museum persönliche Besitztümer Otto von Bismarcks aus, unter anderem so kuriose Dinge wie die Sofas des Eisernen Kanzlers und seiner Doggen, den Revolver, den Bismarck 1866 in Berlin einem Studenten abnahm, der ein Attentat auf ihn verübt hatte, und sogar erbeutete Kanonen aus dem Deutsch-Französischen Krieg. Außerdem gibt es eine Ausstellung im alten Bahnhofsgebäude über seine politische Karriere.
Der Wanderweg führt zunächst an einem REITERHOF 1 vorbei. Es folgt das Eisenbahnmuseum Lokschuppen Aumühle, das allerdings nur sonntags von 11 bis 17 Uhr geöffnet ist und dessen Besuch sich ohnehin erst nach Beendigung der Wanderung anbietet. Somit folgt ihr zuerst dem Waldweg, der zur Schwarzen Au hinunterführt, die hier von einer Brücke überquert wird. Das Ufer an der Brücke ist bei Kindern beliebt, sodass sich hier am Wasser direkt ein erstes kurzes Päuschen anbietet, solltet ihr mit Nachwuchs unterwegs sein. Danach gabelt sich der Weg und ihr haltet euch rechts, um parallel zu Schienen und Schwarzer Au nach Friedrichsruh zu wandern. Dabei lohnt es sich durchaus, mit offenen Augen durch Wald und Wiesen zu laufen, denn hier lassen sich zahlreiche Tiere erspähen, wenn man nur etwas aufmerksam ist. Unter anderem Zauneidechsen, Libellen und Wildtiere leben hier.
Erneut überquert ihr die Schwarze Au und tretet aus dem Wald heraus. Nun haltet ihr euch entweder rechts, um kurz darauf wieder links abzubiegen und dem Schloßweg zu folgen. Oder aber ihr nehmt den Weg Am Schloßteich, um zum Garten der Schmetterlinge zu gelangen.

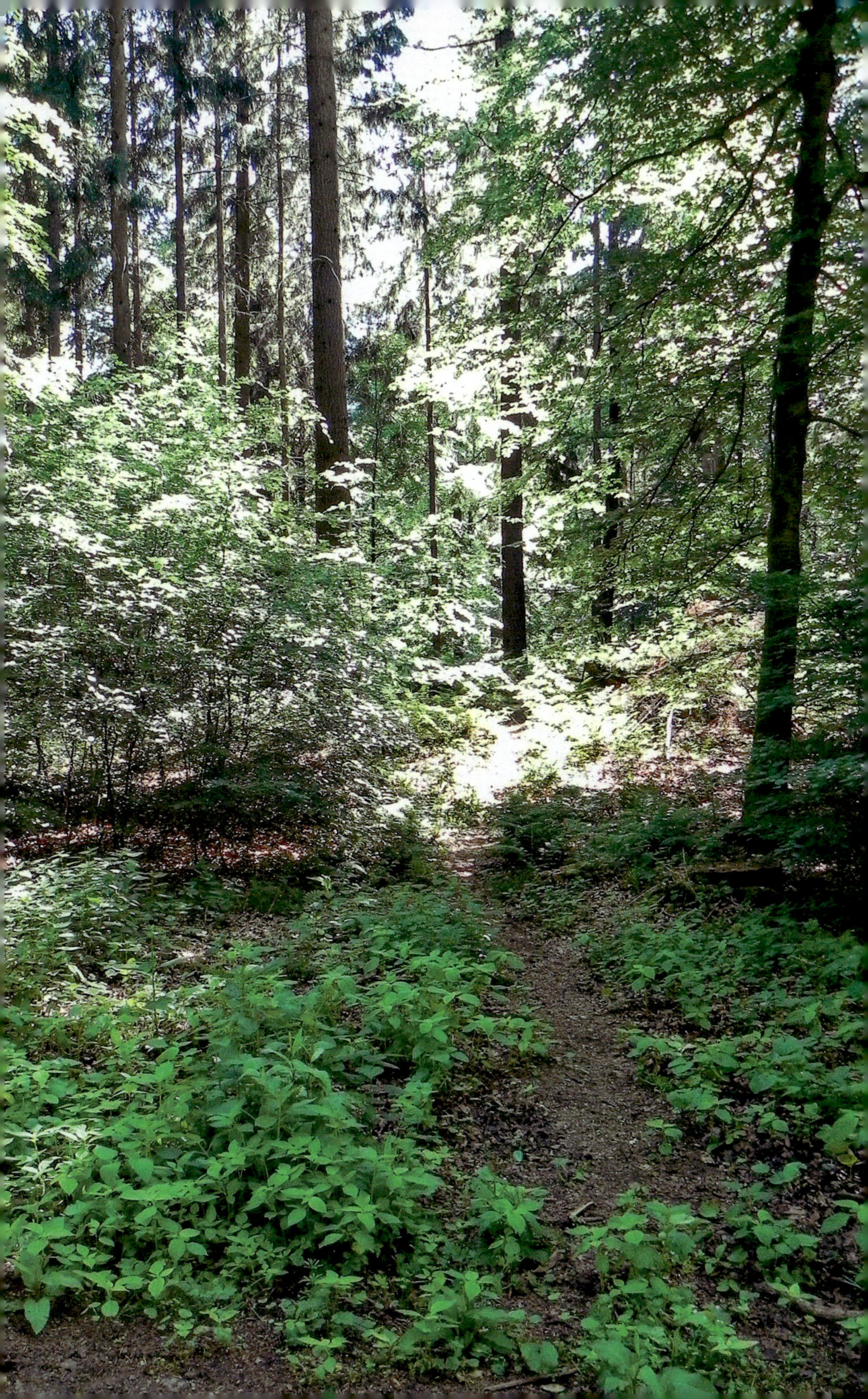

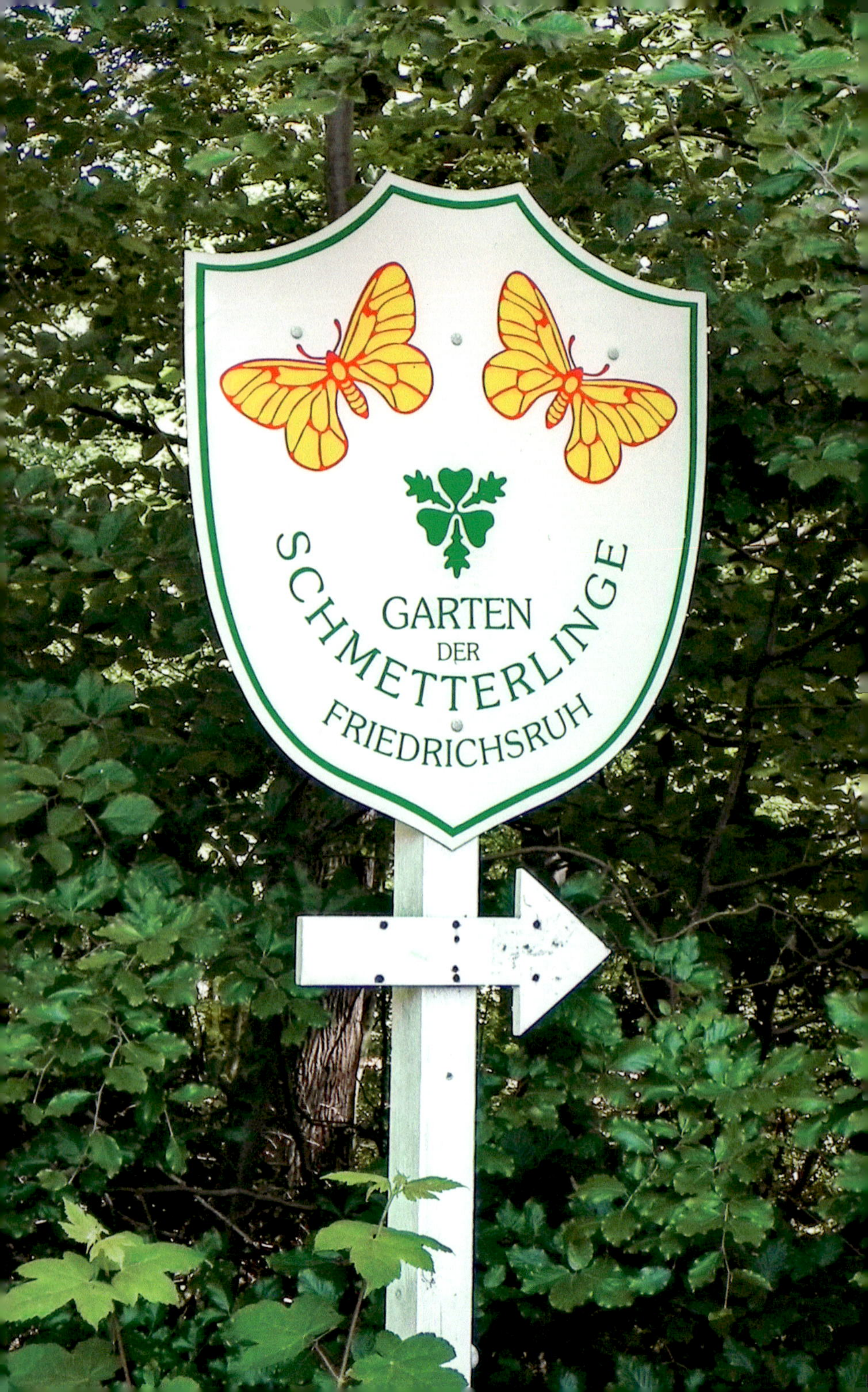
SCHMETTERLINGE
GARTEN
DER
FRIEDRICHSRUH

BEI 80 PROZENT LUFTFEUCHTIGKEIT UND TEMPERATUREN UM 26 GRAD IM GLASHAUS LEBEN HIER MEHR ALS 1.000 TROPISCHE FALTER. DIE ETWA 40 ARTEN KÖNNEN ZWISCHEN BLÜHENDEN PFLANZEN AUF MEHR ALS 500 QUADRATMETERN FREI FLIEGEN. DIE GRÖSSTEN EXEMPLARE SIND ATLASSPINNER, DIE EINE FLÜGELSPANNWEITE VON RUND 30 ZENTIMETERN ERREICHEN KÖNNEN. INFOTAFELN UND SCHAUKÄSTEN ERKLÄREN DEN LEBENSZYKLUS DER FALTER VOM EI BIS ZUR PUPPE. UND MIT ETWAS GLÜCK ERLEBT MAN, WIE EIN JUNGER SCHMETTERLING SCHLÜPFT.

Der Schloßweg, auf den ihr auch vom Schmetterlingsgarten gelangt, führt am Gut der Familie Bismarck und dem MUSEUM 2 vorbei in die Rosenstraße, wo der Ödendorfer Weg abzweigt.
Im Ödendorfer Weg 5 findet ihr das FORSTHAUS FRIEDRICHSRUH 3. Hier zieht die Küche alle Register, die der Name erwarten lässt. Das Ambiente ist rustikal und doch edel, und dass es hier Wildgerichte zu genießen gibt, versteht sich von selbst. Neuerdings bietet man hier außerdem ein eigenes Craft Beer an, das im Sommergarten den Aufbruch zur Bewältigung der restlichen Strecke etwas erschwert.
Gut gestärkt folgt ihr im Ödenweg nach der Weggabelung dem linken Weg geradeaus durch den Sachsenwald, dessen forstwirtschaftliche Nutzung vielerorts erkennbar ist. Wer Glück hat, kann zwischen den Bäumen Rehe entdecken. Wer mit seinem Hund unterwegs ist, sollte auf jeden Fall das Tier

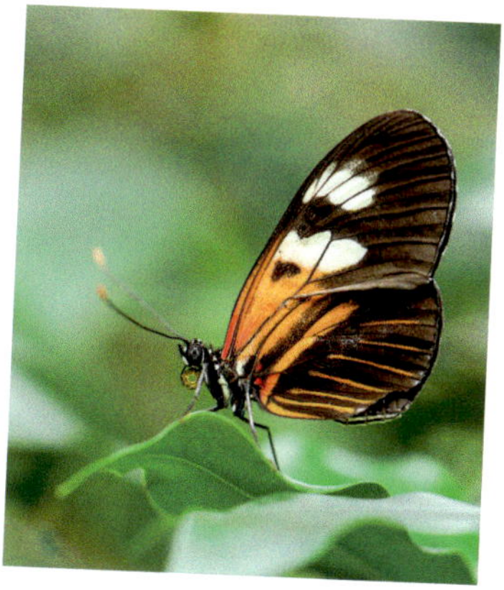

ÜBER 1.000 FALTER LEBEN HIER

an die Leine nehmen. An der zweiten Waldwegkreuzung biegt ihr links in Richtung der Landesstraße 208 ab. Dieser Abschnitt ist vielleicht mit der schönste auf der Route, denn der Wald mit seinen teils jahrhundertealten Bäumen schmiegt sich hier an sanfte moos- und buschbewachsene Hügel. Nach Überquerung der Straße setzt sich diese Landschaft fort, und es geht etwas bergauf, bis links eine Abzweigung erscheint. Ihr folgt man, um zwischen Buchen und Lärchen zurück in Richtung Aumühle zu wandern. Ist der Waldboden unter den Bäumen zuerst noch spärlich bewachsen, ändert sich dies stetig, und die Vegetation wird dichter, der Boden feuchter. Wer besonders aufmerksam ist, kann am Wegesrand sogar Frösche entdecken. Nachdem die Schwarze Au erneut überquert wurde, haltet ihr euch links, um noch einen Abstecher ins EISENBAHNMUSEUM 4 im Lokschuppen Aumühle zu machen.

Das Eisenbahnmuseum ist ein kleiner Traum für Eisenbahnfans, deren Steckenpferd die Oldtimer sind. Es liegt direkt an den Abstellanlagen der S-Bahn und wird vom gemeinnützigen Verein Verkehrsamateure und Museumsbahn e. V. betrieben. Ehrenamtliche Mitarbeiter bewerkstelligen die Instandhaltung von Anlage und Museumswaggons sowie Lokomotiven. Dazu gehören diverse Dampf- und Diesellokomotiven sowie Personen- und Güterwaggons, auch aus dem Hamburger Linienverkehr. Außerdem können sich Besucher auf dem überschaubaren Schienennetz der Anlage an der Bedienung einer Handhebel-Draisine aus den 1920er Jahren versuchen. Dazu bieten die Mitarbeiter, die teils in historischen Uniformen stecken, auch die Möglichkeit, zu zivilen Preisen einen kleinen Imbiss zu sich zu nehmen. Der Eintritt ins Museum ist kostenlos, um eine kleine Spende wird dennoch gebeten.

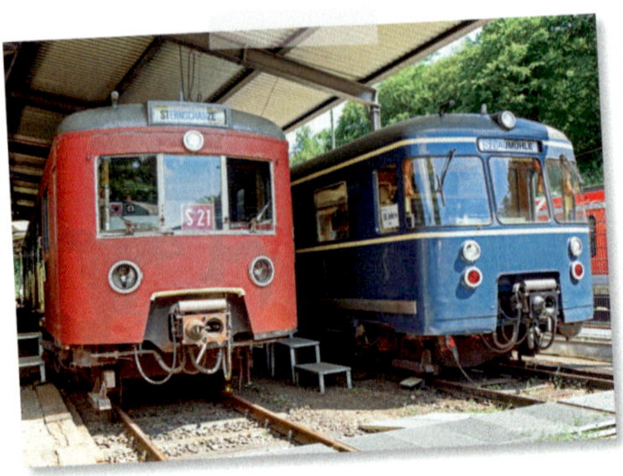

Alles, was ihr wissen müsst

Rundtour: gemütliche Rundtour auf meist unbefestigtem Untergrund // nach Regenperioden sehr matschig // **bedingt kinderwagentauglich**

Markierung: keine, bitte Text oder GPS nutzen

Entfernung von Hamburg: 26 Kilometer
ÖPNV: S 21 bis Aumühle
Auto: P + R-Parkplatz Aumühle, Schönningstedter Straße 1, 21521 Aumühle

Einkehr: **Forsthaus Friedrichsruh,** Ödendorfer Weg 5, 21521 Aumühle, forsthausfriedrichsruh.de

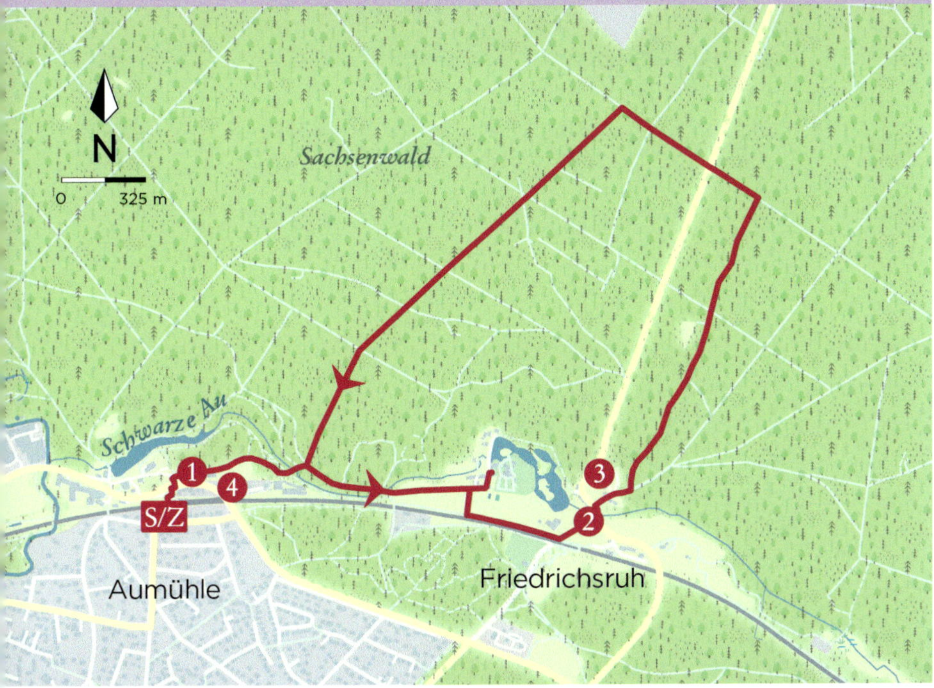

Raakmoor und Hummelsee

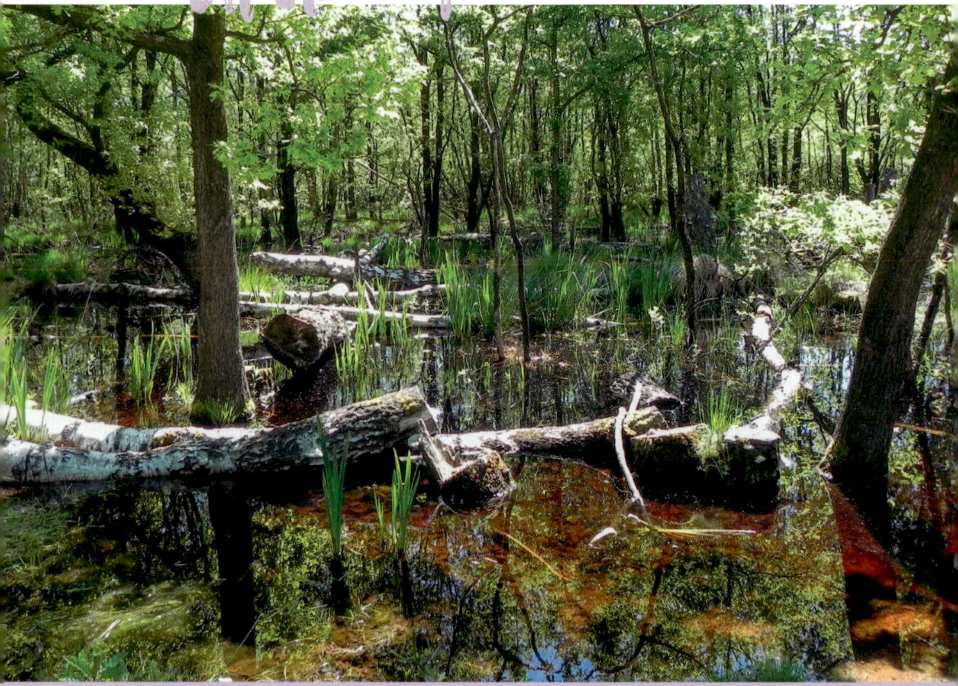

Schwierigkeit: leicht // 10,4 Kilometer // 50 Höhenmeter

Für Familien mit Kindern geeignet

TYPISCHE MOORVEGETATION,
EIN FALSCHES ORTSSCHILD
UND EIN HERRLICHER GIPFELBLICK

Habt ihr schon mal vom Biophilia-Effekt gehört? Oder vom Waldbaden? Der Biophilia-Effekt könnte beschrieben werden mit der positiven physiologischen Wirkung der Natur auf den menschlichen Körper. Mit dem Waldbaden verhält es sich genauso: »Im Wald findet der gestresste Mensch zu sich selbst. Mehr noch: Waldbaden hält Körper und Seele gesund. Und eigentlich sollte jeder ein bisschen Natur in seinen Alltag integrieren«, schreibt der NABU. Das Raakmoor in Hamburgs Norden ist genau der richtige Ort für Waldbäder und Biophilia-Effekt. Das sagt jedenfalls der Biologe und Buchautor Clemens G. Arvay, der die positiven Auswirkungen von Pflanzen und Tierwelt auf das menschliche Immunsystem untersucht hat. Und auch die Weltklassepianistin Anna Vinnitskaya schwört auf das Raakmoor. Bei so einem guten Leumund ist ein Besuch hier also Pflicht!

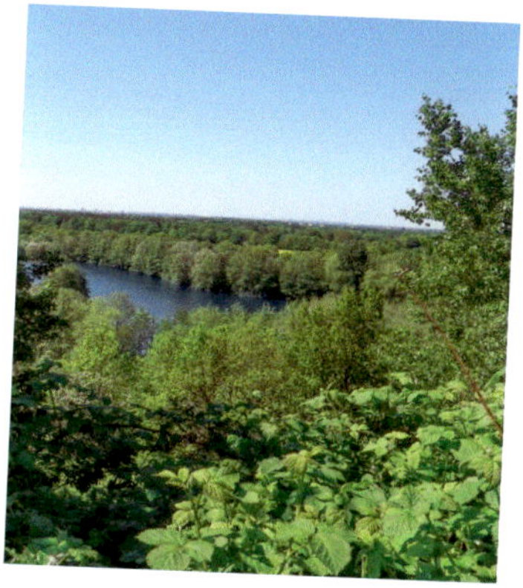

AUF DEM GIPFEL DES MÜLLBERGS

Das Naturschutzgebiet Raakmoor, das sich auf dem Gebiet der beiden Stadtteile Langenhorn und Hummelsbüttel befindet, ist mit 18 Hektar Hamburgs kleinstes Naturschutzgebiet mit einer einzigartigen Landschaft abseits der Spazier- und Wanderhotspots von Hamburg. Der Vegetationsmix hier ist außergewöhnlich. Seine relative Unbekanntheit macht sich auch darin bemerkbar, dass es unterwegs keine Möglichkeit zur Einkehr gibt. Da eine Wanderung durch das Raakmoor allein vielleicht etwas kurz ist – der Rundweg ist sechs Kilometer lang –, bietet sich außerdem ein kleiner Abstecher zum Hummelsee und dem Hummelsbütteler Müllberg an. Das klingt erst mal wenig einladend, ist aber tatsächlich sehr idyllisch.
Das Naturschutzgebiet erreicht ihr, indem ihr vom U-Bahnhof Langenhorn-Nord der Straße Immenhöven in Richtung Osten bis zu

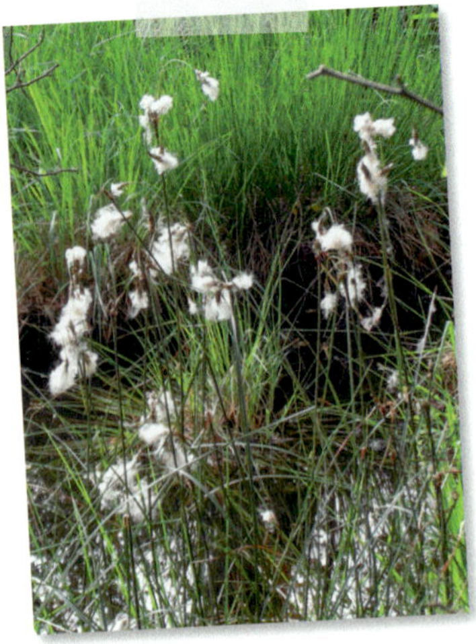

ihrem Ende folgt. Über einen kleinen Grünzug erreicht ihr am Ende der Straße schließlich das Raakmoor, das den Rest eines Hochmoores darstellt. Es entstand nach der letzten Eiszeit im Quellgebiet eines der Alsterzuflüsse und besteht heute zu großen Teilen aus Bruchwald, also einem Wald, der sehr nass und dauerhaft überflutet ist. Das bedingt übrigens auch, dass man hier nicht unbedingt nach mehreren Tagen anhaltenden Regenfällen wandern oder spazieren gehen sollte, denn einige Wege stehen dann ebenfalls unter Wasser. Im Zentrum des Naturschutzgebietes befindet sich außerdem ein sich regenerierendes Moorgebiet. Dieses Hochmoor wurde im Rahmen der Abtorfung einst zerstört, die hier Landwirtschaft ermöglichen sollte. Mittlerweile hat man allerdings etwas nachgeholfen, um das Raakmoor wieder in seinen natürlichen Zustand zu versetzen.

Die Abtorfung hat zu einer für ein Moor untypischen Vegetation mit zahlreichen Nadel- und Laubäumen geführt, die sich allerdings auch wieder langsam in Bruchwald verwandelt. Mittlerweile kann man im Raakmoor moortypische Pflanzen wie Moorlilie, Heide, Torfmoos oder sogar den fleischfressenden Sonnentau entdecken. Tiere wie Kröten, Kreuzottern, zahlreiche Libellenarten und seltene Falter haben hier außerdem eine Heimat. Es lohnt sich also, die Augen offen zu halten.

Die Wege im Raakmoor sind gut ausgebaut und dürfen – wie in jedem Naturschutzgebiet – nicht verlassen werden. Hunde müssen angeleint werden. Ihr startet auf Höhe des KINDERSPIELPLATZES (1) in Richtung Norden und biegt schon nach kurzer Zeit rechts in den Wald ab. Ein kleiner Reiterpfad führt in Richtung Osten zum Raakmoorgraben, dem ihr anschließend nach Norden folgt. Kurz vor dem

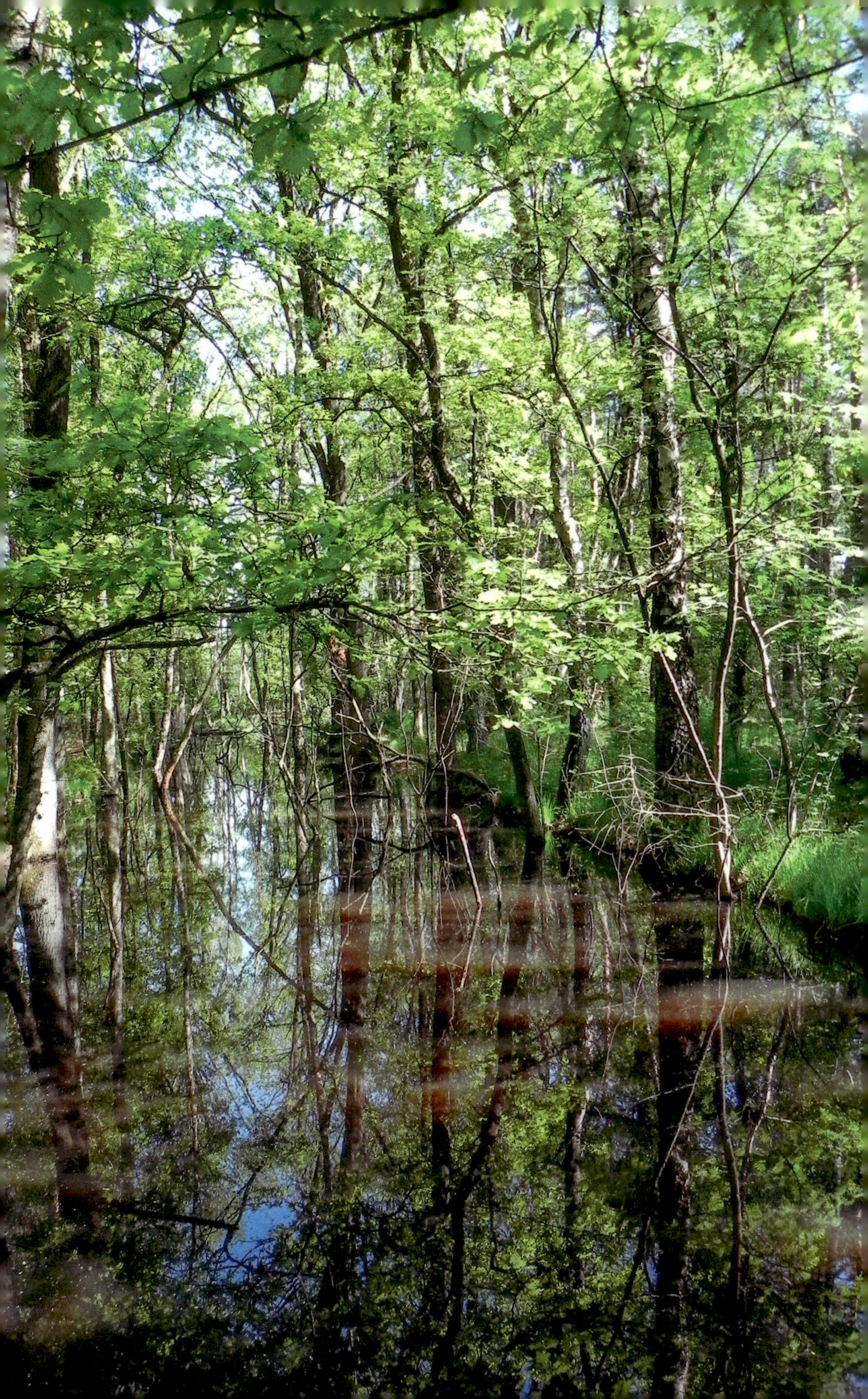

Ende des Naturschutzgebietes haltet ihr euch rechts, um wieder in Richtung Osten zu wandern und dabei an typischer Moorvegetation vorbeizukommen, die tolle Fotomotive bietet. Nun biegt ihr Richtung Süden ab, bis ihr zur Straße Dweermoor gelangt, die einen Abstecher zum HUMMELSEE 2 ermöglicht. Nach einer kurzen Zeit des Wanderns zwischen Wohnhäusern und Weiden seht ihr bereits den Hummelsbütteler Müllberg, an dessen Fuß der Hummelsee liegt. Wobei es hier auch ein Kuriosum zu bestaunen gibt, denn hier steht mitten im Hamburger Stadtgebiet ein Ortsschild, das verkündet, dass man die Stadt nun verlässt. Das ist allerdings definitiv nicht der Fall. Die Stadtgrenze verläuft hier gar nicht. Nach dem Überqueren der Glashütter Landstraße wandert ihr rechts an einem Bauernhof vorbei, der gegenüber der Einmündung der Straße Dweermoor liegt. Der Feldweg mit dem Namen Hüsermoor führt in Richtung Osten, ehe

Ganz schön steil! Am südwestlichen Fuß des Berges gibt es noch einen einfacheren Weg zum Gipfel

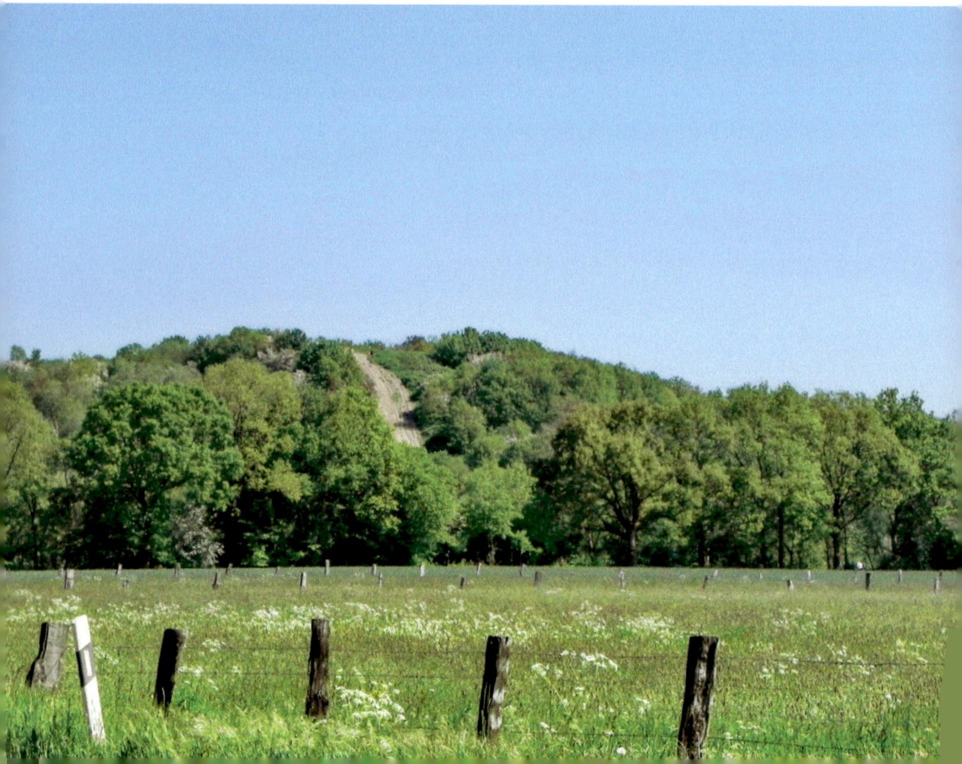

ihr auf den Rehhagen, einen weiteren Feldweg, trefft. Dieser führt direkt zum See, der an Wochenenden insbesondere bei jungen Familien beliebt ist, denn an seinem flachen Ufer können Kinder hervorragend spielen, während sich zahlreiche Wasservögel auf dem See tummeln. Auch einen Angelstrand gibt es hier, Baden ist laut Aushang jedoch nicht erlaubt, auch wenn auf der Website der Stadt Hamburg das Gegenteil behauptet wird. Nachdem ihr den See umrundet habt, steht ihr vor der Wahl. Es gibt zwei Wege auf den immerhin 74 Meter hohen Gipfel des HUMMELSBÜTTELER MÜLLBERGES 3 und damit zu einer fantastischen Aussicht um die Gegend rundherum: Entweder nehmt ihr den direkten, sehr steilen Weg oder ihr lauft in Richtung des Parkplatzes, von wo ein nicht ganz so steiler Aufstieg möglich ist. Wie ihr euch auch entscheidet, die Aussicht entschädigt für die unternommenen Anstrengungen auf jeden Fall!

Zurück im Raakmoor schlagt ihr den Weg nach Süden ein, der entlang eines kleinen Grabens führt. Unterwegs kommt ihr an der deutlich sichtbaren Abtorfkante vorbei. Hier beginnt der sich regenerierende Teil des Raakmoores. Interessanter, als einfach nur in Richtung Süden zu wandern, ist es allerdings, die Wege zu nutzen, die die Ost- und Westseite des Naturschutzgebietes verbinden. Dann lauft ihr nämlich zusätzlich noch am Hummelsbütteler Moorgraben entlang, der auf unterschiedlichen Ebenen gestaut ist (und somit auf Kinder eine ungeahnte Anziehungskraft ausübt). Auch habt ihr die Möglichkeit, an verschiedenen Aussichtspodesten einen besseren Ausblick über das Moor und die verschiedenen Wasserstellen zu bekommen. Nicht zuletzt gibt es entlang der Wasserläufe romantische Wanderwege und Stege zum Überqueren der feuchten Moorflächen, die ein äußerst idyllisches Panorama abgeben.

Im Süden endet das Naturschutzgebiet Raakmoor kurz vor dem Ring 3 am Ziegeleisee, wo einst die Erde für die Ziegelei entnommen wurde, auf die sich der Name bezieht. Der Rückweg führt schließlich im Schatten hoher Bäume in Richtung Kinderspielplatz. Dort lässt es sich übrigens gut picknicken, wie auch an diversen Stellen im

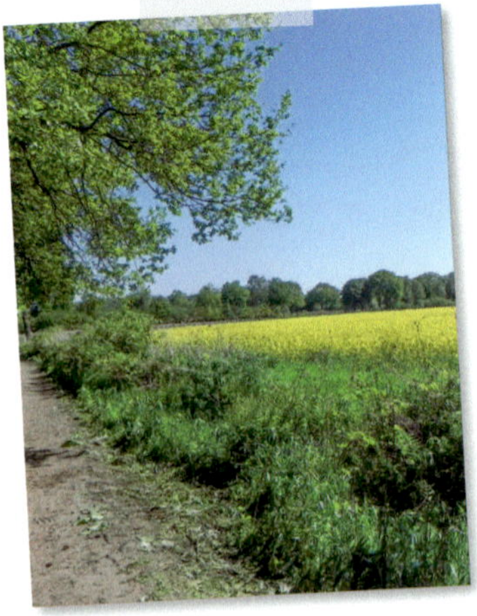

Naturschutzgebiet, an denen sich Bänke befinden. Allerdings sollte man einen Müllbeutel dabeihaben, weil Abfallbehälter hier im Raakmoor relativ rar gesät sind.

Es finden sich im und am Raakmoor keinerlei Möglichkeiten zur gemütlichen Einkehr. Allerdings gibt es nicht weit vom Ausgangspunkt der Wanderung das Eiscafé Jacobs (Ecke Immenhöven/Tangstedter Landstraße), das durch große Portionen und eine freundliche Bedienung zu überzeugen weiß, sowie nur wenige 100 Meter nördlich, an der Tangstedter Landstraße, das Hotel-Restaurant Wattkorn, das Traditionshaus des bekannten Kochs Michael Wollenberg. Hier gibt es norddeutsche Spezialitäten und Klassiker in gemütlicher Atmosphäre. Wanderer wissen auch die Möglichkeit zu schätzen, zu Kaffee und Kuchen hier einzukehren. Im Frühling und Sommer ist die Terrasse mit dem dazugehörigen Garten sehr beliebt. Und kleine Gäste finden Abwechslung bei den Volieren mit Finken und Sittichen, bei einem Streichelzoo mit Kaninchen und viel Platz zum Spielen im eingezäunten Garten.

Übrigens: Direkt am Raakmoor, rund um die Straße Immenhöven, befindet sich mit der FRITZ-SCHUMACHER-SIEDLUNG 4 ein architektonisch beziehungsweise städtebaulich interessantes Denkmal, das 2013 unter Denkmalschutz gestellt wurde.

DIE SIEDLUNG WURDE VON 1919 BIS 1921 UNTER DER LEITUNG FRITZ SCHUMACHERS ERRICHTET UND IST MIT KNAPP 660 HÄUSERN DIE GRÖSSTE GESCHLOSSENE REIHEN- UND DOPPELHAUSSIEDLUNG DER 1920ER JAHRE IN HAMBURG. SIE SOLLTE PREISWERTES WOHNEN IM GRÜNEN MIT TEILWEISER SELBSTVERSORGUNG DER BEWOHNER ERMÖGLICHEN.

Alles, was ihr wissen müsst

Rundtour: gemütliche Wanderung ohne große Anforderung // nach Regenperioden matschig, teilweise sogar überschwemmt // Mückenschutz ratsam // steiler Anstieg am Hummelsbütteler Müllberg // **kinderwagentauglich,** außer beim Besteigen des Müllberges

Markierung: nicht einheitlich, bitte Text oder GPS nutzen

Entfernung von Hamburg: liegt im Stadtgebiet
ÖPNV: U1 bis Langenhorn-Nord
Auto: P + R-Parkplatz Foorthkamp 69–73, 22419 Hamburg

Einkehr: **Eiscafé Jacobs,** Immenhöven 23, 22417 Hamburg, eiscafe-jacobs.de // **Wattkorn,** Tangstedter Landstraße 230, 22417 Hamburg, wattkorn.de

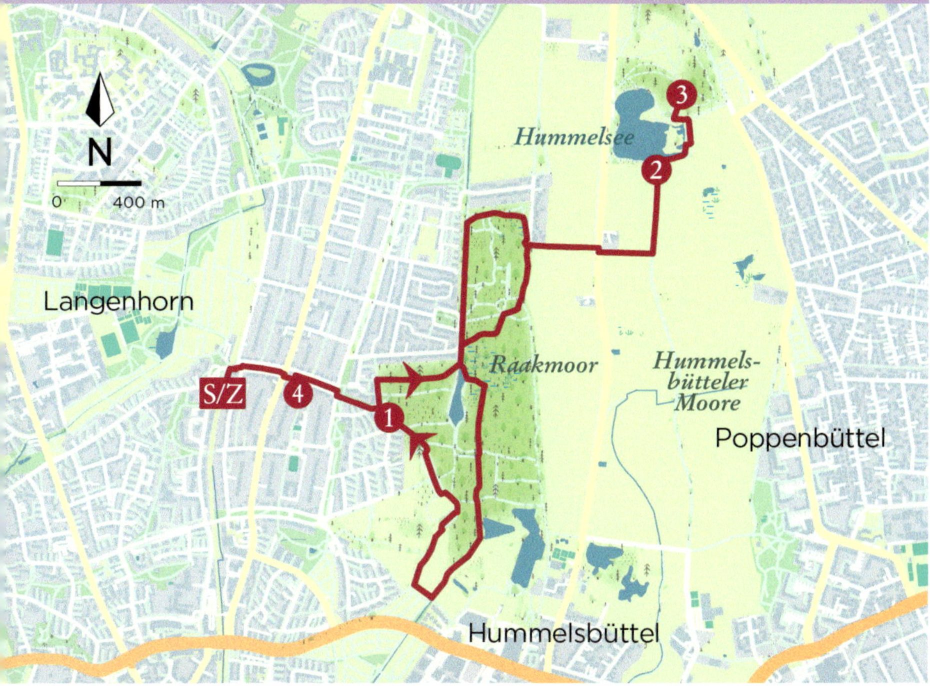

Von Buxtehude nach Cranz

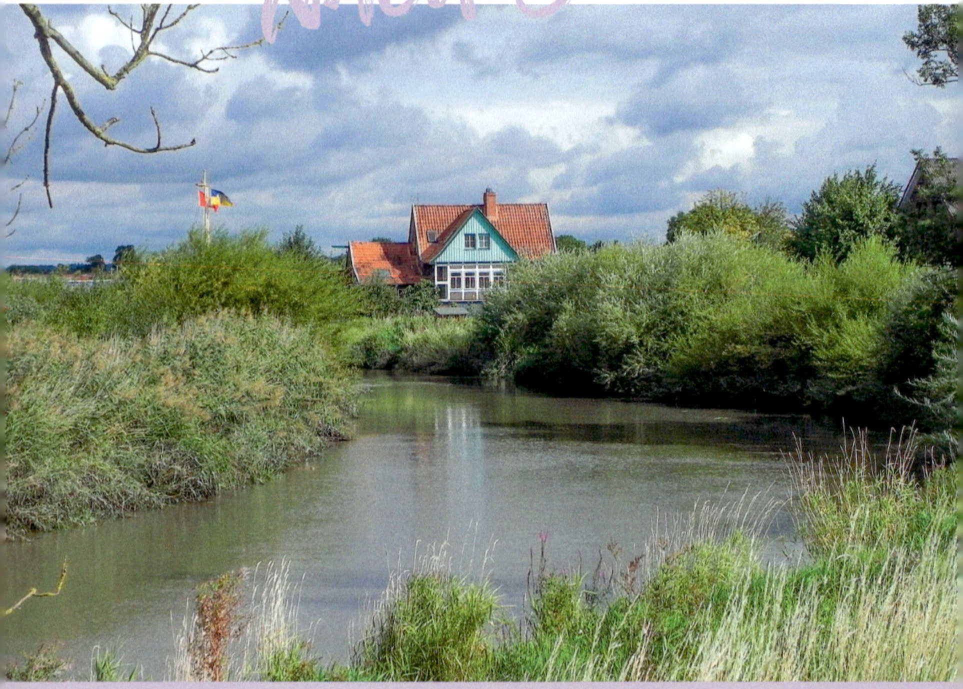

Schwierigkeit: mittel // 11,7 Kilometer // 70 Höhenmeter
Für Familien mit älteren Kindern geeignet

WO DER IGEL DEN HASEN AUSTRICKSTE UND GLOCKEN BELLEN: ANEKDOTEN AUS BUXTEHUDE UND IDYLLE IM ALTEN LAND

»Dann geh' doch nach Buxtehude« lautete angeblich ein geflügeltes Wort, das besonders in Süddeutschland gern denen gesagt wurde, die man sich möglichst weit weg wünschte. Aus norddeutscher Sicht ist das schwer nachzuvollziehen, ist Buxtehude doch eine ganz hübsche Stadt. Davon abgesehen, führt diese Wanderung nicht nach Buxtehude, sondern aus Buxtehude hinaus, immer an der Este entlang nach Cranz. Man durchquert also das Alte Land einmal vom südlichen bis zum nördlichen Ende.

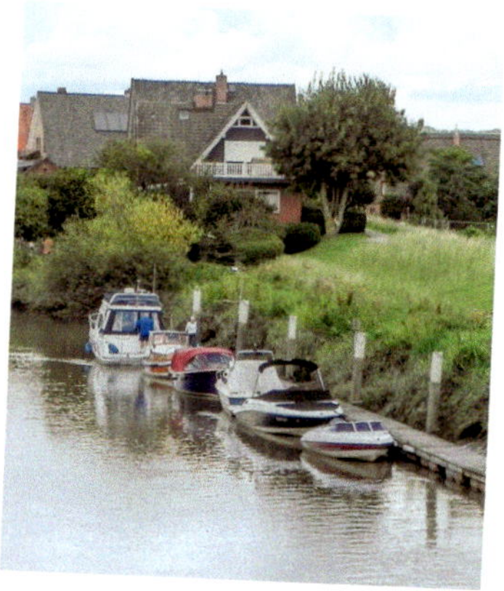

Ab Buxtehude ist die Este schiffbar

Die Wanderung startet direkt am Bahnhof der alten Hansestadt. Richtig gelesen, Buxtehude gehörte ab dem Jahr 1363 zur Hanse. Außerdem ist die Stadt bekannt durch das Märchen »Der Wettlauf zwischen dem Hasen und dem Igel auf der kleinen Heide bei Buxtehude« von den Gebrüdern Grimm. Daher dreht sich in Buxtehude alles um diese beiden Tierchen: Selbst Stadtrundgänge mit Guides in Hase- und Igelkostüm können gebucht werden, und überall in der Stadt trifft man auf die mannsgroßen Hasen- und Igelfiguren. Und als ob das nicht bemerkenswert genug wäre, bellen in Buxtehude die Hunde außerdem noch mit dem Schwanz. Jedenfalls angeblich. So lautet ein Sprichwort: »Buxtehude liegt dort, wo die Hunde mit dem Schwanz bellen.« Gemeint sind damit aber eigentlich die Glocken, die früher in Buxtehude als »Hunde« bezeichnet wurden. Sie wurden schon damals mit einem Schwengel geläutet, was nichts anderes als »Schwanz« bedeutet und sich eben wie Bellen anhört.

Durch die Bahnhofstraße führt der Weg, bis auf der linken Seite der Eingang zum Stadtpark auftaucht, wo der Westviver zu einem kleinen See aufgestaut wurde und ein malerisches Bild abgibt. Doch der

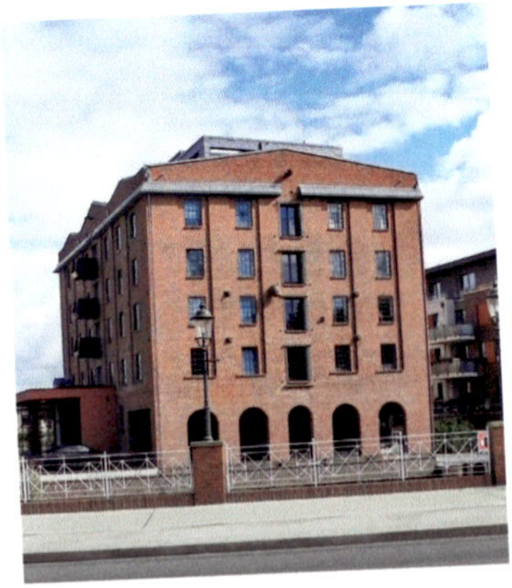

KATTAU-MÜHLE AM BUXTEHUDER HAFEN

Weg nach Cranz ist noch lang, weshalb ihr weiter am Ufer des Westviver bis zur dritten Brücke (zum Liebfrauenkirchhof) entlanglauft. Dort überquert ihr das Flüsschen und folgt der Straße, an deren Ende der MARSCHTORZWINGER 1 liegt. Er wurde vermutlich im 16. Jahrhundert als Teil der ehemaligen Stadtmauer erbaut. Er ist der einzige von damals fünf Zwingern, der noch erhalten ist, und gilt neben der Petrikirche und dem Buxtehuder Fleth als die wichtigste mittelalterliche Anlage, die noch vorhanden ist. Er ist außerdem das einzige kulturhistorische Denkmal dieser Art in Norddeutschland. Heute finden im Zwinger übrigens Ausstellungen statt.

Nun lauft ihr in Richtung des Kreisverkehrs, auf dem die Buxtehuder Hansekogge steht, und biegt rechts ab auf die Hafenbrücke, die über den Westviver führt.

1285 WAR BUXTEHUDE DIE ERSTE DEUTSCHE STADT, DIE PLANMÄSSIG UM EIN HAFENBECKEN HERUMGEBAUT WURDE. DAS GALT DAMALS ALS MODERNSTE HAFENGRÜNDUNG AUF DEUTSCHEM BODEN. HEUTE KANN MAN IN CAFÉS UND RESTAURANTS ENTLANG DES FLETHS DAS MITTELALTERLICHE HAFENFEELING GENIESSEN.

Der Westviver fließt an der Hafenbrücke in die Este, die bereits die Auswirkungen des Tidenhubs der Nordsee erlebt. Der Unterschied zwischen Hoch- und Niedrigwasser beträgt immerhin bis zu 2,80 Meter. Ab dem Hafen folgt ihr der Este in Richtung Estebrügge auf dem Deich auf der östlichen Seite des Flusses. Nach kurzer Zeit seht ihr

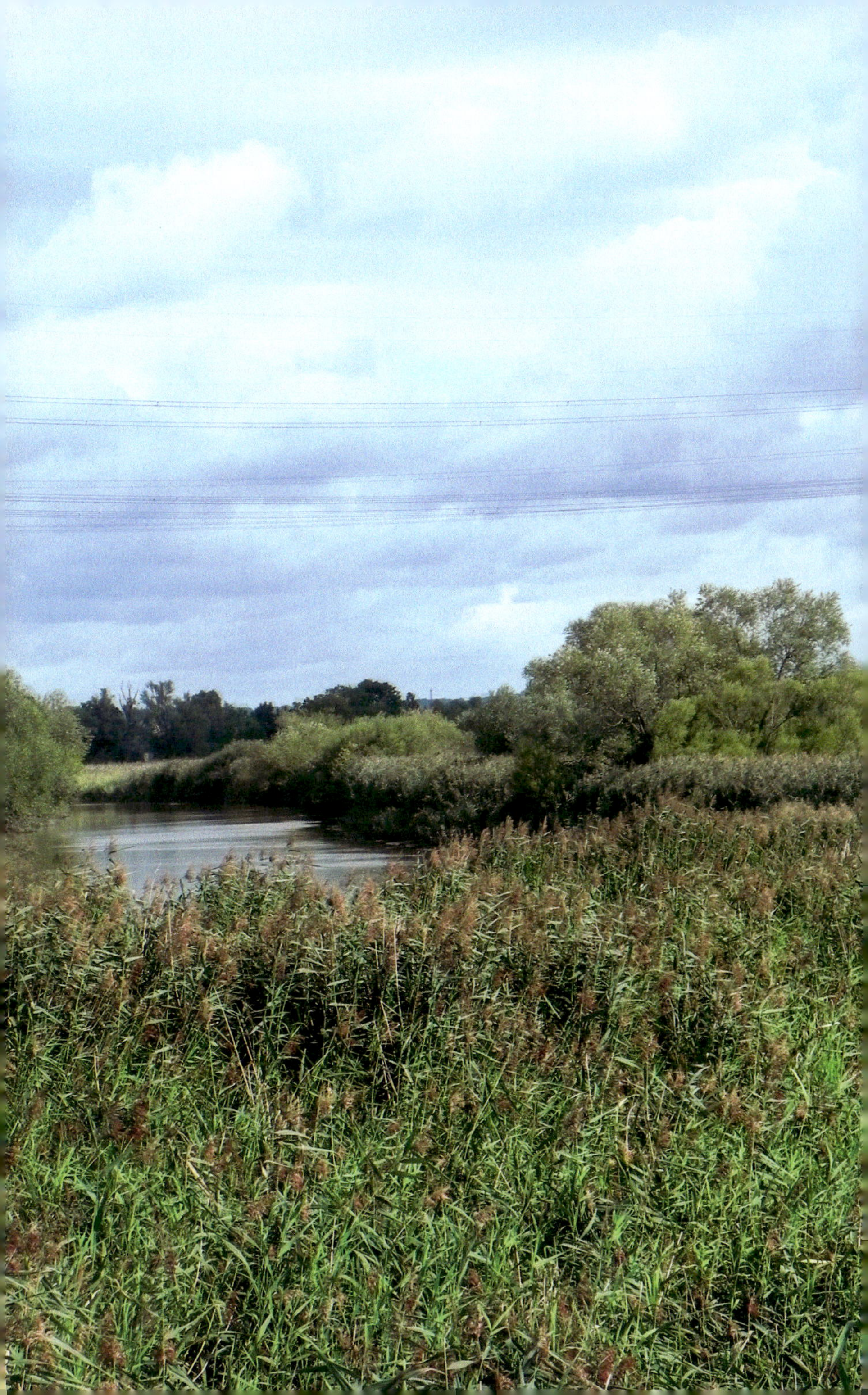

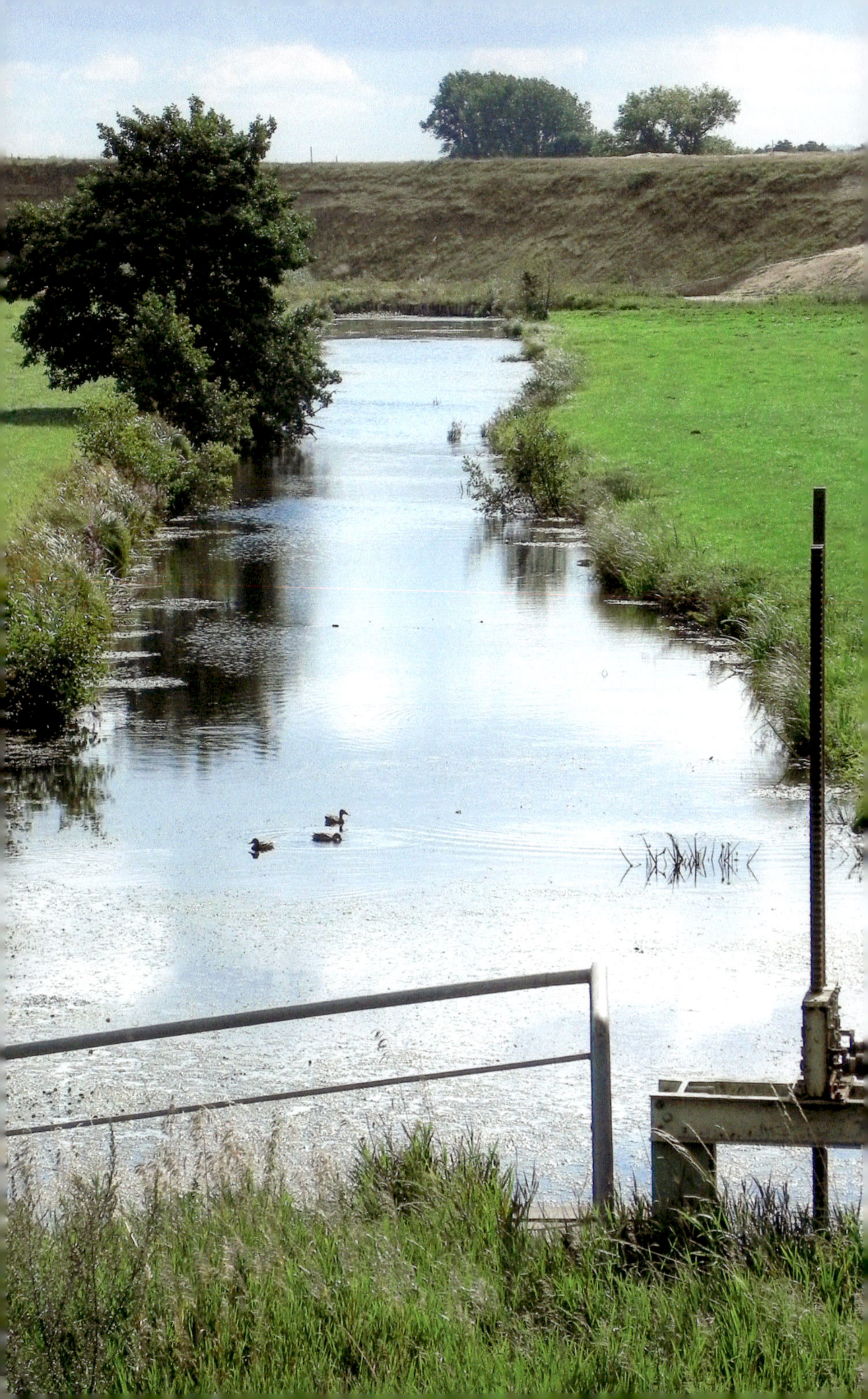

auf der rechten Seite einige Bracks, die Überbleibsel früherer Deichbrüche sind und nach dem Rückzug des Wassers übrig blieben. Sie werden heute als Angelrevier genutzt.

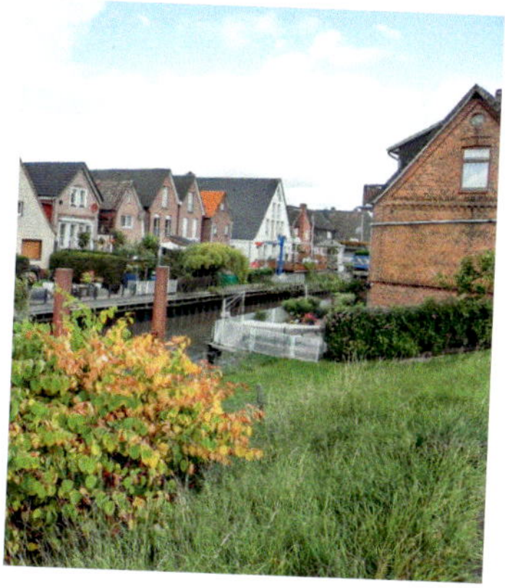

Filet-Lage: Häuser in Estebrügge

Den halben Weg nach Estebrügge markiert die Autobahn A 26, unter der ihr hindurchlauft. 700 Meter weiter befindet man sich bereits bei der Gemeinde Jork, der »Hauptstadt des Alten Landes«. Vom Deich habt ihr einen fantastischen Ausblick auf das hier beginnende Obstanbaugebiet. An der parallel zum Deich verlaufenden Straße reiht sich ein Obsthof an den anderen. Dahinter erstrecken sich Zigtausende von Bäumen. In der Erntezeit könnt ihr hier Äpfel und Kirschen, aber auch anderes Obst direkt am Straßenrand kaufen.

In Estebrügge überquert ihr die Este auf der für den Ort namensgebenden Estebrücke, um die ST.-MARTINI-KIRCHE 2, einen für das Alte Land typischen Kirchenbau, zu besuchen. Die Drehbrücke war im Mittelalter und der frühen Neuzeit die einzige Möglichkeit, die Este am Unterlauf zu überqueren. Da Estebrügge etwa die Hälfte der Strecke markiert, bietet sich der Ort für eine Rast an. Unter der Woche gibt es hier in der Fleischerei Mahler und dem angeschlossenen Gasthaus deftigen Mittagstisch zu gemäßigten Preisen. Die Fleischerei befindet sich in unmittelbarer Nähe zur Estebrücke und liegt auf dem Weg zur St.-Martini-Kirche.

Nun habt ihr die Möglichkeit auszuwählen, auf welcher Deichseite ihr wandern möchtet. Wer sich für die östliche Seite entscheidet, sollte allerdings an der Estebrücke in Hove ans westliche Ufer des Flusses wechseln, um in den Ort mit dem wohlklingenden Namen

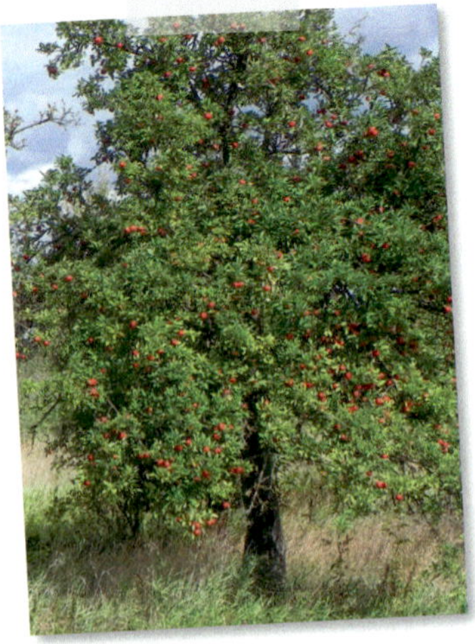

Königreich zu gelangen und sich nun auf dem westlichen Estedeich den Wind um die Nase wehen zu lassen. Auf Königreich folgt Hove, ein weiterer Teil von Jork. Hier lohnt sich auf jeden Fall ein Besuch des RESTAURANTS HINTZE 3, das direkt am Deich und nur einen Steinwurf von der Hamburger Stadtgrenze entfernt liegt. Im Sommer sitzt ihr hier im idyllischen Garten auf bunten Stühlen, umgeben von Kirsch- und Apfelbäumen mit Blick auf den Fluss. Sollte das Wetter nicht mitspielen, geht ihr in die heimelige Gaststube. Für den großen Hunger gibt es hier Fischgerichte, hanseatische Spezialitäten und deutsche Hausmannskost wie beispielsweise Schnitzel. Nachmittags erwarten einen täglich selbst gebackene Obstkuchen.

Nach dieser Stärkung ist es nicht mehr weit zur BUSHALTESTELLE ESTEBOGEN 4 im Stadtteil Cranz, der mit seinen vier Straßen und nicht einmal 800 Einwohnern so ganz und gar nicht urban erscheint. Man möchte kaum glauben, dass man sich hier bereits wieder auf Hamburger Stadtgebiet befindet. Wer noch Zeit und Kraft hat, schlendert etwas durch den Ort mit seinen geduckten, kleinen Fischerkaten, schmucken Gründerzeitbauten und alten Obstbauernhäusern. Mit einer Fährfahrt vom Anleger Cranz über die Elbe nach Blankenese lässt sich dieser Ausflug wunderbar beenden.

Ihr solltet euch allerdings vorher auf der Internetseite des HVV erkundigen, ob die Fähre verkehrt, denn nur von Frühjahr bis Herbst ist dies der Fall. Außerdem nicht ganz unwichtig: An Wochenenden und Feiertagen gelten nur HVV-Karten mit entsprechendem Zeit- und Geltungsbereich, und bei zu niedrigem Wasserstand wird Cranz nicht angefahren. Dann müsst ihr mit dem Bus nach Finkenwerder fahren und von dort ans nördliche Elbufer übersetzen.

Alles, was ihr wissen müsst

keine Rundtour: gepflasterter Weg und Gras auf der Deichkrone // ohne besondere Schwierigkeiten // **nicht kinderwagentauglich**

Markierung: schwarzes »W1« auf gelbem Grund // immer auf dem Deich entlang

Entfernung von Hamburg: 52 Kilometer
ÖPNV: RE 5 oder S 3 bis Buxtehude, Rückfahrt: Bus 150 bis Altona oder mit Fähre ab Cranz nach Blankenese
Auto: nicht empfehlenswert

Einkehr: **Fleischerei Mahler,** Steinweg 5, 21635 Jork, partyservice-mahler.de // **Restaurant Hintze,** Leeswig 106, 21635 Jork, hintzes.de

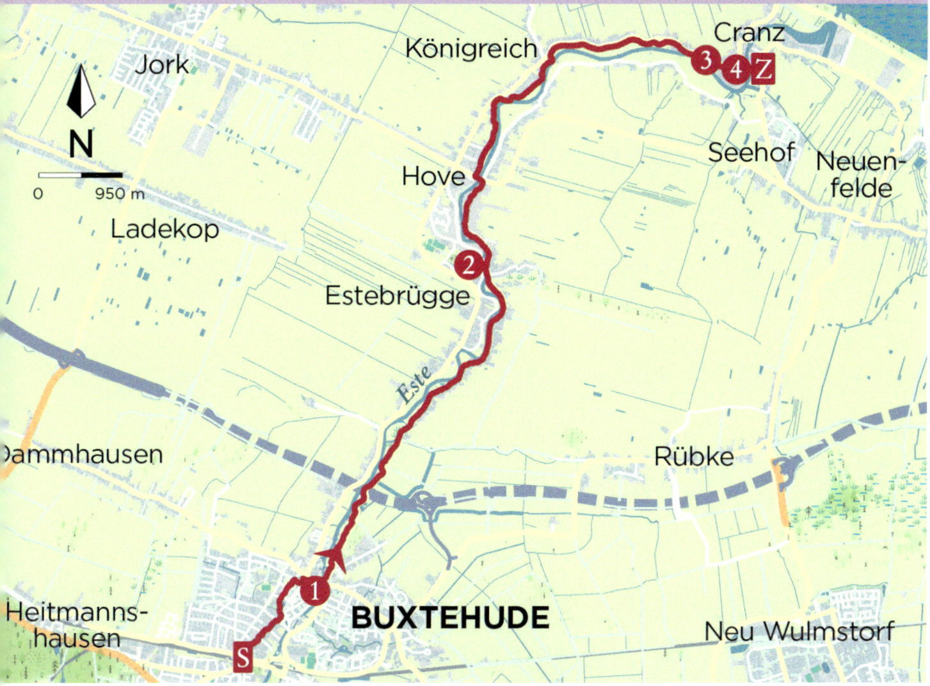

Von Hammah nach Himmelpforten

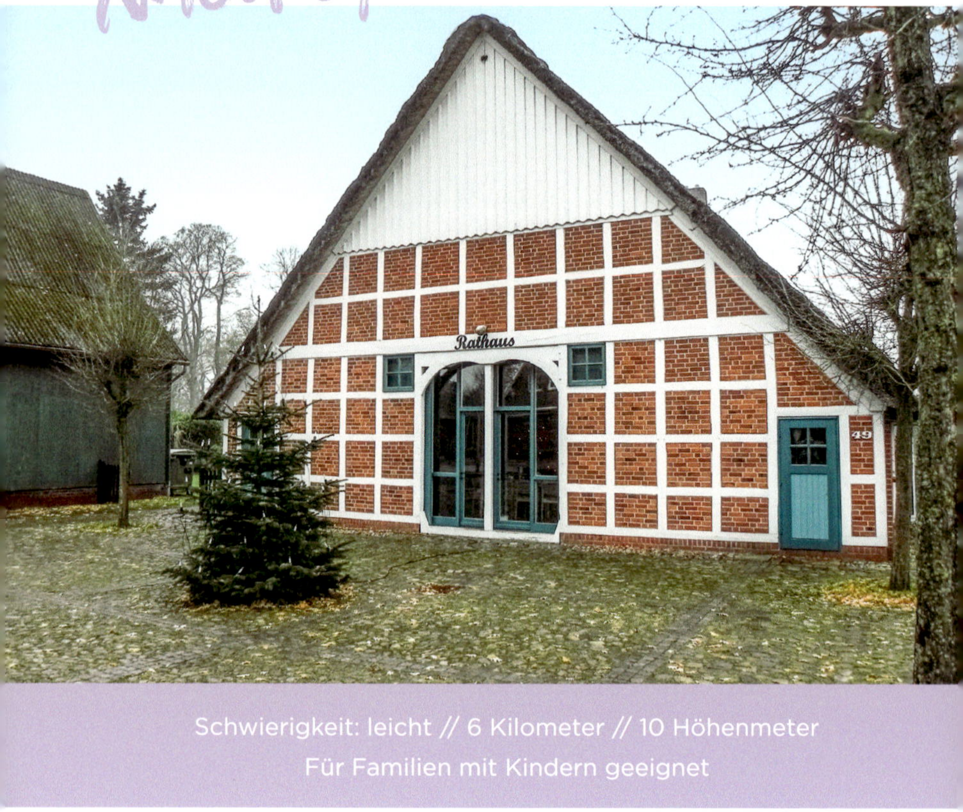

Schwierigkeit: leicht // 6 Kilometer // 10 Höhenmeter
Für Familien mit Kindern geeignet

MIT DEM WUNSCHZETTEL ZUM WEIHNACHTSMANN: FAMILIENWANDERUNG INS CHRISTKINDDORF

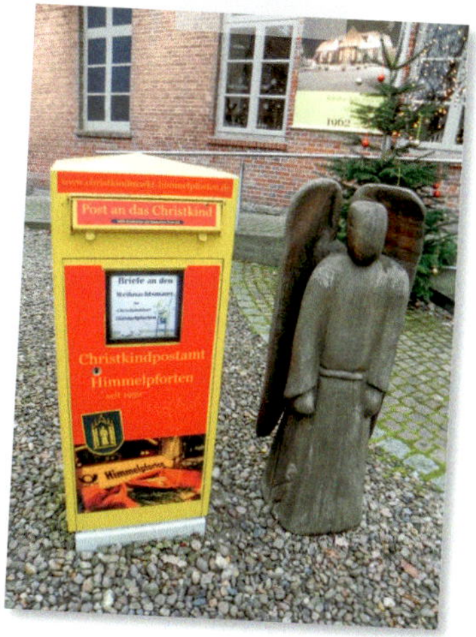

Kein Scherz! Himmelpforten ist ganz offiziell Christkinddorf. Deshalb gibt es dort auch ein Christkind- beziehungsweise Weihnachtspostamt, an das Kinder ihre Briefe schicken können, sozusagen direkt an den Weihnachtsmann oder eben das Christkind. Genauso ist es aber möglich, die Post selbst hinzubringen, denn in der Adventszeit sind sowohl der Weihnachtsmann als auch das Christkind dort anzutreffen. Das macht Himmelpforten zu einem prima Wanderziel im Winter, wenn ihr Kinder habt – oder selbst auf Weihnachten steht. Allerdings ist die Wanderroute zugegebenermaßen alles andere als reizvoll. Vielleicht solltet ihr die Tour – ohne blasphemisch sein zu wollen – als Parallele zur Reise der drei Weisen aus dem Morgenland sehen, die dem Morgenstern zur Krippe gefolgt sind oder zumindest sein sollen. Denn auf dem Weg von Hammah nach Himmelpforten geht es im Dezember durch Wind und graue Tristesse, dem festlich erleuchteten Christkinddorf entgegen, dessen mit leuchtenden Sternen behangene Straße dem Wanderer den Weg zum weihnachtlich geschmückten, in warmes Licht getauchten Postamt weist. Hier ist dieses Mal nicht der Weg das Ziel, sondern tatsächlich der Endpunkt der Tour. Auch wenn der Weg in diesem speziellen Fall nicht durch Wälder und Felder, sondern an einer Straße entlangführt, so lohnt er sich doch spätestens in dem Augenblick, in dem der Weihnachtsmann den Wunschzettel annimmt und Kinderaugen zu leuchten beginnen. Also die Stiefel geschnürt und den Wunschzettel persönlich abgegeben!

Der kleine Ort Hammah liegt kurz hinter Stade, hat etwas mehr als 3.000 Einwohner und gehört eigentlich schon zu Himmelpforten. Vom Bahnhof in Hammah folgt ihr der Straße ins Ortszentrum, wo sich das RATHAUS 1 befindet, das eine kleine Besonderheit ist.

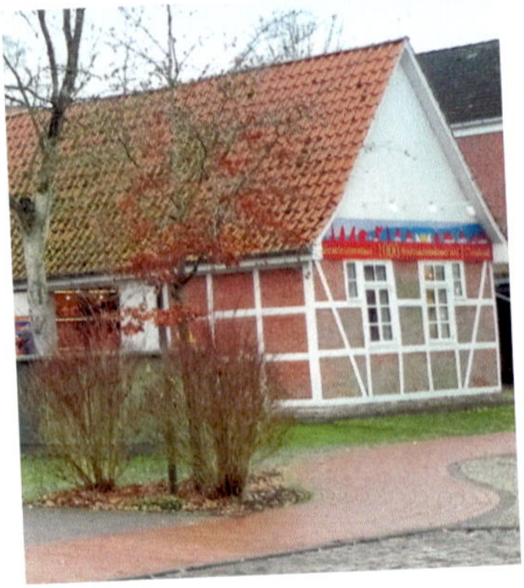

So wohnt der Weihnachtsmann!

Es ist nämlich ein hübsches, kleines Fachwerkhaus mit reetgedecktem Dach – das sieht man nicht so häufig. Hier biegt ihr direkt auf die Straße An der Lohe ab, die in Richtung Westen führt. Dabei kommt ihr an zahlreichen weiteren Fachwerkhäusern vorbei, die weihnachtlich geschmückt eine gewisse Festlichkeit und Idylle ausstrahlen – wie übrigens auch die Kühe der ansässigen Landwirtschaftsbetriebe, die den unerwarteten Besucher von ihren offenen Stallungen aus neugierig mustern. Aus »An der Lohe« wird nun »Westerende«, und tatsächlich endet hier die Bebauung. Die Straße knickt jetzt scharf nach Süden ab, und ihr befindet euch auf freiem Land. Bäume ragen in unmittelbaren Abständen in den grauen Himmel, es ist feuchtkalt, und es weht ein unangenehmer Wind. Es ist nicht zu erwarten, dass es den drei Weisen aus dem Morgenland ähnlich ging, aber Widrigkeiten dürften sie auf ihrem Weg ebenfalls erlebt haben. Immerhin ist bei so wenig Baumbewuchs Himmelpforten bereits kurz hinter dem Ortsausgang von Hammah zu erkennen, und in Ramels – wenn man so will, ein Vorort von Himmelpforten – kann der Wanderer sogar noch beim Hofverkauf ein Schnäppchen machen und sich mit frischen Eiern vom Lande zu niedrigen Preisen eindecken. Das dürfte den drei Weisen auch entgangen sein.

Der Weg verläuft nun parallel zur Bahnstrecke, die ihr an der Kreuzung Ochsenpohl/Forth überquert. Gleich darauf lauft ihr wieder an den Gleisen entlang und biegt am Bahnhof Himmelpforten auf die Bahnhofstraße ein, die ins Ortszentrum führt. Schon hier hängt Weihnachtsbeleuchtung an den Straßenlaternen.

Beim in der Vorweihnachtszeit veranstalteten Christkindmarkt Himmelpforten wird der Ort zum Christkinddorf. Den Weihnachtsmarkt gibt es überraschenderweise erst seit 2005. Er findet rund um die Himmelpfortener Kultur- und Tagungsstätte VILLA VON ISSENDORFF 2 statt, die auch das Weihnachtspostamt mit dem Arbeitszimmer des Weihnachtsmannes und seiner Mitarbeiter beherbergt. Im Garten der Villa und rundherum stehen außerdem zahlreiche aus Holz gehauene Figuren. Zum einen gibt es dort eine Statue des Weihnachtsmannes, zum anderen aber auch Abbildungen von Engeln und sogar eine ganze Krippenszene in (Über-)Lebensgröße, umrahmt von weihnachtlicher Beleuchtung.

Seit den 1960er Jahren wird Himmelpforten im Advent zu einem magischen Ort. Für viele Kinder auf der ganzen Welt ist das Dorf seitdem die Postadresse des Weihnachtsmannes beziehungsweise des

Im Advent wird das Christkinddorf Himmelpforten zu einem weihnachtlichen Lichtertraum

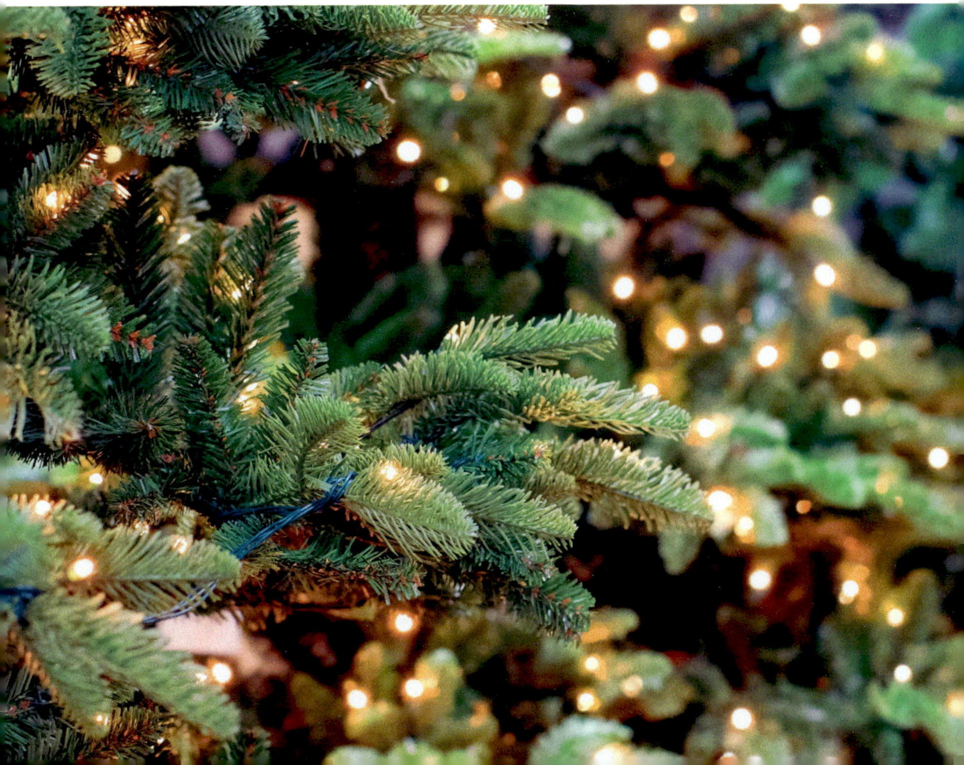

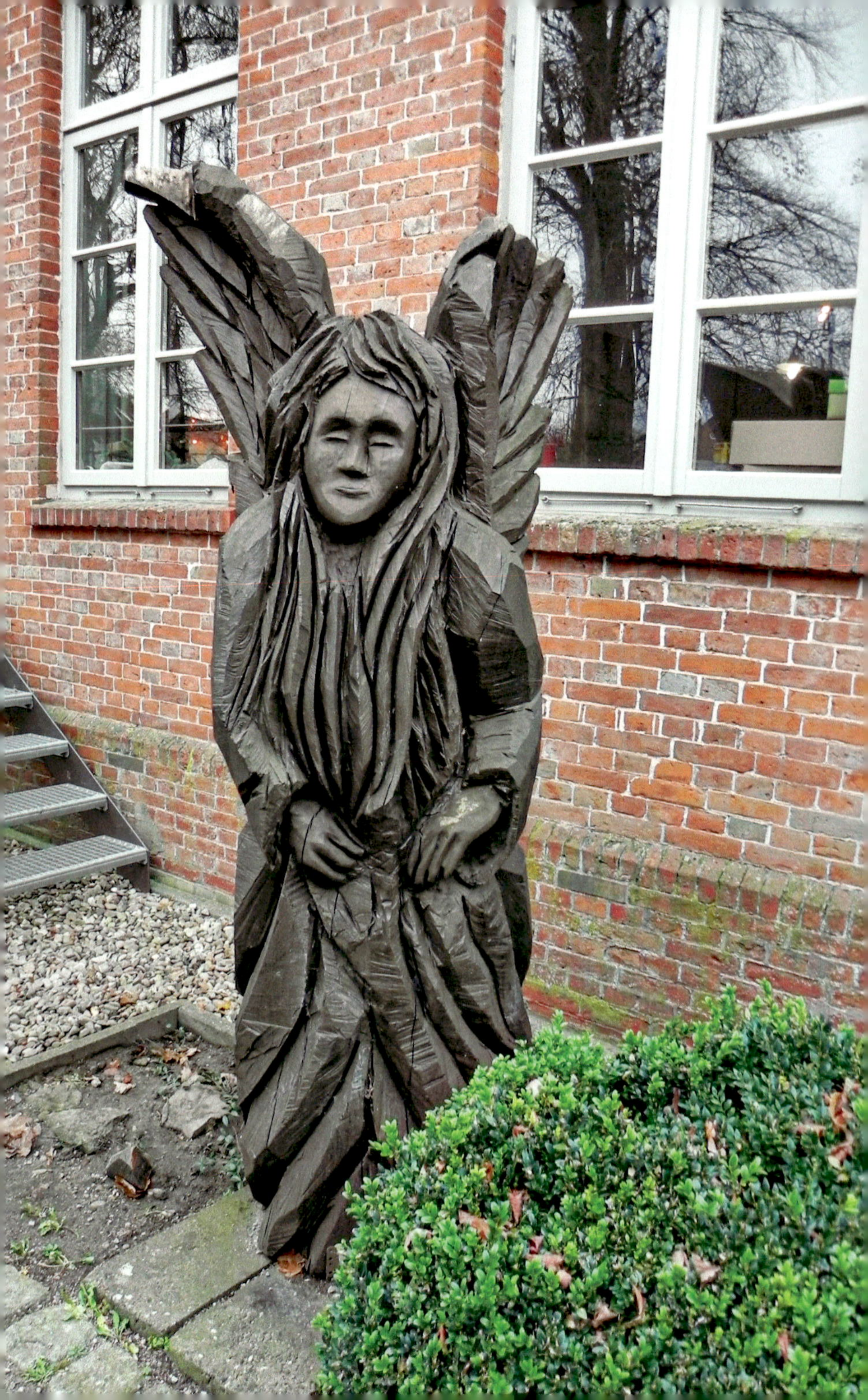

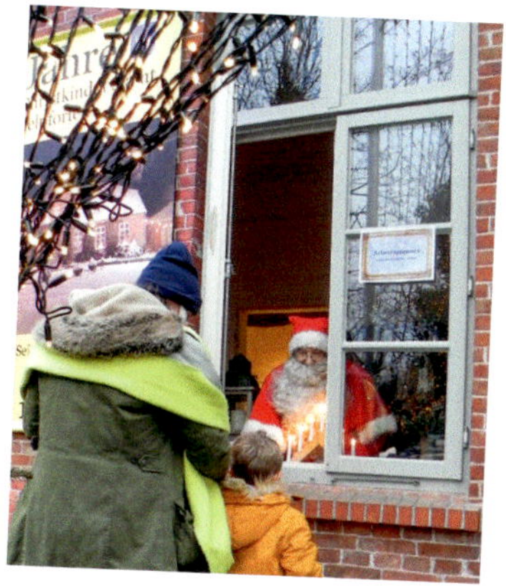

WUNSCHZETTELÜBERGABE

Christkindes. 1962 schrieb die Tochter eines Himmelpfortener Gastwirtes einen Brief an den Weihnachtsmann und warf ihn in einen Briefkasten. Im Himmelpfortener Postamt war es ein Postbeamter, der den Brief an den Weihnachtsmann spaßeshalber beantwortete und damit die Lawine ins Rollen brachte, denn die Presse erfuhr davon, und fortan stieg die Zahl der Briefe an den Weihnachtsmann stetig an. Ab 1972 übernahm der damalige Gemeindedirektor die Beantwortung der Kinderbriefe, und die Post versah sie mit dem extra eingeführten (Werbe-)Stempel »Christkindpostamt«.

1966 WAREN ES NOCH 4.300 BRIEFE, IM JAHR 2001 BEREITS 23.000. 2012 ZÄHLTE MAN IM CHRISTKIND-POSTAMT DANN ÜBER 50.000 BRIEFE AUS ALLER WELT, DIE MEHR ALS 30 EHRENAMTLICHE HELFER IN ZWEI SCHICHTEN BEARBEITETEN. MEIST KOMMEN VORDRUCKE ZUM EINSATZ. BEI ECHTEN SORGEN WERDEN DIE BRIEFE ABER PERSÖNLICH BEANTWORTET.

Am Christkindplatz, direkt neben der Villa von Issendorff, befindet sich außerdem das Weihnachtsmannhaus. Im Jahr 2012 wurde das alte Waschhaus des Dorfes Himmelpforten komplett saniert und weihnachtlich hergerichtet. Unter dem Motto »1.000 Weihnachtsmänner & 1 Christkind« ist es Herberge für eine umfangreiche Ausstellung von Weihnachtsmännern aus der ganzen Welt – vom Erzgebirge bis Neuseeland. Natürlich darf hier auch die ganzjährige Wohnstube des Weihnachtsmannes nicht fehlen.

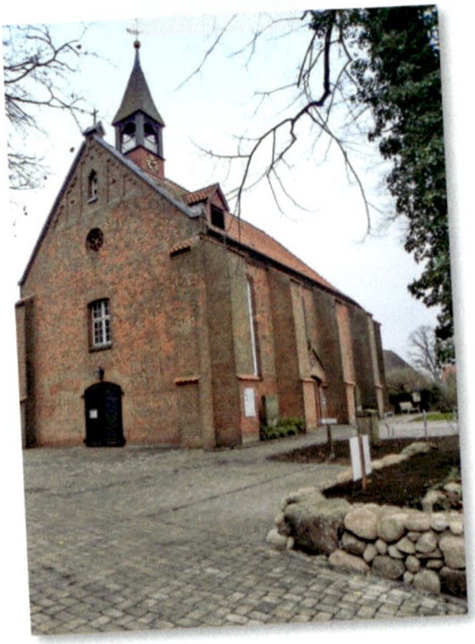

Zu früh in Himmelpforten angekommen? Das kann schon mal passieren, schließlich sind Wanderungen mit Kindern eher unberechenbar, was die Zeitplanung angeht. In diesem Fall bietet sich ein Abstecher in INGES KLÖNSTUV 3 an, die ganz in der Nähe des Weihnachtspostamtes, in der Marktstraße, liegt. Hier gibt es nicht nur gutbürgerliche regionale Küche zu fairen Preisen, sondern auch die Möglichkeit, bei einem Stück Kuchen und einem Heißgetränk auf die Öffnung des Postamtes zu warten – im Winter keine so schlechte Sache! Wer eher ein Faible für alte Landgasthöfe hat, ist im Gasthaus Hellwege gut aufgehoben, das bereits seit 1878 in der Bahnhofstraße zu finden ist und nur einen Katzensprung vom Bahnsteig entfernt liegt. Der Familienbetrieb wird bereits in vierter Generation geführt und bietet bürgerliche sowie rustikale Speisen an. Dazu kommen saisonale Gerichte, was zum Advent natürlich Wildteller und Grünkohl einschließt. Wer auf norddeutsche Gasthäuser im alten Stil mit Schankraum und Restaurantbereich steht, sollte vor der Rückfahrt hier einkehren.

Das Postamt und die Weihnachtsmannausstellung sind übrigens nicht die einzigen Sehenswürdigkeiten in Himmelpforten. Eine weitere ist das SCHUL- UND HEIMATMUSEUM 4, das praktischerweise direkt neben der Villa Issendorff liegt und euch auf eine Reise in längst vergangene Zeiten mitnimmt. Wer sich für die Geschichte des Dorfes und des regionalen Schulwesens interessiert, kann sonntags zwischen 14 und 17 Uhr einen Blick in die alte Schule werfen. Zur Ausstellung gehören auch die Themen Kloster, Handwerk, Landwirtschaft und Hauswirtschaft. Da das Museum von Ehrenamtlichen betrieben wird, ist der Eintritt kostenlos, eine kleine Spende jedoch gern gesehen.

Alles, was ihr wissen müsst

keine Rundtour: einfache Wanderung auf asphaltiertem oder gepflastertem Untergrund // zwischen Hammah und Himmelpforten sehr wind- und regenanfällig // **kinderwagentauglich**

Markierung: Wegweiser und Straßenschilder

Entfernung von Hamburg: 51 Kilometer
ÖPNV: RE 5 bis Hammah, Rückfahrt: RE 5 ab Himmelpforten
Auto: nicht empfehlenswert

Einkehr: **Inges Klönstuv,** Marktstraße 14 b, 21709 Himmelpforten, inges-kloenstuv.de // **Gasthaus Hellwege,** Bahnhofstraße 73, 21709 Himmelpforten, gasthaus-hellwege.de

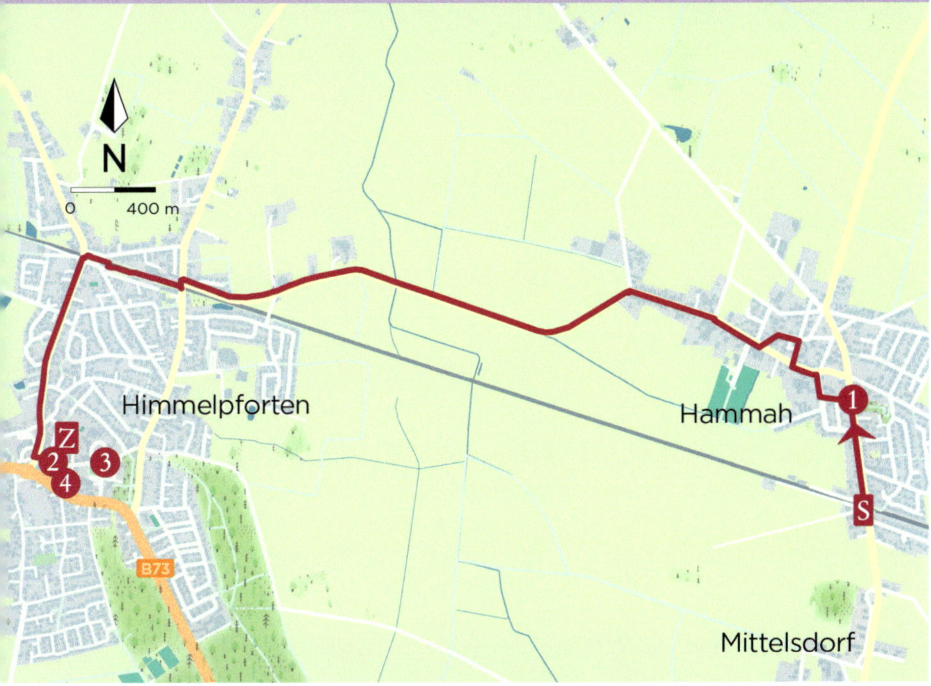

Von Harsefeld nach Lühe

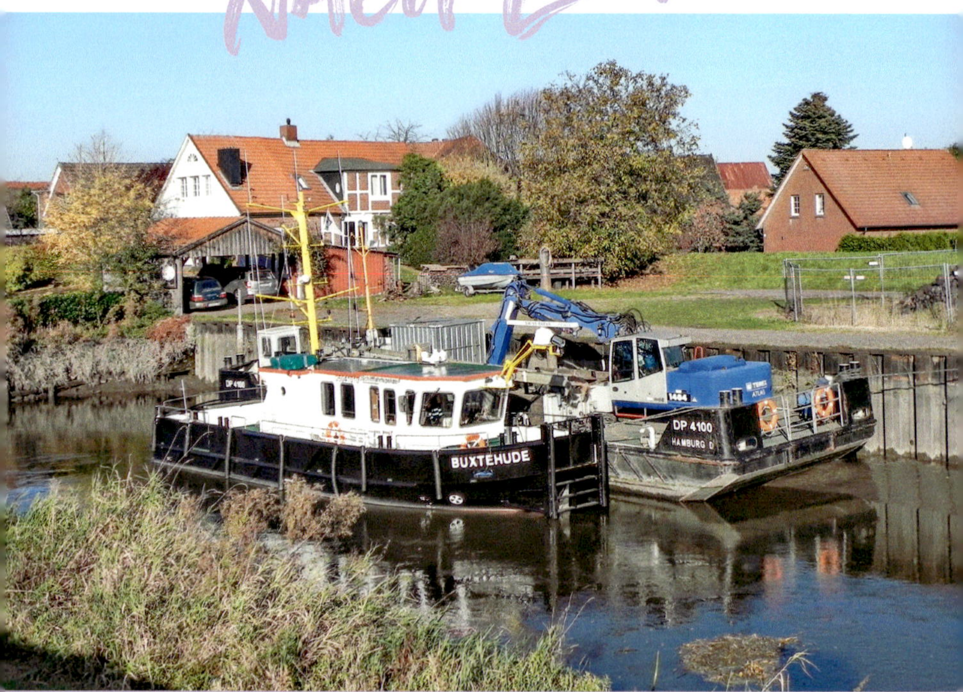

Schwierigkeit: mittel // 21,7 Kilometer // 170 Höhenmeter

Für Familien mit älteren Kindern geeignet

DURCHS AUETAL ZU GRÄBERN UND OBSTPLANTAGEN

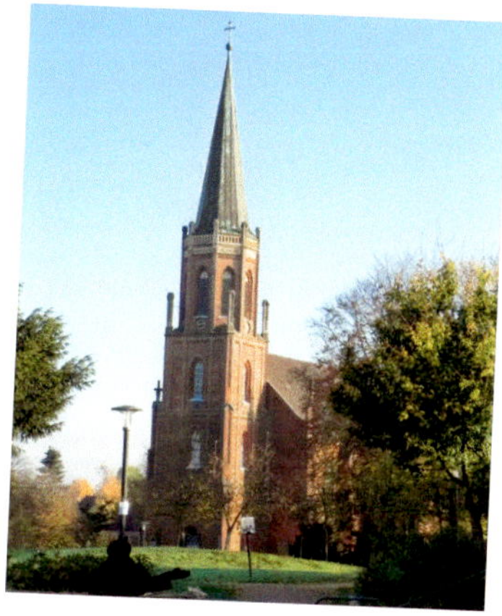

St. Marien und Bartholomäi

Zugegeben, es ist ein wenig umständlich, nach Harsefeld zu gelangen. Doch ist man erst mal dort, erwartet den Wanderer eine angenehm zu laufende, abwechslungsreiche Route, die auch einige Möglichkeiten zur Einkehr bietet. Das Schönste daran: Man kann sich eigentlich nicht verlaufen.
Am Harsefelder Bahnhof haltet ihr euch links, um an der Friedrich-Huth-Straße rechts abzubiegen. Der Friedrich-Huth-Straße folgt ihr bis zum Kreisel, um dort links in die Herrenstraße abzubiegen. Auf der rechten Seite ist bereits die KIRCHE ST. MARIEN UND BARTHOLOMÄI 1 zu sehen. Die Abteikirche wurde 1648 errichtet. Vorher befand sich hier das Benediktinerkloster Harsefeld, das allerdings 1546 durch den Ritter Pentz aus Mecklenburg wegen Geldschulden fast vollständig zerstört wurde. Ein kurzer Halt kann geschichtsinteressierten Wanderern hier empfohlen werden, ehe es durch den Klosterpark und über die Holzbrücke am Rellerbach (Vorsicht, bei feuchter Witterung rutschig) wieder auf die Herrenstraße geht, die ihr am nächsten Kreisverkehr verlasst, um der Straße Im Sande zu folgen, bis links die Straße Im Butendiek abzweigt. Sie führt direkt zum Auetal Wanderweg, dem ihr nun folgt. Das Auetal beziehungsweise die Aueniederung ist ein 685 Hektar großes Naturschutzgebiet, das zahlreichen bedrohten Tierarten eine Heimat bietet. Wer Glück hat, kann hier Kraniche, Schwarz- und Weißstörche sowie Rohrweihen beobachten. Und wer Pech hat, wird von einer Kreuzotter gebissen, die es hier ebenfalls gibt.
Auf Höhe des FRIEDHOFES EHRENBERG 2 biegt links ein kleiner Pfad ab, der die Aue überquert. An seinem Ende haltet ihr

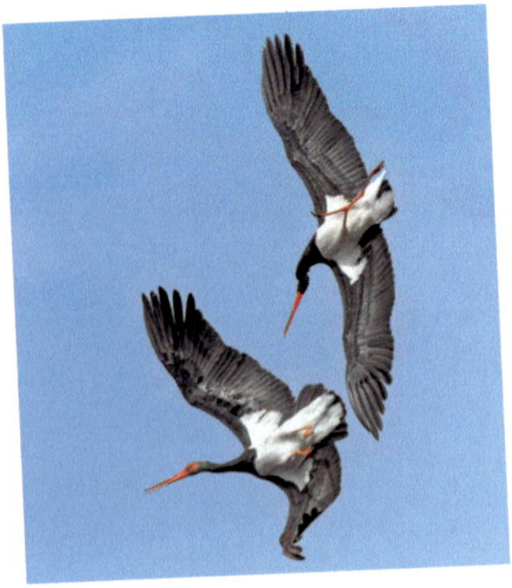

Der Schwarzstorch

euch rechts und folgt einem Waldweg, der am Issendorfer Graben links abbiegt und in Issendorf in die Horneburger Straße mündet, der ihr Richtung Nordosten folgt. Am Ortsausgang biegt ihr rechts in die Straße Büntfeld, um an ihrem Ende links einem Feldweg zu folgen. Dieser führt zur Nekropole Daudieck und dem dazugehörigen archäologischen Wanderpfad. Wer die nötige Zeit und ein Faible für Morbides hat: Der Rundweg ist etwa zwei Kilometer lang.

DIE »STADT DER VERSTORBENEN« BESTEHT AUS ZAHLREICHEN GRABANLAGEN AUS MEHREREN JAHRTAUSENDEN, DIE AM FLACHEN HANG HINAB ZUR AUE LIEGEN. DIE ÄLTESTEN GRÄBER SIND DIE GRÖSSTEN UND DIE AUFWENDIGSTEN: IN DER ZEIT VON VOR ETWA 5.000 BIS 4.500 JAHREN WURDEN HIER DIE VERSTORBENEN IN GROSSSTEINGRÄBERN ZUR LETZTEN RUHE GEBETTET.

Von der Nekropole aus geht es durch den Wald zum malerischen Gut Daudieck, das aus dem 17. Jahrhundert stammt und idyllisch an einem großen Teich liegt. Die Fachwerkgebäudegruppe beherbergt heute einen landwirtschaftlichen Betrieb und Kunstateliers. Es gibt zwei Wohnhäuser in Vierständerkonstruktion und mit pfannengedeckten Krüppelwalmdächern, zudem ein langes, zweistöckiges Stallgebäude mit Gesindewohnungen, wo sich die Ateliers von Christa Donatius (Malerei) und Michael Jalowczarz (Skulpturen) befinden. Besucher sind nach Anmeldung willkommen.

Nach der Überquerung des Gutsgeländes teilt sich die Straße. Rechts biegt der Stucksweg ab, der in ein Wohngebiet im Südwesten von Horneburg mündet. Wer es bis hierher geschafft hat, hat etwa die Hälfte der Tour bewältigt. Durch die Straßen Im Stuck und Haselhain erreicht ihr die Kreuzung von der Bundesstraße 73 und der Issendorfer Straße, der ihr in Richtung Bahnhof folgt.
Eigentlich müsstet ihr nun einfach in die Lange Straße einbiegen, wer allerdings durstig oder hungrig ist oder bereits jetzt Blasen an den Füßen hat, der macht einen Schlenker über Auedamm und Burggraben, wo es einen Supermarkt und eine Drogerie gibt. Alle anderen folgen der Langen Straße, bis links der Marschdamm abzweigt. Dort liegt das HANDWERKSMUSEUM HORNEBURG 3. Hier geht es um das Fuhrwesen, das damit verbundene Handwerk und den Ausspann in der Zeit zwischen dem 17. und dem 19. Jahrhundert.

Linkes oder rechtes Ufer? Frage an den Brücken über die Lühe, hier die Fußgängerbrücke in Guderhandviertel

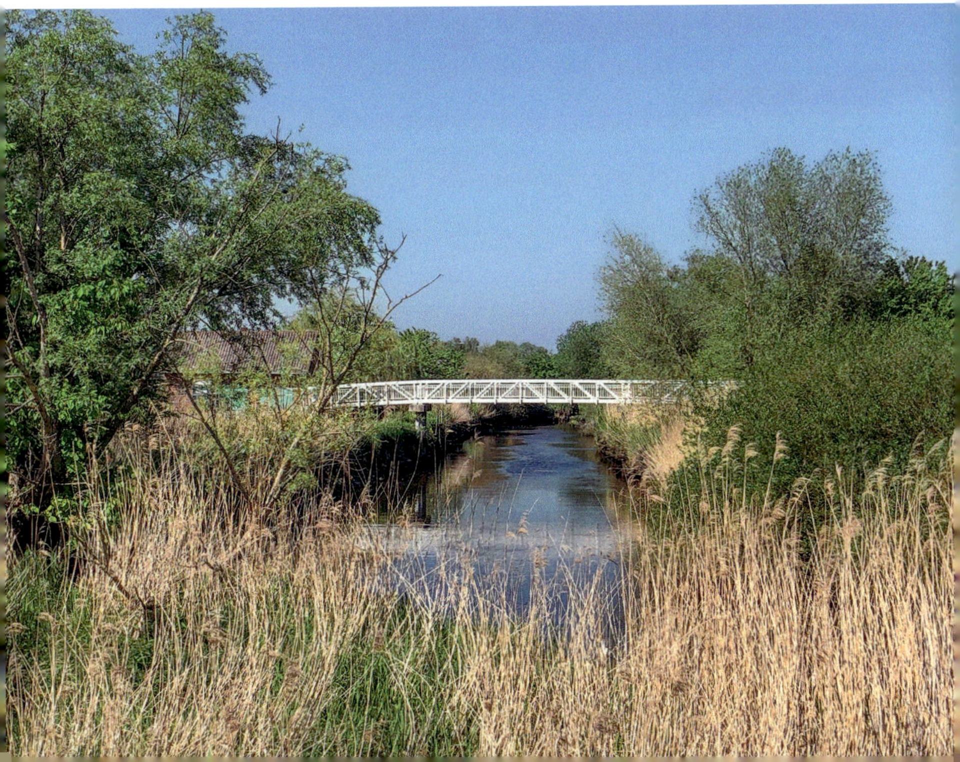

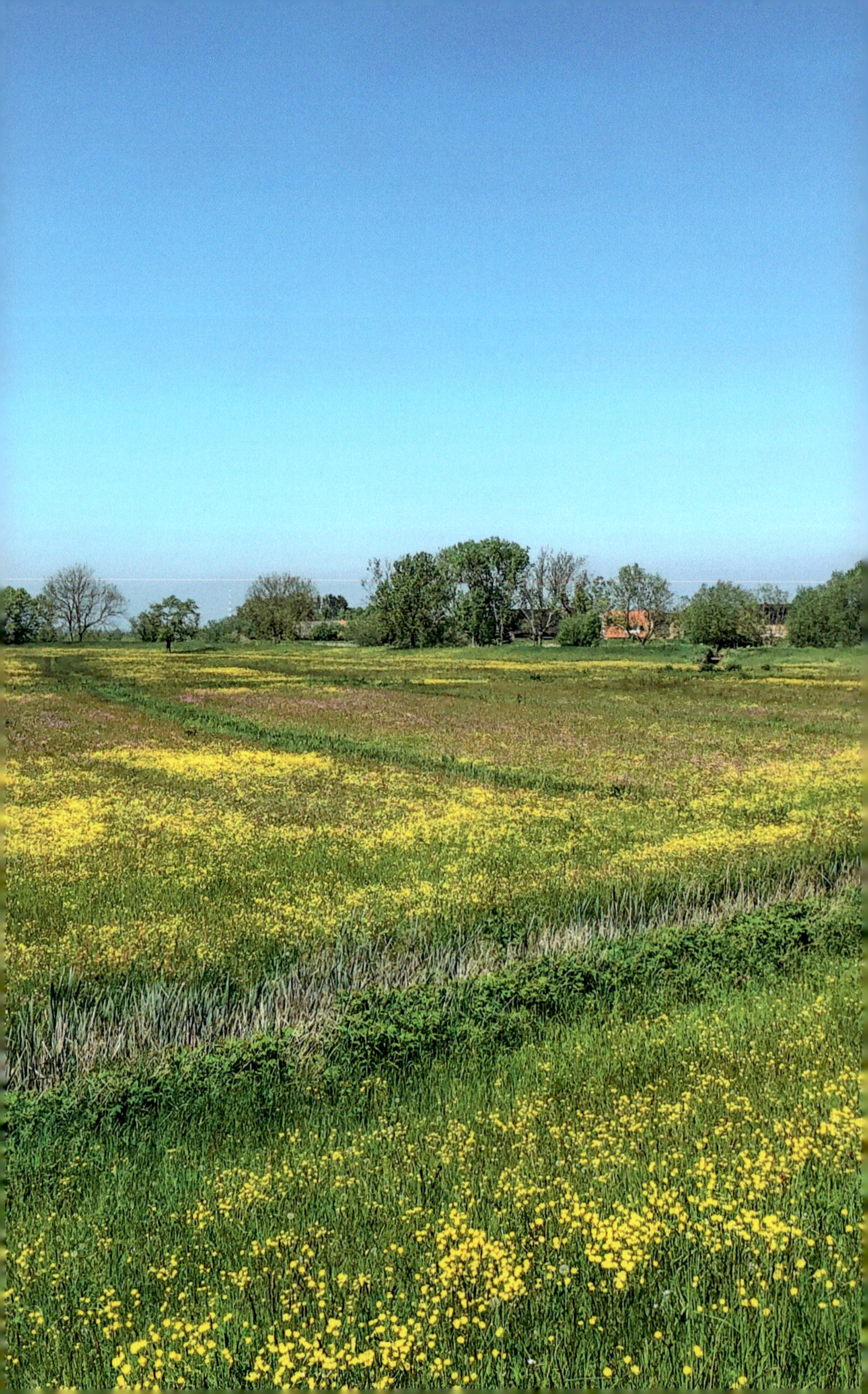

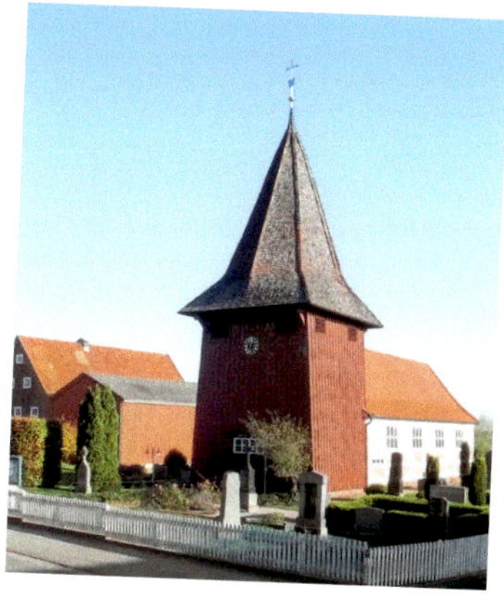

St.-Johannis-Kirche in Neuenkirchen

Nebenan findet ihr mit dem Horneburger Schloss eine weitere Sehenswürdigkeit. Das Herrenhaus im Tudorstil liegt malerisch in einem kleinen Schlosspark. Nun nähert ihr euch langsam, aber sicher der Lühe, wie die Aue ab Horneburg heißt. Der Marschdamm verläuft parallel zum Fluss und überquert ihn schließlich. Hier befindet sich auf dem Deich eine gute Möglichkeit für eine Rast, ehe es am anderen Ufer weitergeht. Nach der Unterquerung der A26 führt der Weg auf den Deich am östlichen Ufer der Lühe. Von hier habt ihr einen hübschen Ausblick auf die ersten Obstplantagen, denn nun seid ihr im Alten Land und habt fast schon Neuenkirchen erreicht. Eilige können über die Dorfstraße die Route abkürzen, während Genießer auf dem Umdeich wandern, der am Wasser entlangführt und logischerweise deutlich idyllischer ist. Wo der Umdeich wieder auf die Dorfstraße trifft, befindet sich auch die Kirche St. Johannis zu Neuenkirchen aus dem Jahr 1270.

ST. JOHANNIS IST EINE TYPISCHE ALTLÄNDER KIRCHE, DEREN 24 IN DIE FENSTER EINGELASSENE KABINETTSCHEIBEN, STIFTUNGEN AUS DEM 17. JAHRHUNDERT, EINE GENAUERE BETRACHTUNG WERT SIND. DIE GRÖSSEREN SIND WAPPENSCHEIBEN MIT DARSTELLUNGEN AUS DEM ALTEN UND NEUEN TESTAMENT, EINIGE MIT SCHIFFSDARSTELLUNGEN.

Wenige 100 Meter weiter führt eine Brücke über die Lühe in die Gemeinde Guderhandviertel. Auf dem Weg Richtung Norden ist das Alte Land hier genau so, wie das Alte Land eben sein sollte.

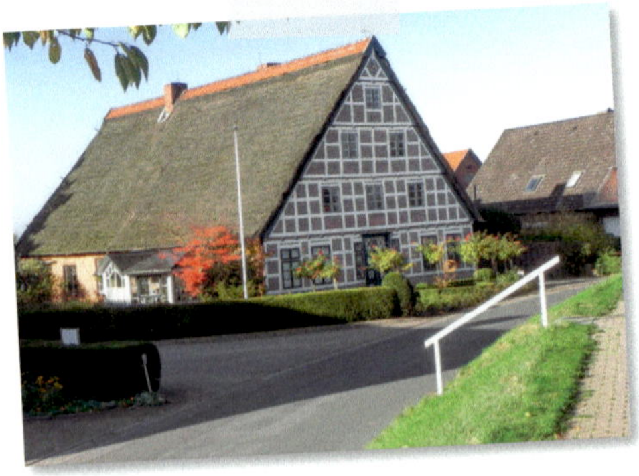

Fachwerkhäuser mit liebevoll gepflegten Gärten stehen im Schatten der Obstbäume. Ihre kunstvoll bemalten Türen leuchten in der Sonne. Dahinter erstrecken sich die Plantagen, deren Ernte hier an vielen Hofeinfahrten direkt zum Kauf angeboten wird.
Hinter dem CAMPINGPLATZ 4 führt erneut eine Brücke über die Lühe. Dieses Mal von Guderhandviertel nach Mittelnkirchen. Wem langsam, aber sicher der Magen knurrt oder der Sinn nach einer Erfrischung steht, der überquert hier den Fluss und läuft ein Stück am Fluss entlang zurück. Dort befindet sich im Schatten der St.-Bartholomäus-Kirche das Gasthaus Op'n Diek. Der plattdeutsche Name verrät es schon, auch dieses Haus steht auf dem Deich. Hier genießt man bodenständige deutsche Küche in der urigen Gaststube oder im lauschigen Garten, ehe es auf die letzte Etappe nach Grünendeich geht, wo ihr die Fähre oder den Bus gen Heimat besteigt.

Egal, ob ihr nun auf dem »Bergfried« oder »Hohenfelde« weiter die Lühe hinunterlauft, es dauert keine halbe Stunde mehr, bis Steinkirchen erreicht ist. Bereits hier könnt ihr bei Bedarf den Bus Richtung Heimat besteigen. Oder ihr wandert weiter nach Grünendeich. Dabei passiert ihr die Hogendiekbrücke, das Wahrzeichen des Alten Landes, und habt die Wahl zwischen dem Weg am Lühedeich und dem Weg durch den Ort Grünendeich. Ersterer ist idyllischer, letzterer dafür etwas kürzer.

Die Wartezeit auf die Fähre, für die ihr extra zahlen müsst, beziehungsweise auf den Bus vertreibt ihr euch am besten an den Imbissen am Fähranleger mit Fischbrötchen und einem Bier. Wer es nicht ganz so klassisch mag, findet hier auch Calamari und Sekt oder Eis mit Sahne. Weitere Tipps in Tour 3 (S. 22).

Alles, was ihr wissen müsst

keine Rundtour: Wanderung über Waldwege bis Horneburg, danach auf dem Deich // keine besonderen Anforderungen // **nicht kinderwagentauglich**

Markierung: bis Horneburg keine, hier bitte Text oder GPS nutzen, dann immer auf dem Deich an der Lühe entlang

Entfernung von Hamburg: 43 Kilometer
ÖPNV: S 3 oder RE 5 bis Buxtehude, dann RB 33 bis Harsefeld, Rückfahrt: Lühe-Schulau-Fähre ab Grünendeich nach Wedel oder mit Bus 2050 nach Stade, dann RE 5 oder S 3
Auto: nicht empfehlenswert

Einkehr: **Gasthaus Op'n Diek,**
Dorfstraße 128, 21720 Mittelnkirchen

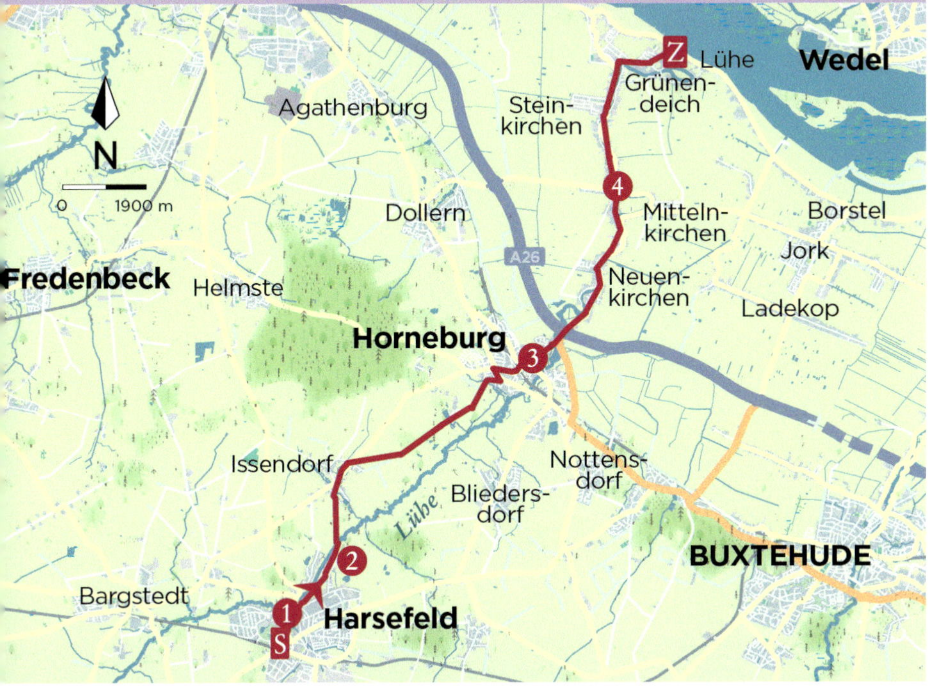

Auf der Elbinsel

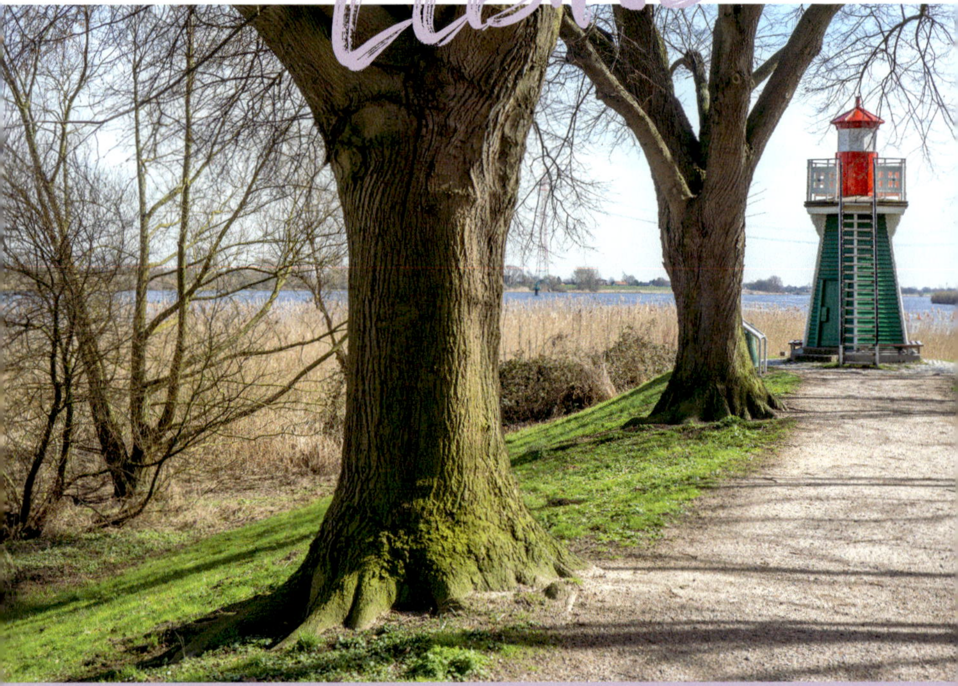

Schwierigkeit: mittel // 12,3 Kilometer // 10 Höhenmeter

Für Familien mit Kindern geeignet

EIN TIDEAUENWALD, DEICHLANDSCHAFT UND EINE WINDMÜHLE: HIER IST ABWECHSLUNG GARANTIERT

Wilhelmsburg verbinden die meisten Menschen mit den brachialen Wohnblocks, die man von der S-Bahn und der Autobahn sehen kann. Dabei bietet der Stadtteil auf der Elbinsel, die die Elbe in einen nördlichen und einen südlichen Arm teilt, viel mehr als das: unberührte Natur, reetgedeckte Fachwerkhäuser und nahezu endlos wirkende Wanderwege am Deich entlang. Wer am S-Bahnhof Wilhelmsburg in den Bus steigt, verlässt bereits nach wenigen Minuten das Klischee-Wilhelmsburg und fährt vorbei an kleinen Ein- und Zweifamilienhäusern, die in Straßen liegen, die Zur Guten Hoffnung heißen und wo man sich nicht nur auf dem Dorf wähnt, sondern irgendwann auch fragt, ob es sein kann, dass man die Haltestelle verpasst hat. Just in diesem Moment hält der Bus am Eingang des Friedhofs Finkenriek, wo die Wanderung beginnt.

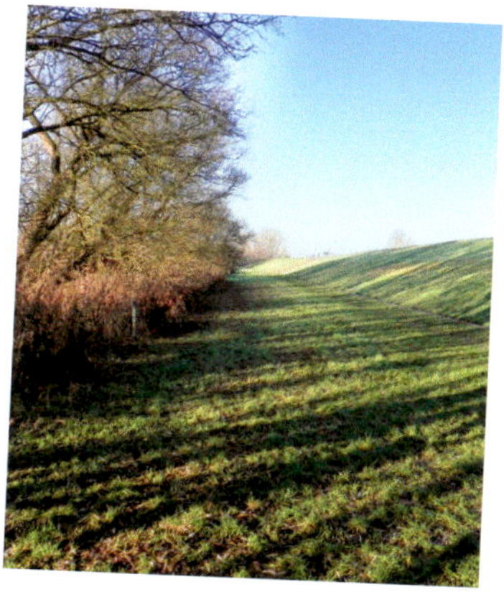

VOR DEM FINKENRIEKER HAUPTDEICH

Hierzu folgt ihr an der Bushaltestelle einfach dem Verlauf der Straße König-Georg-Deich in Richtung Osten und biegt an ihrem Ende rechts in den Finkenriek ein, der einen direkt an den Finkenrieker Hauptdeich führt, der an der Süderelbe liegt. Vor dem Deich führt nun ein kleiner Weg entlang, der euch in Richtung A1 bringt, die ihr unterqueren müsst. Auf der anderen Seite der Autobahn verläuft der Wanderweg dann zwischen dem Deich und dem NATURSCHUTZGEBIET HEUCKENLOCK (1).

Das Heuckenlock ist einer der letzten Tideauenwälder Europas. Weil es außerhalb der Hochwasserschutzanlagen liegt, wird es ungefähr 100 Mal pro Jahr durch Spring- oder Sturmfluten überspült. Das Gebiet erstreckt sich über eine Länge von drei Kilometern und ist ein wichtiges Rückzugsgebiet für viele Pflanzen- und Tierarten. Ihr soll-

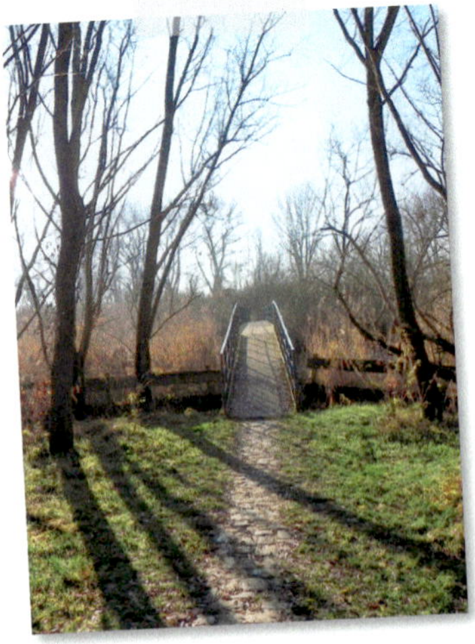

tet euch vorher über den Wasserstand der Elbe informieren, da bei Wasserständen über dem mittleren Hochwasser Teile oder sogar das gesamte Gebiet überflutet werden. In diesem Fall müsstet ihr an der Abzweigung des kleinen Wanderweges vom Deich leider weiter geradeaus laufen, anstatt über einen kleinen Steg einen Abstecher durchs Heuckenlock zu machen, das ein wenig verwunschen wirkt. Zahlreiche Bänke laden hier auch zum Verweilen und zur Vogelbeobachtung ein. Festes Schuhwerk ist allerdings von Vorteil, denn durch die zahlreichen Überschwemmungen ist es häufig sehr feucht – und rutschig.

Nach dem kleinen Abstecher ins Überschwemmungsgebiet geht es weiter am Moorwerder Hauptdeich entlang, der einen automatisch zur BUNTHÄUSER SPITZE 2 führt. Zumindest fast, denn der etwa 800 Meter lange Weg, der an der Bunthaus Brauerei abzweigt, führt nicht ganz bis an die Bunthäuser Spitze, die Landschaftsschutzgebiet ist, sondern nur bis zum Leuchtfeuer Bunthaus. Der Abstecher lohnt sich auf jeden Fall, auch wenn das Leuchtfeuer eigentlich keine besonders spektakuläre Sehenswürdigkeit ist.

DER GRÜNE SECHSECKIGE TURM DES LEUCHTFEUERS BUNTHAUS WURDE 1913 GEBAUT UND NAHM 1914 SEINEN DIENST AUF. ER IST 6,95 METER HOCH. IM MÄRZ 1977 WURDE SEIN FEUER GELÖSCHT, MAN KANN DEN TURM ABER IMMER NOCH BESTEIGEN UND HAT EINE HÜBSCHE AUSSICHT ÜBER DIE BUNTHÄUSER SPITZE UND DIE ELBE.

Wer Hunger oder Durst verspürt, kann hier auch in der Gaststätte Bunthaus einkehren. Sie gehört zum Wohnmobilstellplatz an der

Bunthausspitze und bietet solide bürgerliche und Bistro-Küche. Frisch gestärkt geht es nun an der Norderelbe entlang. Leider ohne Gastronomie ist die erwähnte Bunthaus Brauerei, deren Schankraum sich einige Kilometer entfernt am Wilhelmsburger Inselpark befindet. Nichtsdestotrotz könnt ihr hier an der Bunthäuser Spitze nach vorheriger Anmeldung (E-Mail an post@bunthaus.beer) die Mikrobrauerei besuchen und euch selbst ein Bild von dem Ort machen, wo Brauer Jens Hinrichs seine Kreativbiere mit so wohlklingenden Namen wie »Gose Morning Vietnam« oder »Beetroot Wild Ale« kreiert. Und eine kleine Kostprobe aus der Flasche fällt dann auf jeden Fall auch noch für euch ab.
Auf der gegenüberliegenden Seite grüßt bereits das Spadenland, während ihr selbst euch gerade in Moorwerder befindet und bis zur BUSHALTESTELLE GOETJENSORTER DEICH 3 lauft. Dort

Auf Wetter und Gezeiten achten: Nach Regentagen und bei Flut kann das Heuckenlock unzugänglich sein

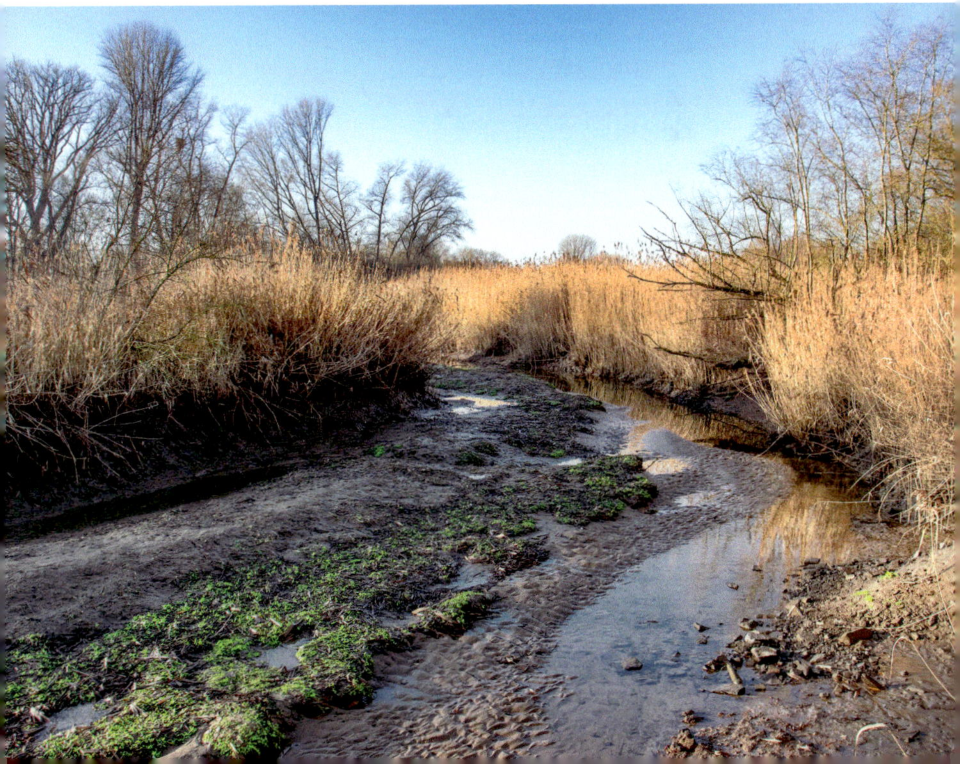

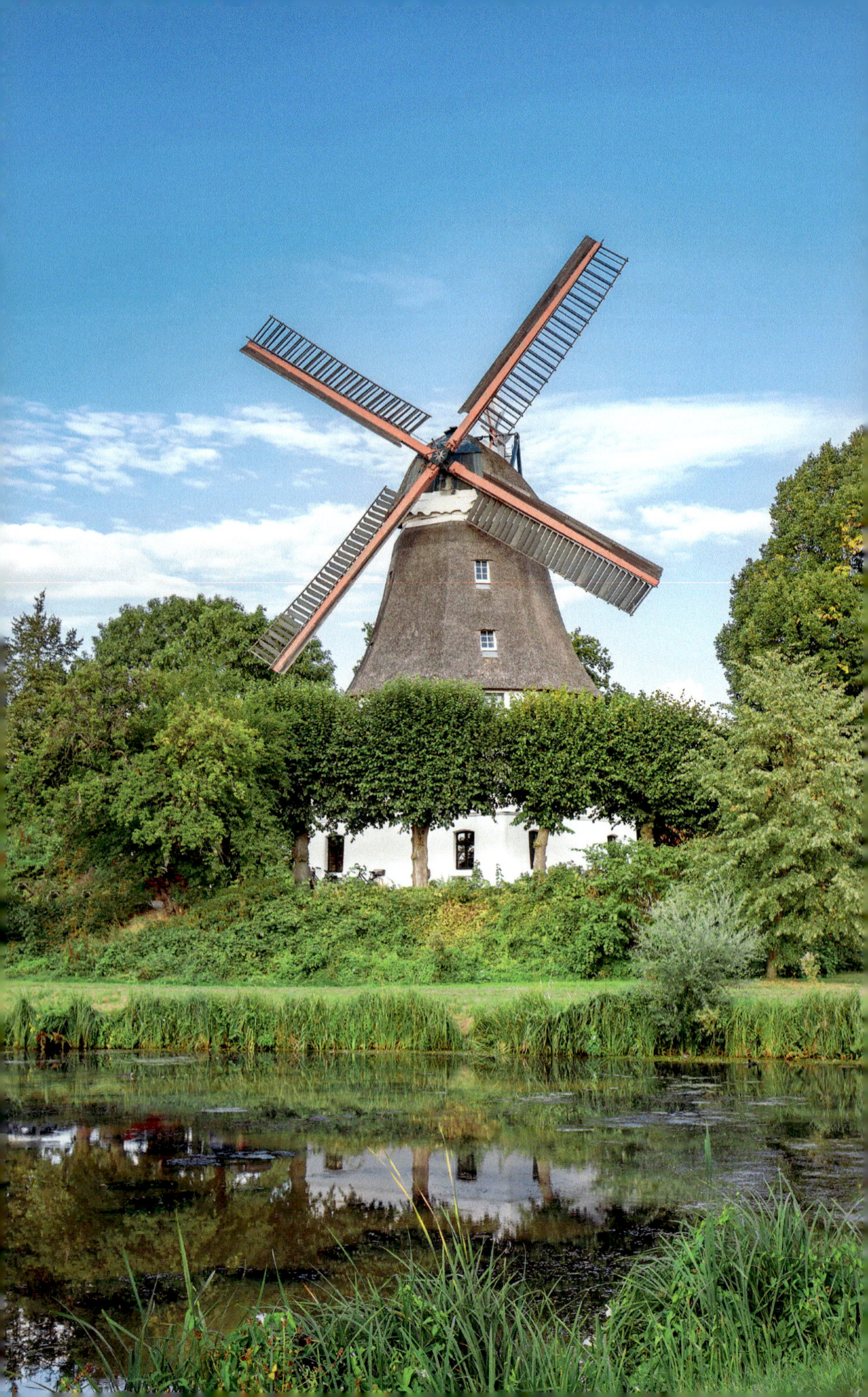

biegt ihr in die Straße Jenerseitedeich ein, die südlich des Naturschutzgebietes Rhee entlangführt. Nachdem ihr erneut unter der A1 hindurchgelaufen seid, wird es wieder etwas urbaner. Es geht nun durch ein Wohngebiet, in dem man sich sehr gut vorstellen kann, wie es hier wohl früher ausgesehen haben mag. Denn hier stehen alte Reetdachhäuser neben modernen Neubauten und lassen erahnen, dass man hier vor noch gar nicht allzu langer Zeit deutlich mehr Platz hatte und die Gegend ländlich gewesen sein muss – ein Prädikat, das man heutzutage mit Wilhelmsburg nun wirklich nicht an erster Stelle in Verbindung bringen würde. Zumindest nicht, wenn man es nur durch das Auto- oder S-Bahn-Fenster kennt. Der Weg endet dort, wo der Jenerseitedeich auf die Kirchdorfer Straße trifft. Hier hält der Bus, der einen bis zur S-Bahn-Station Veddel oder sogar bis zum Berliner Tor bringt.

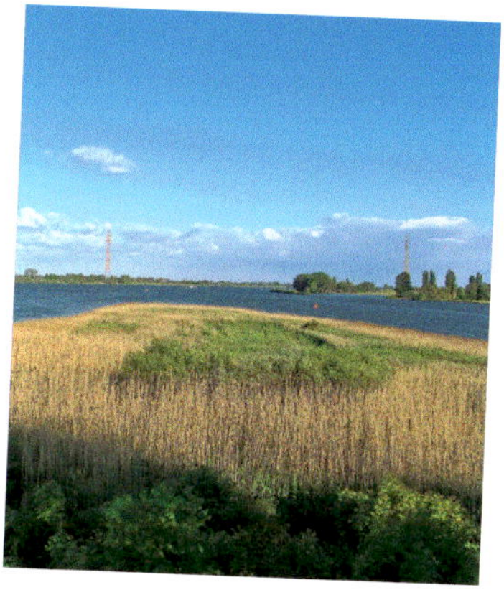

Die Bunthäuser Spitze

Allerdings lohnt sich zum Schluss auch noch ein kleiner Abstecher, denn in unmittelbarer Nähe zur Haltestelle befindet sich die Wilhelmsburger MÜHLE JOHANNA (4). 1585 stand an dieser Stelle bereits die erste Mühle, die bestehende Mühle ist die fünfte, die hier erbaut wurde. Sie existiert seit 1875. Sie ist ein Galerieholländer, der am 4. Juni 1941 durch das Denkmalschutzamt Hamburg-Altona zum »Technischen Kulturdenkmal« erklärt und in die Denkmalliste eingetragen wurde. Ein Bombenangriff im Jahr 1945 beschädigte die beiden zwischenzeitlich verbliebenen Jalousieflügel derart, dass sie abgenommen werden mussten und die Mühle nur noch per Motor angetrieben werden konnte. 1953 wurde sie wiederhergestellt und erhielt als Ersatz für ihre zerstörte Windrose die Windrose der

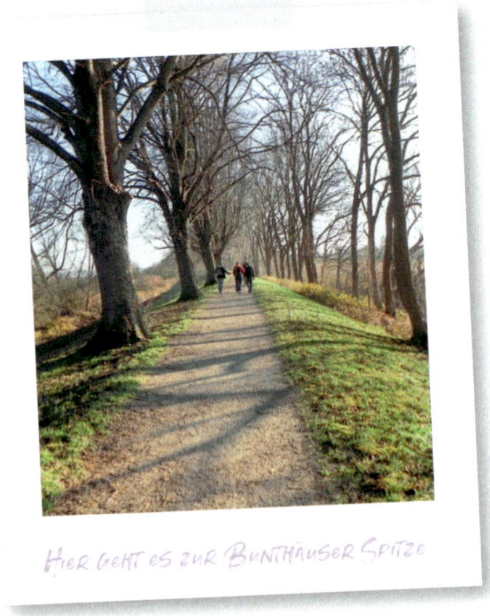

abgerüsteten Bardowicker Windmühle. Im Rahmen eines großen Volksfestes wurden am 13. November 1955 wieder Jalousieflügel an der Windmühle angebracht, sodass die Mühle nicht nur optisch den gewohnten Eindruck besaß, sondern auch mit Windkraft funktionsfähig war. 1961 wurde sie stillgelegt. Nach zahlreichen Besitzer- und Mieterwechseln kaufte der Wilhelmsburger Windmühlenverein 1997 für 30 Jahre das Erbbaurecht an der Windmühle und nahm sie 1998 nach Restaurierungsarbeiten wieder in Betrieb. Heute gibt es hier zahlreiche Veranstaltungen, ein Café und sogar ein Backhaus, in dem per Holzofen gebacken wird. Die Brote und Kuchen gibt es hier auch zum Mitnehmen.

Lieber Backfisch statt Bäckereispezialitäten? Wer mit dem Bus sowieso in Richtung Norden abreist, kann am Veddeler Marktplatz aussteigen und Hamburgs Kultfischrestaurant besuchen. Die Veddeler Fischgaststätte befindet sich in der Tunnelstraße 70 und verkauft dort seit 1932 Backfisch mit Kartoffelsalat. Auch so eine Hamburgensie, wo man mal gewesen sein muss. Und wenn man gerade drei Stunden über die Elbinsel gewandert ist, hat man sich die große Portion mit sieben Fischfiletstücken und einer »Knolle« zum Abschluss des erfolgreichen Wandertages auch redlich verdient. Bleibt nur zu hoffen, dass die Warteschlange nicht so lang ist, denn nachdem die Fischgaststätte vor ein paar Jahren kurz vor dem Aus stand und dies öffentlich geworden war, setzte ein erstaunlicher Run der Hanseaten auf das kleine Häuschen im Hamburger Hafen ein. Achtung: nur werktags geöffnet!

Alles, was ihr wissen müsst

keine Rundtour: leichte Wanderung, die bis auf das letzte kleine Stück immer am Elbufer entlangführt // Das Heuckenlock kann bei höherer Flut unbegehbar sein // festes Schuhwerk erforderlich // **kinderwagentauglich** (außer Heuckenlock)

Markierung: keine, bitte Text oder GPS nutzen

Entfernung von Hamburg: liegt im Stadtgebiet
ÖPNV: S 3 oder S 31 bis Wilhelmsburg, dann Bus 152 bis Friedhof Finkenried, Rückfahrt: Bus 1524 bis Veddel oder Berliner Tor
Auto: nicht empfehlenswert

Einkehr: **Gaststätte Bunthaus,** Moorwerder Hauptdeich 33, 21109 Hamburg // **Mühlencafé in der Windmühle Johanna** (jeden 1. Sonntag im Monat), Schönenfelder Straße 99A, 21109 Hamburg, windmuehle-johanna.de // **Veddeler Fischgaststätte** (werktags), Tunnelstraße 70, 20539 Hamburg, veddeler-fischgaststaette.de

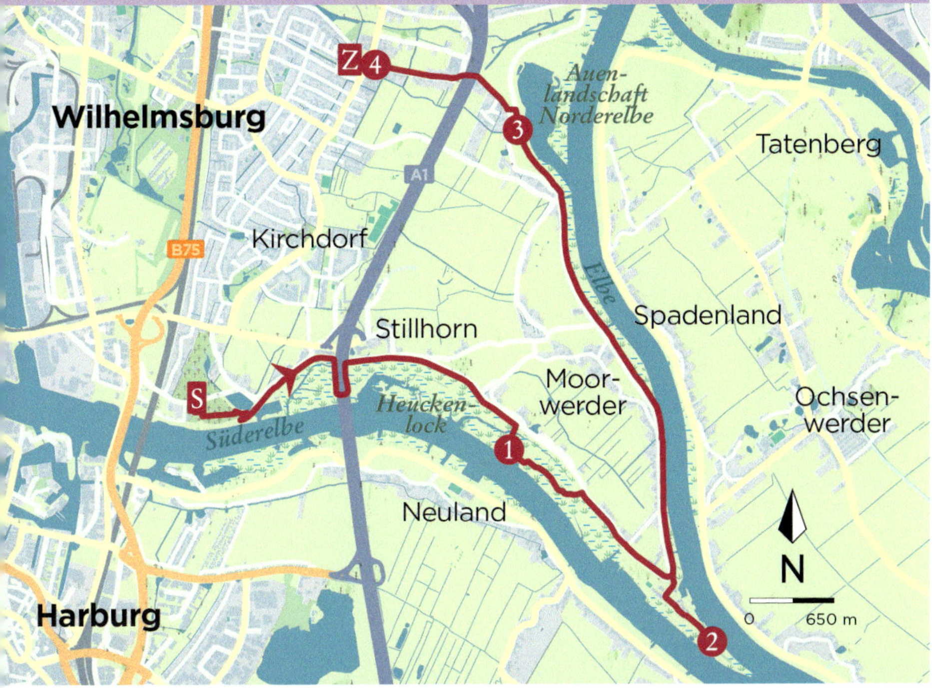

Durch Wilschenbruch und das Ilmenautal

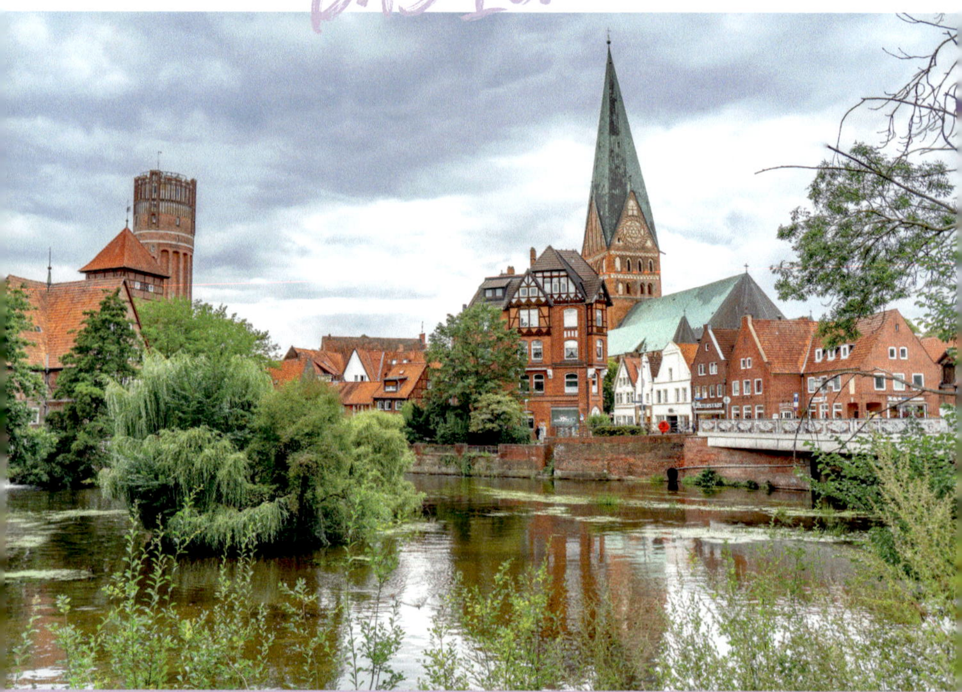

Schwierigkeit: leicht // 8,2 Kilometer // 30 Höhenmeter
Für Familien mit Kindern geeignet

ÜBER DREI BRÜCKEN MUSST DU GEHN UND DREI KIRCHEN SEHN: IN UND UM LÜNEBURG HERUM

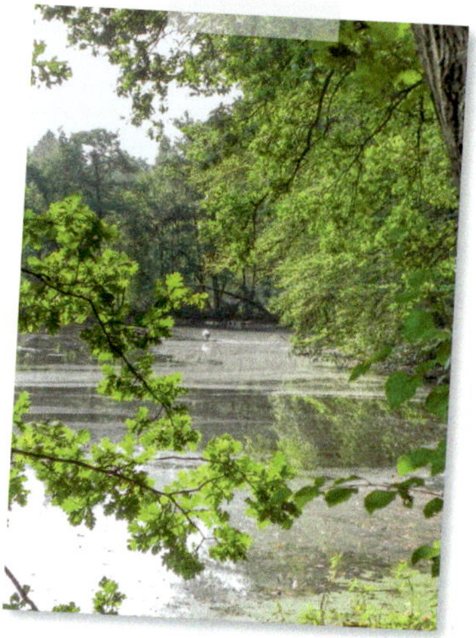

Der Wilschenbruch ist Lüneburgs mit Abstand kleinster Stadtteil und gleichzeitig ein verzweigtes Waldstück am Rande der Salz- und Hansestadt. Vom Bahnhof in Lüneburg seid ihr in etwa 15 Minuten dort, wenn ihr dem Fluss Ilmenau aufwärts folgt. Es dauert nicht lange, bis der Lärm der Stadt von den hohen Bäumen geschluckt wurde und das Gezwitscher der Vögel das Einzige ist, was einen durch das Waldgebiet begleitet. Jedenfalls abgesehen vom Plätschern der Ilmenau und den Klingeln der Radfahrer, die hier auch sehr gern unterwegs sind. Und ein bisschen Historie gibt es noch obendrein!

Ausgangspunkt für Autofahrer ist der Parkplatz in der Willy-Brandt-Straße. Von dort gelangt ihr über Amselbrücke und Reihersteig zum Wald, durch den ihr euch dem Fluss nähert. Schnell seid ihr direkt am Fluss, und es dauert nicht lange, bis die Eisvogelwand auftaucht. Jeder kennt die seltenen, blau schimmernden Vögel, die am Ufer der Ilmenau sogar ziemlich oft vorkommen. Mal schnellen sie wie ein blauer Blitz an einem vorüber oder tauchen in die Fluten des Flusses, mal sitzen sie majestätisch auf einem Baumstumpf oder einem Ast über dem Fluss. Warum gerade in Lüneburg? Weil hier die Voraussetzungen stimmen.

Eisvögel jagen auf Sicht und benötigen Äste, die über den Fluss ragen, und klares Wasser. Das gibt es sicherlich nicht nur hier, allerdings wird es beim Thema Brüten etwas komplizierter. Weil Eisvögel Höhlen in steile, senkrechte Uferabbrüche oder an den Wurzeln umgestürzter Bäume graben, brauchen sie naturnahe Fließgewässer.

Auf einer der Uferseiten hat deshalb die Untere Naturschutzbehörde in Lüneburg eine Eisvogelwand errichtet. Vom Wanderweg aus seht ihr nur das Holzbrett mit den Eingängen, aber dahinter steht ein mit Lehm und Sand gefüllter 1.000-Liter-Kasten. Durch vor-

gebohrte Gänge gelangen die Tiere ins Innere des Kastens, wo sie Bruthöhlen bauen und vor Fressfeinden geschützt sind.
Ein Stück weiter in Richtung Süden erkennt ihr eine kleine Brücke mit einem blauen Metallgeländer, welche über die Ilmenau führt: die sogenannte TEUFELSBRÜCKE 1.

SIE WURDE 1893/94 GEBAUT UND IST DAMIT DIE ÄLTESTE BRÜCKE DER STADT. LANGE HIESS SIE SCHWARZE BRÜCKE, WEIL SIE EIGENTLICH SCHWARZ ANGESTRICHEN WAR. GEBAUT WURDE SIE ÜBRIGENS VON EINEM VEREIN MIT DEM WOHLKLINGENDEN NAMEN LÜNEBURGER VERSCHÖNERUNGSVEREIN VON 1887.

Die Teufelsbrücke muss warten, denn noch geht es am westlichen Ilmenauufer entlang. Laubbäume spenden Schatten, während ihr zur Roten Schleuse wandert – beziehungsweise zur gleichnamigen Straße. Eine Schleuse findet sich hier nämlich nicht. Dafür habt ihr hierdie Möglichkeit zur Einkehr. Etwa im »Platzhirsch«, der zum CAMPINGPLATZ ROTE SCHLEUSE 2 gehört. Das Gasthaus ZUM ROTEN EICHHÖRNCHEN 3 im alten Forsthaus Rote Schleuse ist mittlerweile leider geschlossen. Hausmannskost und Pizzen stärken für den Rückweg, wenn man nicht sowieso noch plant, in der Lüneburger Altstadt zu bummeln und einzukehren.
Zurück geht es nun am anderen Ufer der Ilmenau. Hinter der Brücke lauft ihr links in den Wald, durch den ihr nun in einiger Entfernung wieder in Richtung Norden und damit flussabwärts wandert,

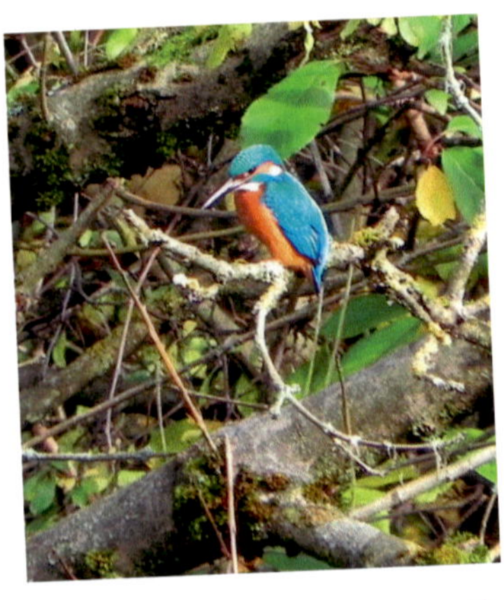

Der Eisvogel: an der Ilmenau zu Hause

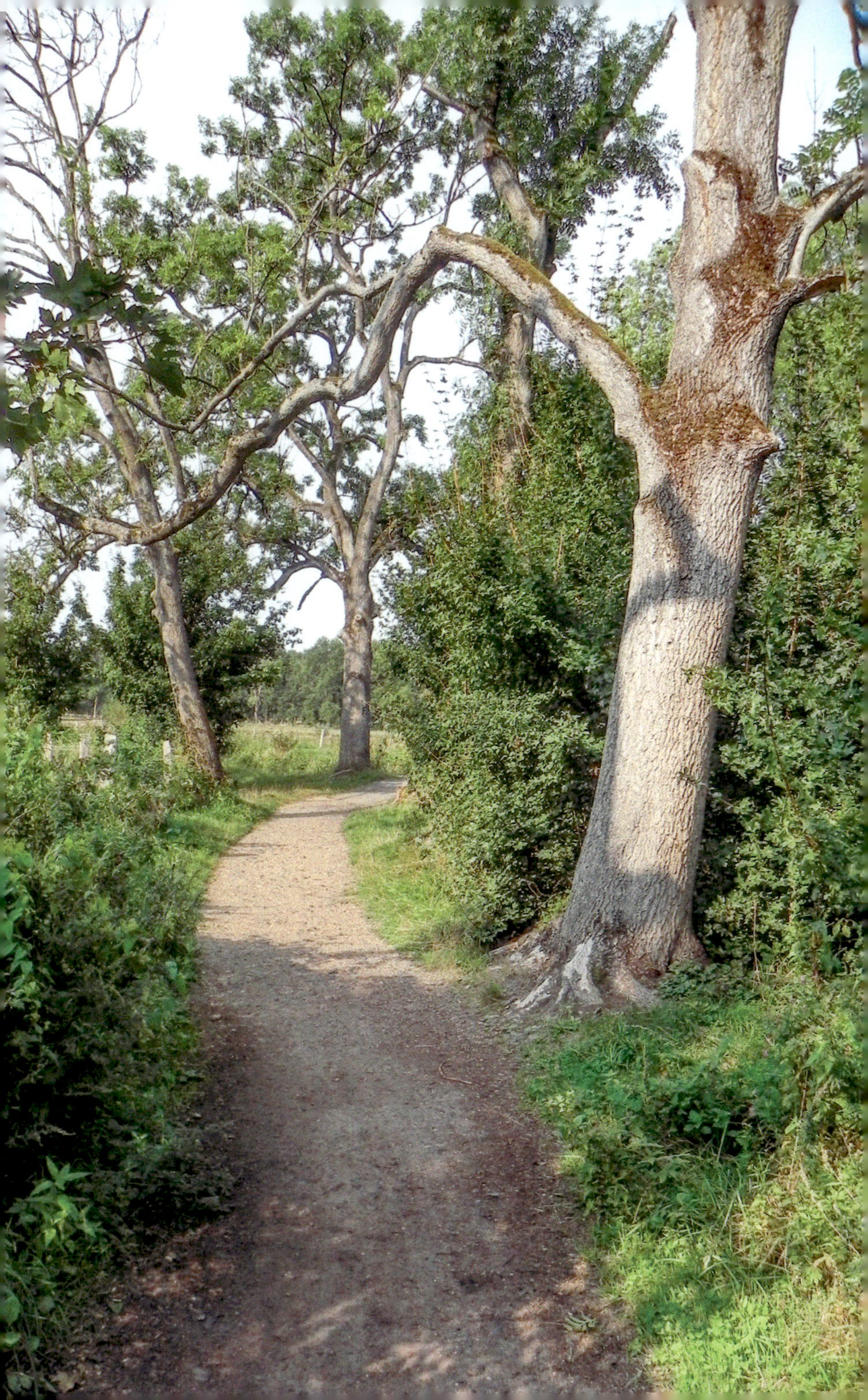

bis ihr an die Teufelsbrücke gelangt und diese überquert. Wer etwas länger Zeit hat und geschichtlich interessiert ist, kann vorher noch weiter am östlichen Ufer entlangwandern, um den LORELEY-ILMENAU-GEDENKSTEIN 4 zu begutachten.

DEN GEDENKSTEIN HAT MAN HIER ZU EHREN HEINRICH HEINES AUFGESTELLT, WEIL ER DAS LORELEY-LIED AN DIESER STELLE 1823 MIT BLICK AUF DIE ILMENAU GESCHRIEBEN HABEN SOLL. NICHT UMSONST GIBT ES AM OCHSENMARKT IN LÜNEBURG AUCH NOCH EIN HEINRICH-HEINE-HAUS.

Schon auf dem Hinweg zur Roten Schleuse ging es an mehreren Teichen vorbei, auf denen Schwäne friedlich dahingleiten. Nun lauft ihr

Die Teufelsbrücke: Sie heißt angeblich so, weil sie im Mittelalter über den Düvelsbrook, also den Teufelsbruch, führte

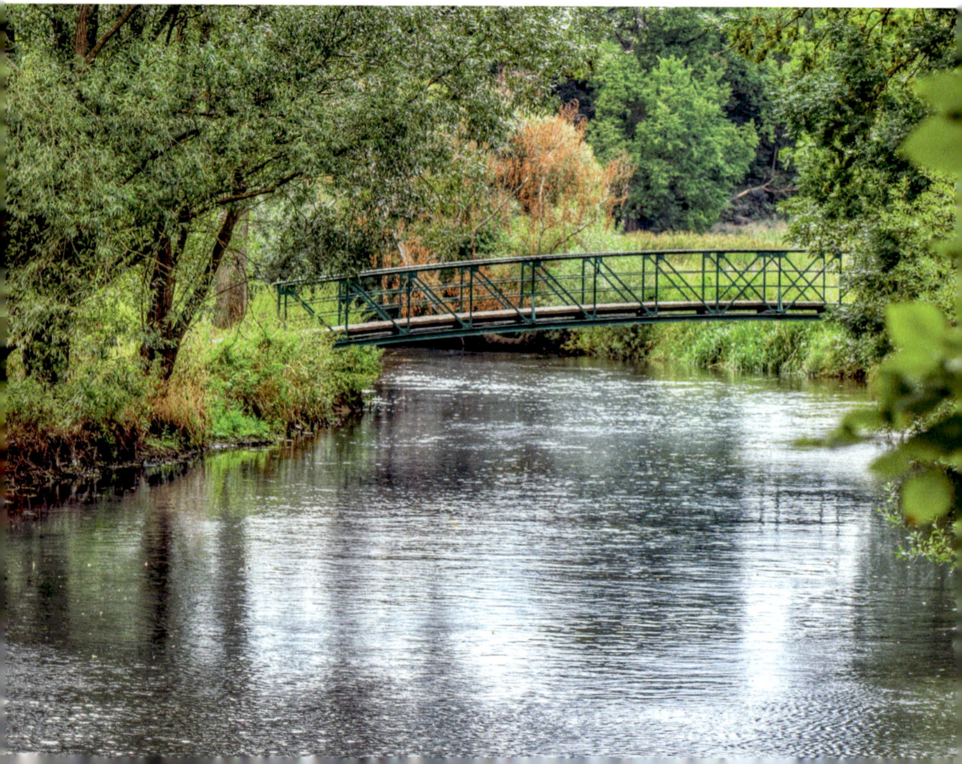

nach der Überquerung der Teufelsbrücke zwischen ihnen hindurch, zurück auf den bereits bekannten Weg, der wieder in die Stadt führt, wie man auch hören kann.

Nach der Wanderung, die nicht besonders anstrengend ist, bietet sich auf jeden Fall noch ein Abstecher in die historische Altstadt an. Bereits an der Willy-Brandt-Brücke fällt einem der Turm der St.-Johannis-Kirche auf, der weit über die Dächer der Altstadt ragt. St. Johannis ist Lüneburgs älteste Kirche. Die fünfschiffige gotische Hallenkirche im Herzen der Stadt ist touristisch sehr beliebt und gilt als eines der bedeutendsten Bauwerke der norddeutschen Backsteingotik. Ihr Vorgängerbau wurde Mitte des 12. Jahrhunderts erbaut. Ein Großteil des heutigen Gotteshauses wurde bis 1372 fertiggestellt. Nichtsdestotrotz gilt St. Johannis erst seit 1470 als vollendet. Ihr um 1384 entstandener, 110 Meter hoher Kirchturm ist eine Besonderheit, denn er ist schief. Zu den wichtigsten Schätzen der Kirche zählen der Hochaltar mit Gemälden von Hinrik Funhof und eine Barockorgel, auf der bereits Johann Sebastian Bach spielte.

Eine weitere Hauptkirche ist die St.-Michaelis-Kirche am Kalkberg, die unweit des Alten Rathauses gelegen ist. Das Kloster wurde bereits in einer Urkunde von 956 erwähnt. Auch in der St.-Michaelis-Kirche spielte Bach übrigens, der hier in den Jahren 1701 und 1702 Chorsänger war. Die Hauptkirche des ehemaligen Benediktinerklosters St. Michael wurde 1412 vollendet, also 58 Jahre vor St. Johannis. Eine Kanzel aus dem Jahre 1602 und ein Orgelprospekt von 1708 dominieren den Innenraum, zu dessen Kunstwerken ein Kruzifix, ein Epitaph und vier Ölgemälde gehören, auf denen die vier Evangelisten zu sehen sind.

Die dritte Hauptkirche Lüneburgs heißt St. Nicolai und steht im Wasserviertel. Die dreischiffige Basilika ist die jüngste und kleinste der Kirchen und entstand um 1420 aus einer Kapelle. Der Backsteingotikbau war die Kirche der Schiffer und der von der Handelsschifffahrt lebenden Handwerker. Geziert wird St. Nicolai, die eine der letzten Backsteinbasiliken ist, durch einen neugotischen Turm. Mit

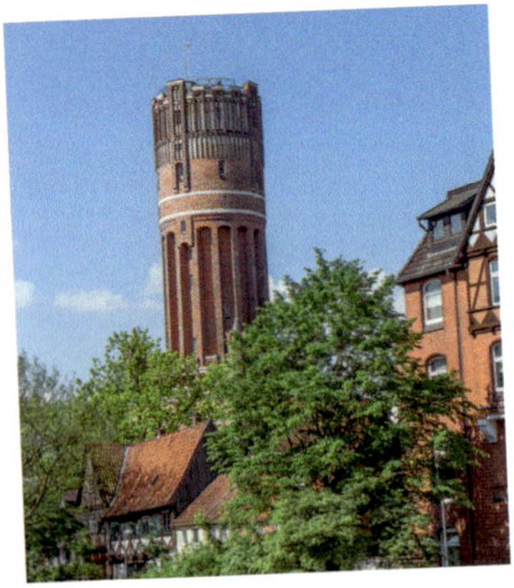

Der Lüneburger Wasserturm

rund 93 Metern zählt dieser zu den höchsten Kirchtürmen Niedersachsens.
Wer das historische Lüneburg von oben sehen will, dem sei ein Besuch des historischen Wasserturmes ans Herz gelegt. Am Rande der Altstadt gelegen, ist er ein ganz besonderer Aussichtsturm. Aus 56 Metern Höhe hat der Besucher hier einen unvergleichlichen Ausblick über Lüneburg und Umgebung, an Tagen mit klarer Sicht seht ihr von hier sogar Hamburg. Der denkmalgeschützte Wasserturm wurde erst 1907 errichtet, sein Erscheinungsbild wurde damals dem historischen Stadtbild angepasst. 1985 wurde der Turm, der die Trinkwasserversorgung der Stadt lange sicherte, stillgelegt und blieb längere Zeit ungenutzt. Im ausgehenden 20. Jahrhundert wurde er schließlich saniert. Heute können Besucher mit dem Fahrstuhl in die sechste Etage des Wasserturms fahren und danach die letzten Stufen zur Aussichtsplattform bewältigen. Fotokamera nicht vergessen!
Einen knappen Kilometer nordöstlich der Altstadt befindet sich schließlich das Benediktinerinnenkloster Lüne, eine der ältesten Sehenswürdigkeiten der Stadt. Es wurde bereits 1172 gegründet und Ende des 14. Jahrhunderts in Backsteingotik neu aufgebaut, nachdem zwei Brände große Zerstörungen angerichtet hatten. Eine weitläufige Gartenanlage und Kunstschätze begeistern die Besucher ebenso wie das Wahrzeichen des Klosters, der gotische Brunnen in der Eingangshalle. Das Kloster Lüne beherbergt außerdem ein Museum, das Altar- und Fastentücher aus dem 13. und 14. Jahrhundert, Bildteppiche und Prozessionsfahnen zeigt, die von den Stiftsdamen gefertigt wurden.

Alles, was ihr wissen müsst

Rundtour: gemütliche Wanderung auf meist breiten Waldwegen parallel zum Fluss // keine besonderen Anforderungen // **kinderwagentauglich**

Markierung: am besten am Fluss orientieren und Text oder GPS nutzen

Entfernung von Hamburg: 56 Kilometer
ÖPNV: RE 3 oder RB 31 bis Lüneburg
Auto: Parkplatz P 1, 21335 Lüneburg

Einkehr: **Platzhirsch,** Rote Schleuse 4, 21335 Lüneburg

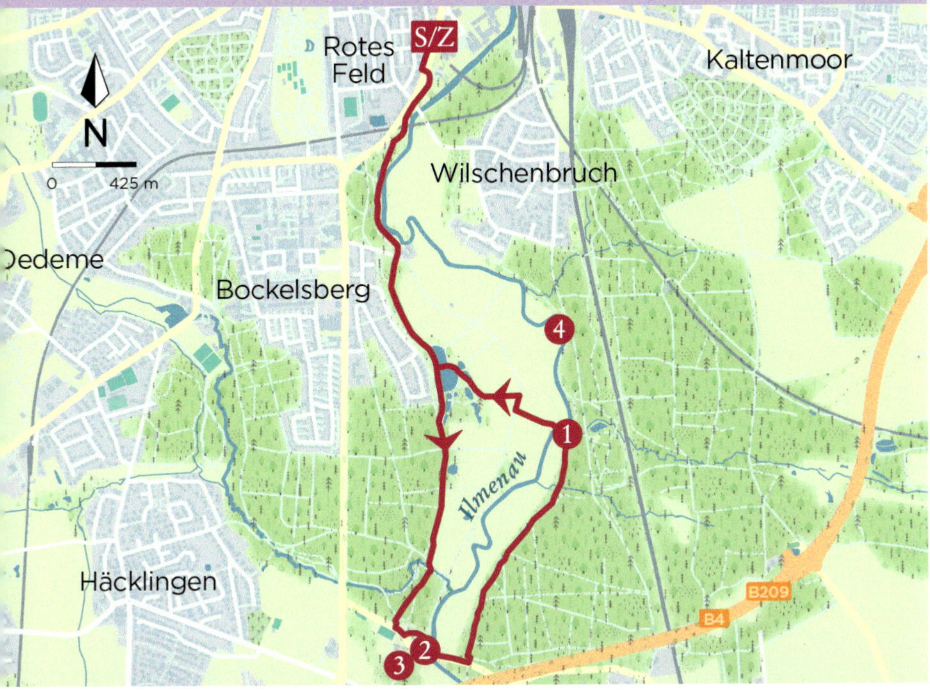

Von Bardowick nach Lüneburg

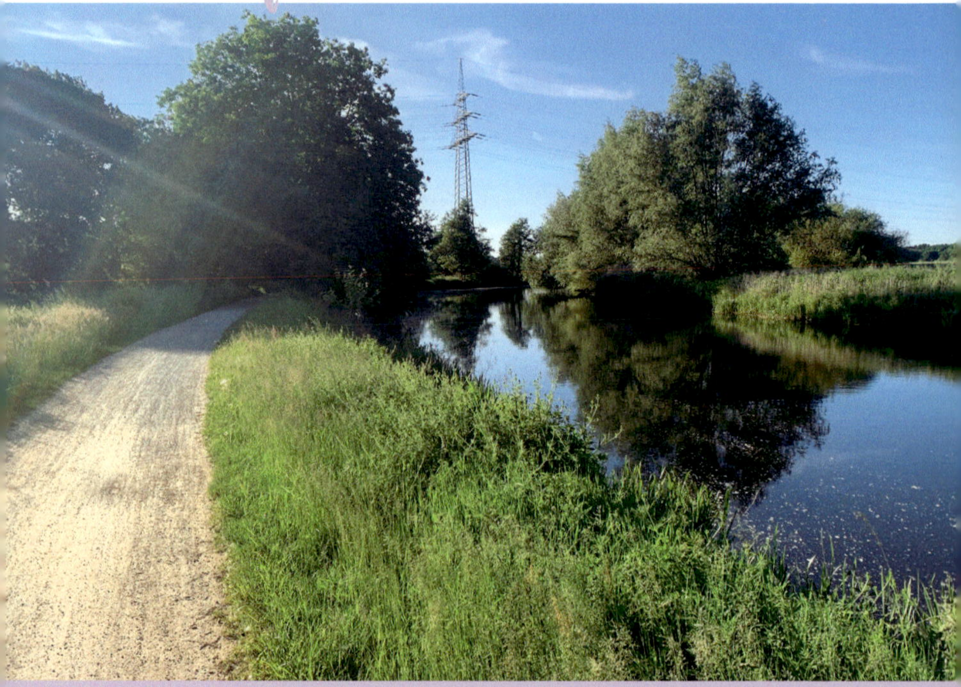

Schwierigkeit: leicht // 6,7 Kilometer // 10 Höhenmeter
Für Familien mit Kindern geeignet

AUF DEM TREIDELWEG DEM SALZ UND DEM BIER AUF DER SPUR

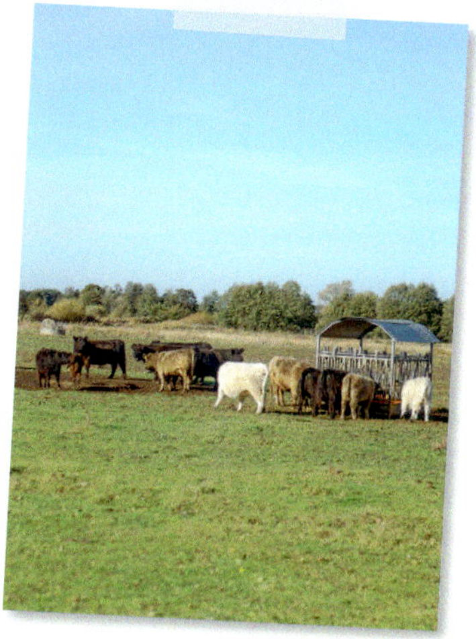

Diese Tour eignet sich besonders für Wanderungen im Kreis guter Freunde, denn sie endet in Lüneburg am Stintmarkt und lässt sich hervorragend mit einer Tour durch die Kneipen und Brauhäuser der Stadt verbinden. Und davon gibt es in Lüneburg einige. Die alte Hansestadt hat die höchste Pro-Kopf-Kneipendichte Europas nach Madrid. Wer weniger mit dem Besuch von Schank- und Speisewirtschaften anfangen kann, wird hier ebenfalls nicht enttäuscht werden. Die alte Salzstadt ist auch für historisch und architektonisch interessierte Menschen ein Highlight, denn sie verfügt über eine gut erhaltene Altstadt. Nicht zuletzt steht hier das Deutsche Salzmuseum, denn dem »weißen Gold« verdankte Lüneburg seinen Reichtum. Der Startpunkt der Tour befindet sich allerdings in dem Lüneburger Vorort Bardowick.

VON DER BEDEUTUNG BARDOWICKS KÜNDET NOCH HEUTE DER DORTIGE DOM, AUCH WENN UMSTRITTEN IST, OB DIE STADT JEMALS BISCHOFSSITZ WAR. EINE GROSSE ANZAHL VON KLERIKERN WIRKTE AN DIESEM ORT, DER 795 DAS ERSTE MAL ERWÄHNT WURDE UND SOMIT AUF JEDEN FALL EINER DER ÄLTESTEN IN NIEDERSACHSEN IST.

Aufgrund seiner wirtschaftsgeografisch verkehrsgünstigen Lage an der Slawengrenze wurde Bardowick einst zum zentralen Umschlagplatz für den Handel. Zudem war die durch Bardowick fließende Ilmenau Mitte des 12. Jahrhunderts nur zwischen Bardowick und der Elbe schiffbar und stellte eine Verbindung zum offenen Meer dar. Als Lüneburg zur Salzstadt aufstieg, wurde das dort gewonnene »weiße Gold« von den Bardowicker Schiffern auf dieser Strecke

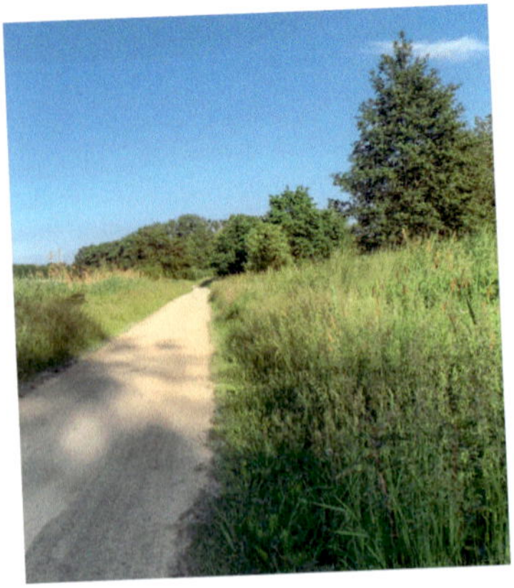

ES GEHT IMMER GERADEAUS

transportiert. Kaufleute siedelten sich in Bardowick an und machten die Stadt zu einem der größten Zentren Norddeutschlands, das sehr viel größer als die historische Innenstadt Lüneburgs war. Das änderte sich dann, als die Ilmenau bis Lüneburg schiffbar wurde und die Kaufleute aus der Salzstadt Bardowick nicht mehr als Umschlagplatz benötigten, ein Umstand, den man in Bardowick den Lüneburgern gerüchtehalber heute noch übel nimmt.

Der Ausgangspunkt der Wanderung liegt an der Ilmenaubrücke. Diese erreicht ihr, indem ihr vom Bahnhof der Bahnhofstraße, der Pieperstraße, der Großen Straße und der Großen Brückenstraße folgt und rechts auf den historischen Treidelweg abbiegt. Historisch deshalb, weil hier die oben erwähnten Schiffe mit dem Lüneburger Salz getreidelt, also entlanggezogen wurden. Heute teilen sich den Weg am Ilmenauufer nur noch Radfahrer und Wanderer. Und die genießen das Panorama des friedlich dahinplätschernden Flusses inmitten üppiger Ufervegetation auf der einen und abwechslungsreicher Landschaft auf der anderen Seite des 6,7 Kilometer langen Weges. Insbesondere an der BARDOWICKER SCHLEUSE 1 lohnt sich eine kleine Rast, um die friedliche Atmosphäre zu genießen. Ab dem Unterqueren der B4 wird die Umgebung zunehmend städtischer und wirkt nicht immer idyllisch. Dafür aber historischer, je näher ihr dem Ziel kommt, dem Stintmarkt. So passiert ihr beispielsweise die WARBURG AUF DER HUDE 2. Das Gelände »Auf der Hude« liegt vor dem Bardowicker Tor an der Ilmenau und gehörte der Stadt. Es war für Lüneburg von großer Bedeutung, denn seit 1330 betrieb die Stadt Holzhandel. Das Holz wurde auf der Ilmenau antransportiert,

auf der Hude zwischengelagert und dort verkauft. Per Karren wurde es weiterbefördert, zum Beispiel zur Saline zum Befeuern der Sudpfannen. Da der Platz außerhalb der Stadtmauer lag, musste das kostbare Holz gut bewacht werden, und man baute 1412 am Ufer der Ilmenau die Warburg, in der ein Wächter saß, der den Ein- und Ausgang des Hafens kontrollierte.
Direkt gegenüber, am anderen Flussufer, liegt die Bastion an der Ilmenau, ein Zeugnis aus den alten Tagen des Salzhandels.

ALS REICHE STADT HATTE LÜNEBURG EINEN STADTWALL, DER DURCH BASTIONEN GESICHERT WURDE. BASTIONEN WAREN ANLAGEN, DIE IN BESTIMMTEN ABSTÄNDEN AUS DER LINIE DES WALLS HERVORRAGTEN UND SICHTKONTAKT ZUEINANDER HATTEN.

An der Schleuse Bardowick lohnt eine Verschnaufpause, denn hier scheint die Zeit stillzustehen

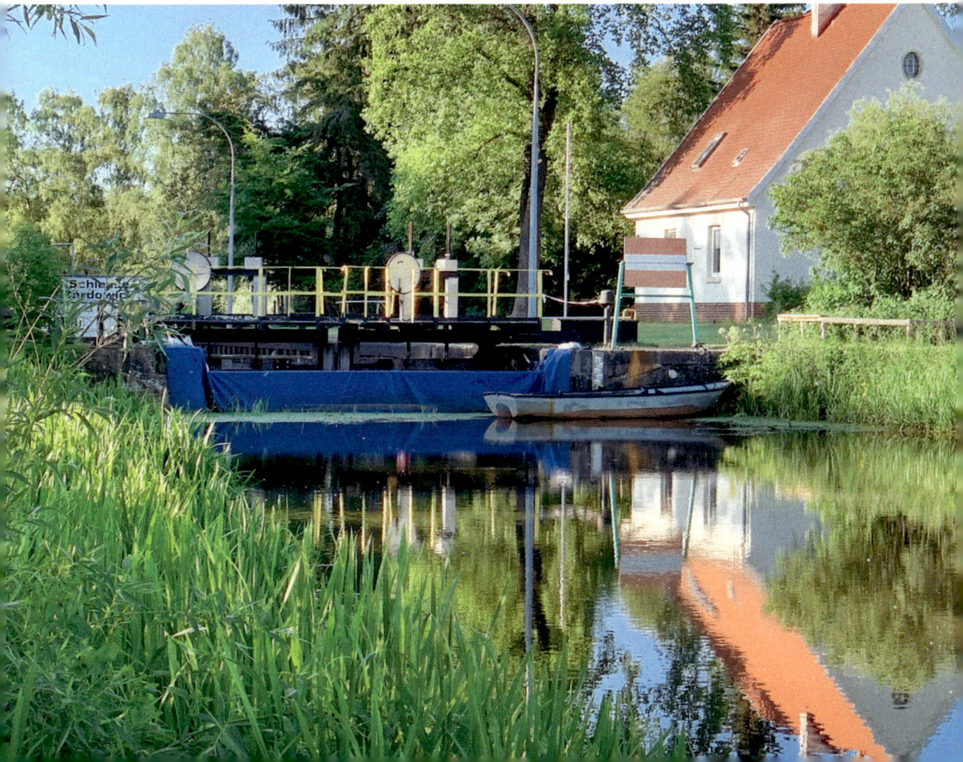

Am nördlichsten Punkt der Ilmenauinsel, beim Zusammenfluss der Ilmenau und des Lösegrabens, stand früher ebenfalls eine Bastion. Heute sind hier Spielgeräte inmitten eines Parks.
Nur wenige Meter weiter beginnt die historische Lüneburger Altstadt mit ihren malerischen Fachwerkhäusern und Kopfsteinpflasterstraßen, die als »Rothenburg des Nordens« bezeichnet wird und wie eine Art Freilichtmuseum ist. Tatsächlich ist es also eigentlich überflüssig, hier noch ins Museum zu gehen, denn wer durch die Altstadt bummelt, erlebt bereits Geschichte pur. Nichtsdestotrotz soll hier zum einen auf das Brauereimuseum (Heiligengeiststraße 38) hingewiesen werden, denn Lüneburg verfügt auch über eine große Biertradition. Und natürlich darf auch das Salzmuseum (Sülfmeisterstraße 1) nicht fehlen. Wer mit Kindern unterwegs ist (oder auch einfach selbst interessiert ist), erfährt hier alles über den Ursprung des Lüneburger Reichtums,

Hier tobt das Leben der Salzstadt: Blick auf den Lüneburger Stintmarkt und die Lüner Straße Brücke

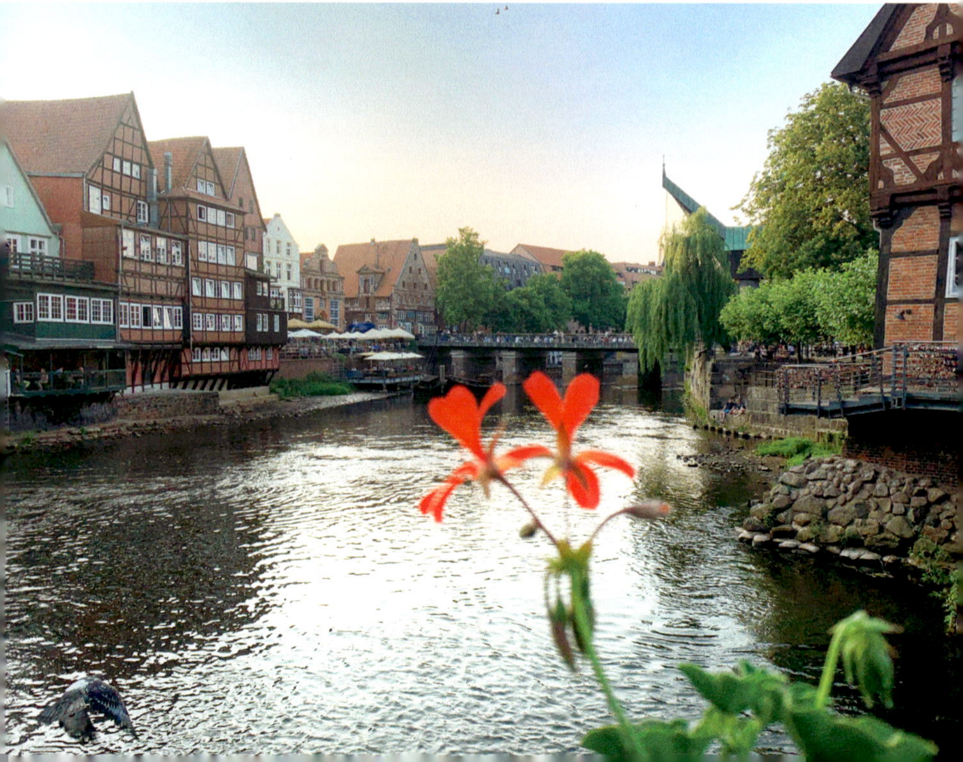

den angeblich eine Wildsau mit weißem Fell auslöste. Ein Jäger soll das Tier geschossen und festgestellt haben, dass das Fell wegen des Salzes so weiß war. Zudem kann man hier unter Anleitung von Museumsmitarbeitern in historischen Trachten selbst Salz gewinnen. Interessant und spannend, nicht nur für Kinder! Auch Shopping Queens und Fashion Victims kommen in Lüneburg auf ihre Kosten, denn zwischen dem Platz Am Sand und dem Markt haben sich in den historischen Häusern zahlreiche Boutiquen und Geschäfte eingemietet, die ein ganz besonderes Einkaufserlebnis bieten. Dabei kann man auch gleich zwei kuriose Sehenswürdigkeiten abhaken, bei denen es um Leben und Tod geht. Auf der einen Seite steht in der Waagestraße das »Schwangere Haus«, dessen Fassade an den Bauch einer schwangeren Frau erinnert, auf der anderen Seite findet der aufmerksame Besucher auf dem Marktplatz einen Stein, der so gar nicht zu den anderen passen will, denn er ist größer, mit einem Kreuz markiert und birgt ein dunkles Geheimnis: An seiner Stelle stand einst der städtische Galgen, an dem die Todesstrafe vollstreckt wurde.

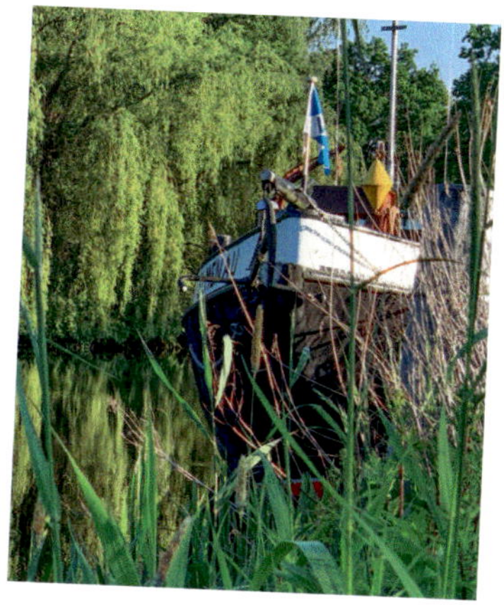

EIN HAUSBOOT ANKERT AN DER SCHLEUSE

Es fand bereits Erwähnung: Lüneburg ist – auch wegen seiner Eigenschaft als Universitätsstadt – ein Kneipenzentrum. Hier lässt es sich hervorragend nach einer Wanderung einkehren. Zum Beispiel gleich am Zielpunkt in den Stintmarkt oder »Stint«, wie die Einheimischen sagen. Eine hervorragende Adresse für ein Belohnungsbier zum Tourabschluss ist beispielsweise das SCHALLANDER 3, das

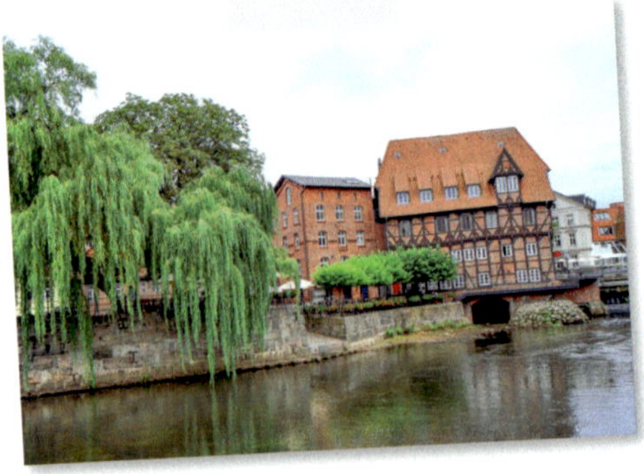

eigentlich ein Restaurant ist. In dem historischen Giebelhaus wird seit 1979 deutsche Küche serviert, und auf der Wasserterrasse direkt an der Ilmenau schmeckt das Bier gleich doppelt gut, während ihr die vorbeiflanierenden Menschen beobachtet. In der Heiligengeiststraße liegt hingegen Lüneburgs Brauzentrum. Zum einen ist hier das Brauhaus Krone, das zum Brauereimuseum gehört, welches sich wiederum im alten Kesselhaus der alten Kronen-Brauerei befindet. Zum anderen ist hier auch das Brauhaus Mälzer beheimatet. Schon 1540 gab es an dieser Stelle eine Brauereigaststätte. In den historischen Gemäuern speist und trinkt man auf ganzen drei Stockwerken.

Einer noch längeren Brauhaustradition rühmt man sich in der Parallelstraße, der Grapengießerstraße. Dort befindet sich das ALTE BRAUHAUS 4, wo man seit 500 Jahren bewirtet wird. Eher ein Geheimtipp, vielleicht auch, weil es etwas außerhalb der Altstadt in der Dahlenburger Landstraße 102 auf der anderen Seite des Bahnhofs liegt, ist das Brauhaus Nolte. 1906 wurden hier erstmals Gäste bewirtet. Heute genießt man abseits des touristischen Treibens der Lüneburger Altstadt im lauschigen Biergarten regionale Genüsse von der Heidschnucke, Schnitzel, die mit Biertreber paniert sind, oder vegane Kohlroulade mit Räuchertofu und Zwiebeln, probiert sich durch die hausgemachten Biere und spült das Ganze mit einem Schnaps – ebenfalls hausgemacht – hinunter.

Wer sich nicht losreißen kann, der kann hier sogar – allerdings nach Voranmeldung – eine Ferienwohnung für bis zu vier Personen mieten und am nächsten Tag noch durchs Ilmenautal und den Wilschenbruch wandern (siehe Tour 23, S. 182). Alle anderen laufen die Dahlenburger Straße zurück in Richtung Altstadt und biegen am Bahnhof einfach rechts ab.

Alles, was ihr wissen müsst

keine Rundtour: gemütliche Wanderung // Immer am Fluss entlang führt der gut begehbare Sandweg bis in die Altstadt von Lüneburg // **kinderwagentauglich**

Markierung: am Fluss orientieren und Text oder GPS nutzen

Entfernung von Hamburg: 56 Kilometer
ÖPNV: RB 31 bis Bardowick, Rückfahrt: RE 3 oder RB 31 ab Lüneburg
Auto: nicht empfehlenswert

Einkehr: **Schallander,** Am Stintmarkt 10, 21335 Lüneburg, schallander.de // **Brauhaus Krone,** Heiligengeiststraße 39–41, 21335 Lüneburg, krone-lueneburg.de // **Brauhaus Mälzer,** Heiligengeiststraße 43, 21335 Lüneburg, maelzerbrauhaus.de // **Altes Brauhaus,** Grapengießerstraße 11, 21335 Lüneburg, brauhaus-lueneburg.de // **Brauhaus Nolte,** Dahlenburger Landstraße 102, 21337 Lüneburg, brauhausnolte.de

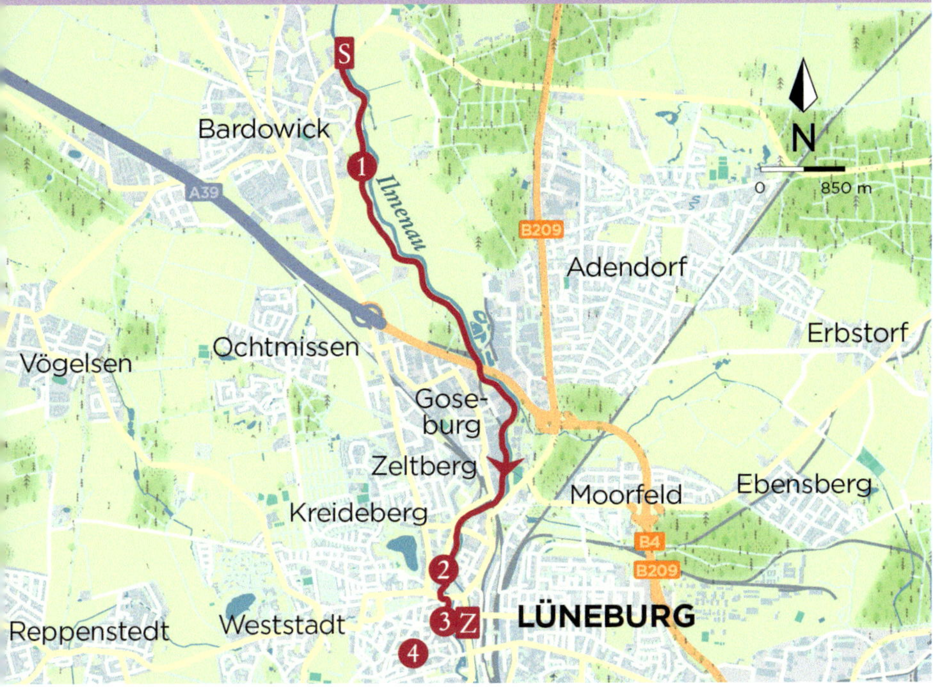

Ein Wochenende in Soltau

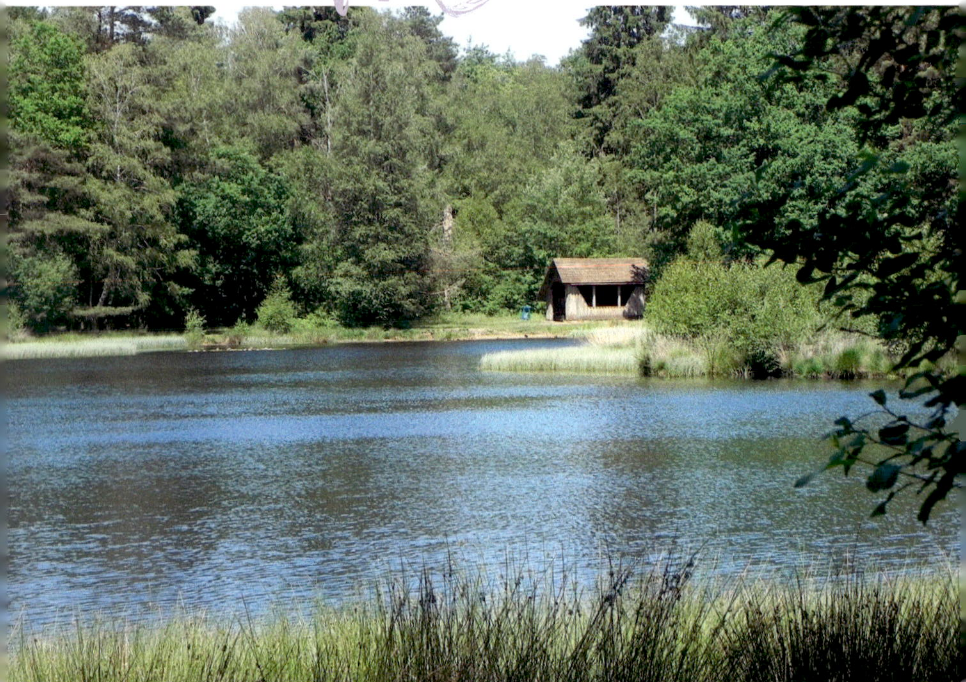

Schwierigkeit: mittel // 14,9 + 7,4 Kilometer // 140 Höhenmeter

Für Familien mit Kindern geeignet

ABSCHALTEN IN DER LÜNEBURGER HEIDE: WANDERN, SHOPPEN, SCHLEMMEN, SCHWIMMEN

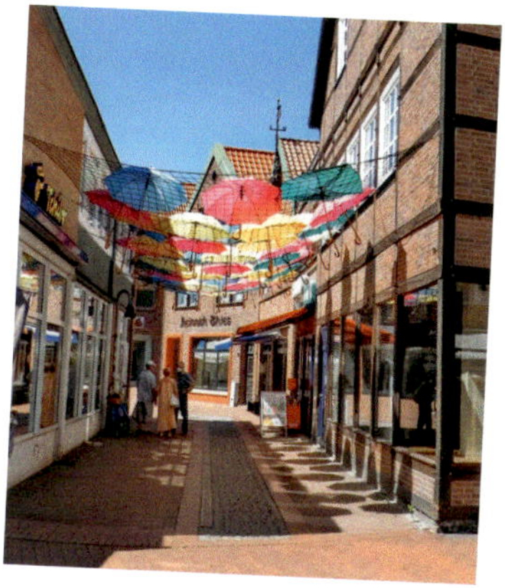

IDYLLISCH: DIE SOLTAUER INNENSTADT

Wer dem Leben in der Stadt übers Wochenende entfliehen und nicht nur wandern möchte, dem sei ein Ausflug nach Soltau in der Lüneburger Heide empfohlen. Neben der Möglichkeit, auf zahlreichen Strecken wandern zu gehen, wovon hier zwei vorgestellt werden sollen, bietet Soltau außerdem die Chance, beim Shoppen die Kreditkarte zum Glühen zu bringen, gutes Essen zu genießen und in der örtlichen Therme die Seele baumeln zu lassen.

Freitag: Wer das Glück hat, in Gleitzeit zu arbeiten, lässt am besten am Mittag den Hammer fallen und versucht, dem Feierabend- und Wochenendverkehr auf Straße und Schiene zu entkommen. Der Bahnhof liegt nahe am Zentrum, das ihr nach einem kurzen Spaziergang erreicht. Das Herz der Stadt bilden die kleine, aber feine Fußgängerzone und der Böhmepark, der nach dem gleichnamigen Fluss benannt ist, der Soltau durchzieht. Nach dem Einchecken im Hotel bieten sich beide zum Erkunden an. Oder ihr fahrt ins Outletcenter Soltau, das an der Autobahnabfahrt Soltau-Ost liegt und deckt euch dort bei einem Shoppingbummel in den mehr als 80 Geschäften ein. Shoppen macht hungrig. Da trifft es sich gut, dass es in Soltau eine reichhaltige Auswahl kulinarischer Köstlichkeiten gibt. So zum Beispiel bürgerliche Küche im Gasthaus am Ebsmoor, das zum Campingplatz Röders Park gehört. Wer es lieber mediterran mag, wird im Don Camillo oder dem Delphi fündig. Im Grillhaus kommen Freunde von Fleisch und Fisch in großen Portionen auf ihre Kosten, und die etwas außerhalb gelegene Heidepension überrascht gar mit bulgarischen Spezialitäten. Um wirklich nur einige zu nennen …

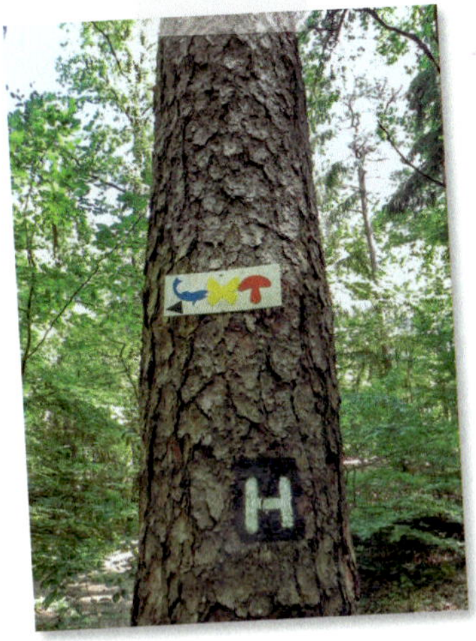

TAG 1: *SAMSTAG // 14,9 KM*

Heute sollte ausgiebig gefrühstückt werden, denn 14,9 Kilometer auf dem Wanderweg »Tanne« stehen an. Dabei gibt es keine Möglichkeit zur Einkehr. »Tanne« ist einer von sechs gut ausgeschilderten Wanderwegen, die im Zentrum von Soltau beginnen und enden. Piktogramme in der Form des jeweiligen Wegnamen (Tanne, Pilz, Eichhörnchen, Schmetterling, Forelle, Hase) weisen den Wandersleuten hier die Richtung, sodass es eigentlich überflüssig ist, sich auf das GPS-System des Smartphones zu verlassen, das hier sowieso häufiger keinen Empfang hat.

Auf dem Weg zum Startpunkt auf dem Parkplatz der Therme bietet sich ein Abstecher in die Fußgängerzone an, denn hier ist am Samstagvormittag Wochenmarkt, und nichts schmeckt besser als eine Jause oder Brotzeit, die aus Landbrot vom hiesigen Bäcker und Würsten sowie Käse von regionalen Anbietern besteht.

Vom Parkplatz führt der Weg hinter der Therme in den Wald. Die erste bemerkenswerte Station ist der HELDENHAIN 1, wo in Soltau am Volkstrauertag der Toten gedacht wird und der in jüngerer Vergangenheit eine Aufforstung – unter anderem durch die Jugendfeuerwehr und das THW – erfuhr. Uns bleibt aber wenig Zeit zur inneren Einkehr, denn wir befinden uns noch ganz am Anfang der Strecke, die uns, am Vereinsgelände des SV Soltau vorbei, an die Winsener Straße führt, der wir kurz folgen, bis auf der gegenüberliegenden Startseite der Kantweg abzweigt, an dessen Ende der Wald wieder beginnt. Hier ist der einzige Punkt, an dem der Wanderweg nicht ganz ideal ausgeschildert ist. Wer aber dem Wegweiser zum Löns-Stein folgt, wird bald das nächste Tannensymbol entdecken. Der Findling selbst ist eigentlich kaum eine Bemerkung wert, allerdings ist er das älteste Löns-Denkmal Deutschlands und wurde 1919

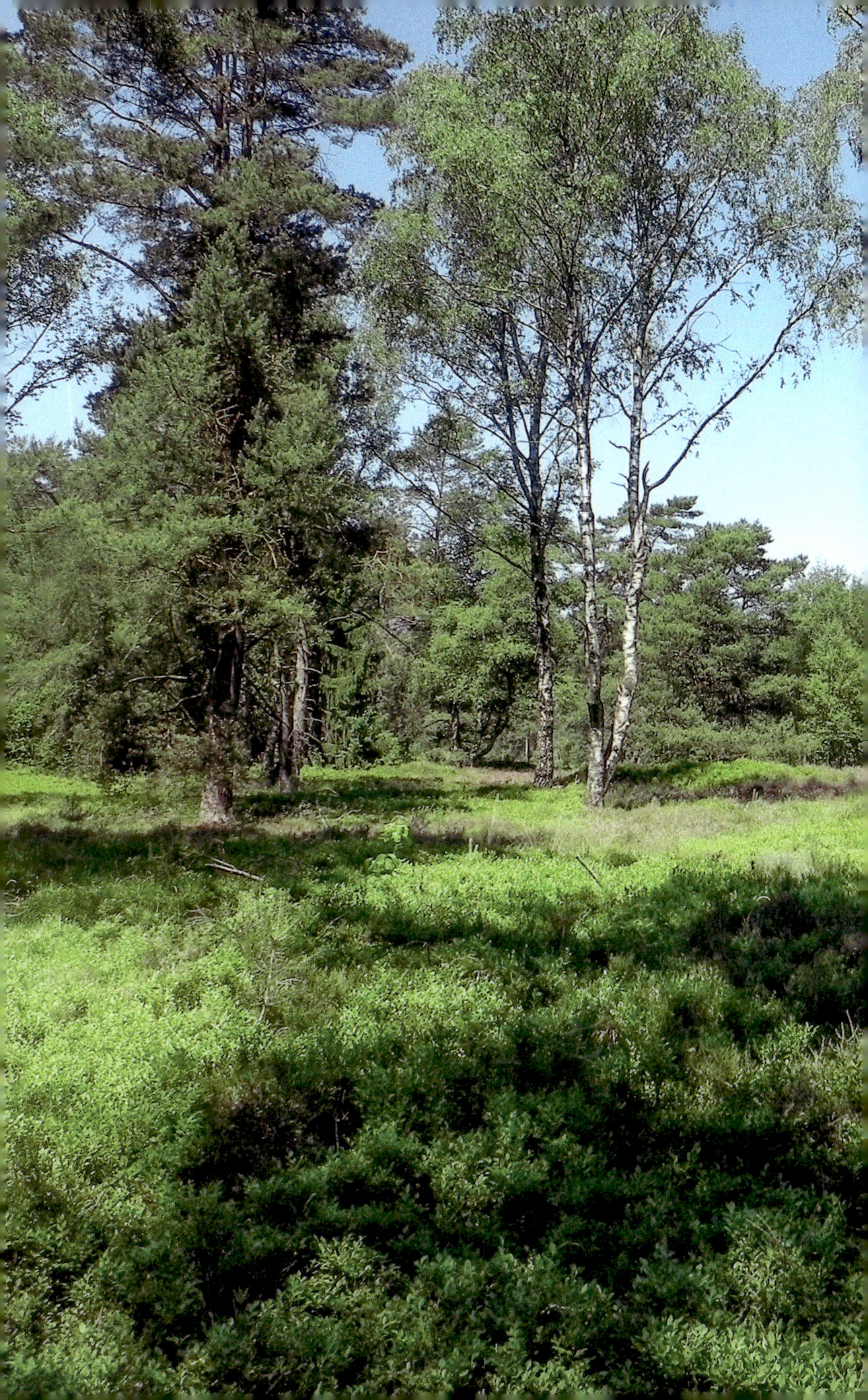

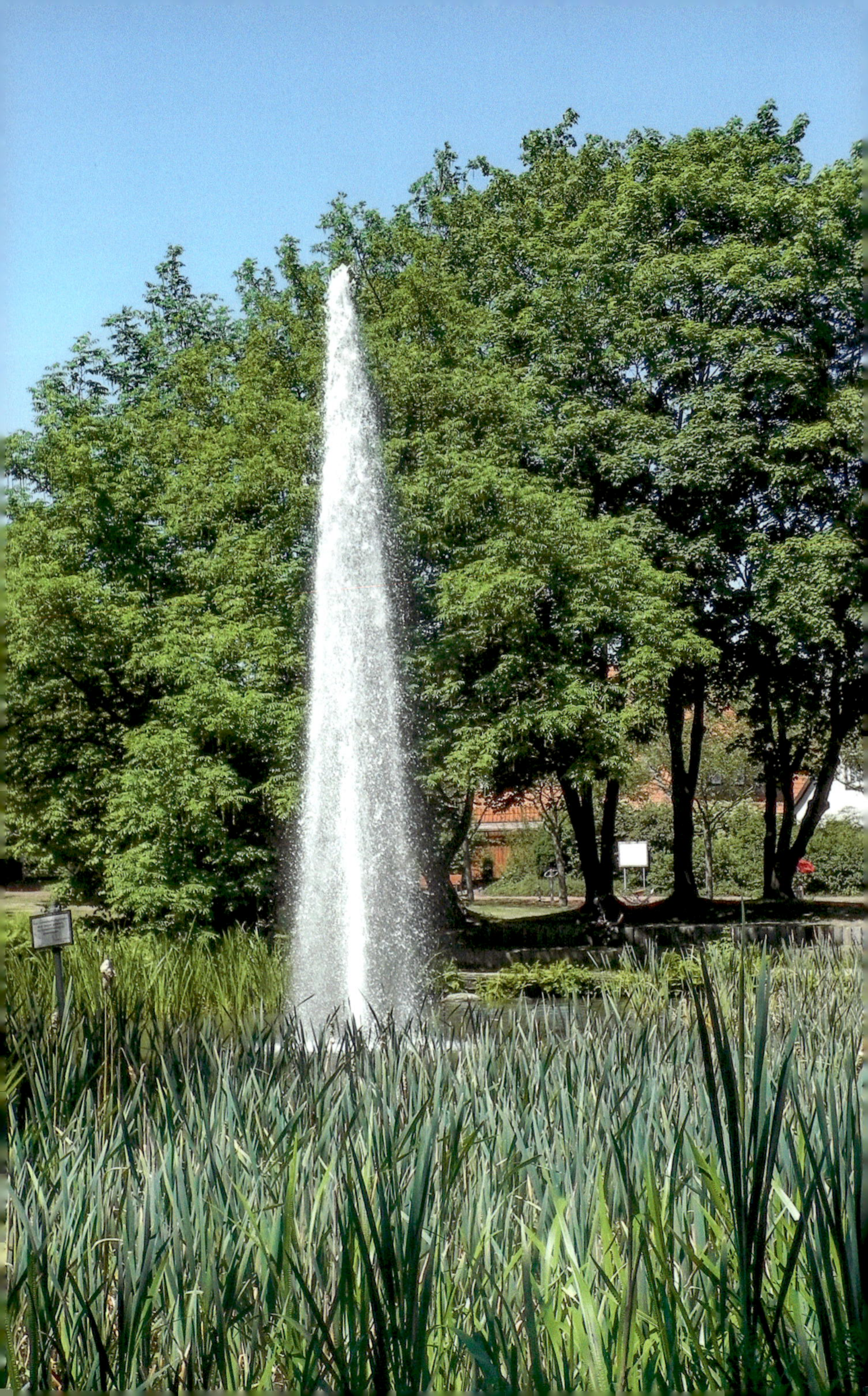

zum fünften Todestag des Heimatdichters eingeweiht.
Von hier geht es weiter in Richtung der Schienen der Heidebahn, an denen ihr euch links halten müsst, um sie beim Bahnübergang Oeninger Weg zu überqueren. Allerdings lohnt es sich, hier anzuhalten, denn direkt an besagtem Bahnübergang befindet sich die NS-Opfer-Gedenkstätte SOLTAUER MAHNMAL 2. Bevor die Stadt durch alliierte Truppen im April 1945 befreit wurde, kam es zu einem Verbrechen an KZ-Häftlingen, die sich hier aus einem zerbombten Güterzug hatten befreien können. Anschließend wurden mehr als 90 von ihnen durch Angehörige der Wehrmacht, SS, die örtliche Hitlerjugend und auch von Soltauer Bürgern verfolgt, gefangen und anschließend erschlagen beziehungsweise erschossen. Zur Erinnerung an diese in Soltau ermordeten Menschen wurde 2007 nahe der Tötungsstelle ein Mahnmal errichtet, das nicht zufällig an das Berliner Holocaust-Mahnmal erinnert.

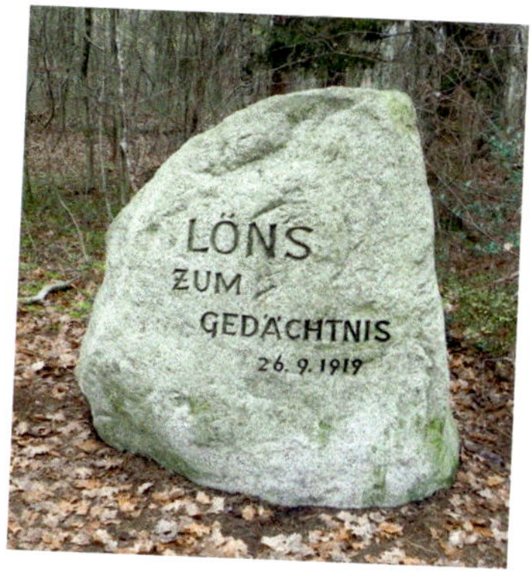

DER LÖHNS-GEDENKSTEIN VON 1919

DIE ACHT STELEN AUS BETON HAT DER AMERIKANISCHE ARCHITEKT PETER EISENMAN ENTWORFEN. ES HANDELT SICH UM DIE MUSTERSTELEN FÜR DIE 2.711 EXEMPLARE, DIE DAS STELENFELD IN DER HAUPTSTADT BILDEN UND AUS DENEN DIE STADT SOLTAU IHR MAHNMAL ZUR ERINNERUNG AN DIE OPFER DES NS-REGIMES ERRICHTET HAT.

Ab dem Bahnübergang geht es erst mal weiter geradeaus durch den Nadel- und Birkenwald. Bald kreuzt hier ein breiter Waldweg, doch ihr lauft weiter geradeaus, in Richtung der Großen Aue, die ein Nebenfluss der Böhme ist und die Hohe Heide entwässert. Hier kann man, wenn man Glück hat, Fischotter in freier Wildbahn beobachten. An der Bahnstrecke biegt ihr rechts ab in Richtung der Steinfabrik und lauft dann, nachdem ihr die Schienen überquert habt, auf dem Weg in Richtung der Straße An der Steinfabrik, der ihr folgt, bis nach einem kleinen Waldstück unvermittelt wieder ein Tannensymbol auftaucht, das dazu auffordert, einem Feldweg zu folgen, der in Richtung B 71 führt, die es zu überqueren gilt. Weiter geht es auf einem Feldweg an Feld und Wald vorbei nach Tiegen, einer kleinen Gemeinde, die zu Soltau gehört. Hier führt die Route immer geradeaus durch ein Wohngebiet bis zum Wischengrund, dem ihr rechter Hand folgt, um nach wenigen Metern links auf die Tiegener Straße zu biegen und ihr zu folgen, bis sie in einen Waldweg übergeht. Hier wechselt nun das Terrain zwischen Wäldern und Feldern. Ihr wandert durch teilweise malerisches Panorama. In Weiher beginnt

Startpunkt der Tour am Sonntag: das Café Chocolat, wo ihr euch vor oder nach der Tour direkt stärken könnt

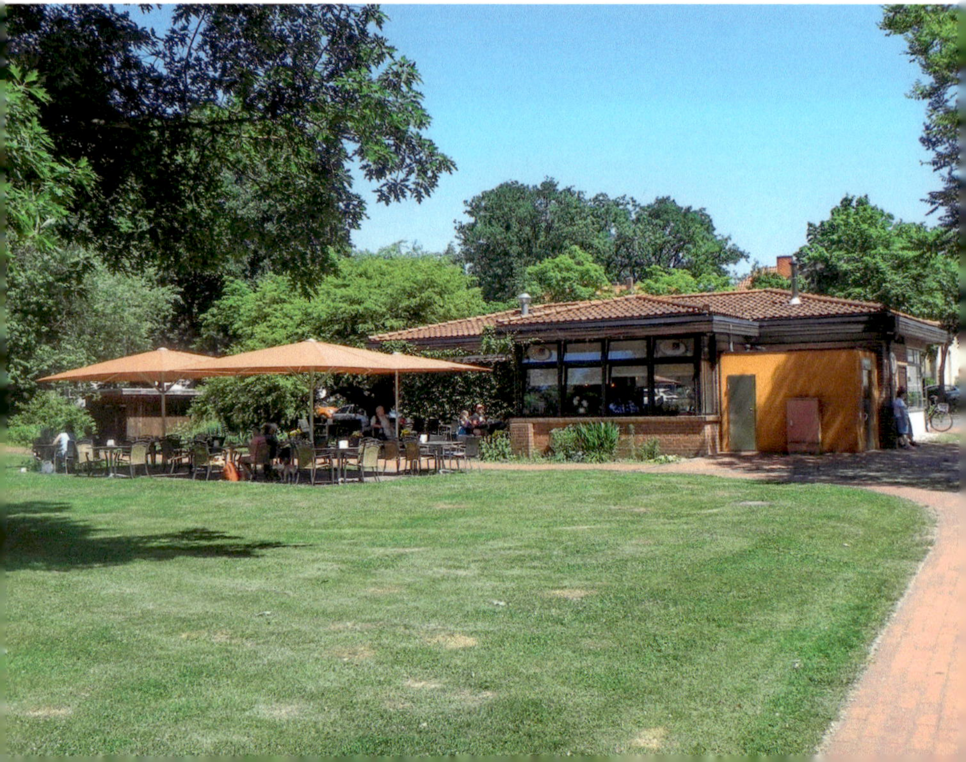

wieder die »Zivilisation«, und es gilt, die Celler Straße/B 3 zu überqueren, um in Richtung Tetendorf zu gelangen, wo die Große Aue in die Böhme mündet. Ihr lauft nun flussaufwärts in Richtung Soltau und kommt an BREIDINGS GARTEN 3 vorbei, der im 19. Jahrhundert von der Großindustriellen- und Kaufmannsfamilie Röder angelegt wurde. Heute wird er durch den Verein Breidings Garten und die dazugehörige Stiftung gepflegt und lohnt definitiv einen kleinen Abstecher. Insbesondere Gartenfreunde werden hier auf ihre Kosten kommen. Und wenn ihr Kultur liebt, informiert euch vorher über Veranstaltungen, denn der Außenbereich der Villa wird auch für Theater-, Oper- und Musikaufführungen genutzt. Auch ein schönes Programm für euren Abend in Soltau.

RUND UM DIE VILLA IN BREIDINGS GARTEN GIBT ES EINEN LANDSCHAFTSPARK NACH ENGLISCHEM VORBILD, FISCH- UND ZIERTEICHE, WALD- UND MOORFLÄCHEN, EINEN BAUERNHOF MIT OBSTWIESE UND SOGAR TENNISPLÄTZE. DAS GANZE ENSEMBLE STEHT UNTER DENKMALSCHUTZ UND IST EXPERTEN ZUFOLGE EINZIGARTIG IN NIEDERSACHSEN.

Ihr trefft danach auf die Charlottenstraße, die ins Stadtzentrum von Soltau führt. Nun bedarf es nur noch eines kurzen Stück Weges durch den Böhmepark, um ans Ziel zu gelangen und sich für die zurückgelegte Strecke zu belohnen, zum Beispiel mit einem großen Eisbecher oder einer Waffel im Eiscafé Martini. Wer dann noch Lust auf Kultur hat, findet in der Poststraße gleich zwei Museen: einmal das Museum Soltau in der Nummer 11 und das Spielmuseum in der Nummer 7.

SONNTAG // 7,4 KM

Keine Unterkunft mit Frühstück gebucht? Dann ist das Café Chocolat einen Besuch wert, wo es leckeres und reichhaltiges Frühstück

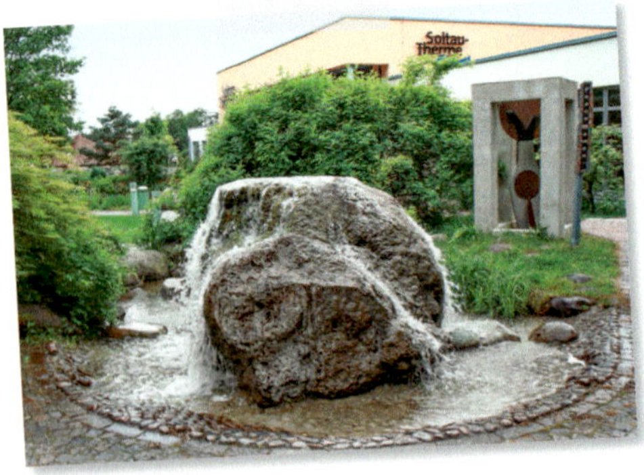

gibt (und übrigens auch fantastische Kuchen und Torten). Am Café befindet sich außerdem der Start- und Endpunkt der heutigen Route des Wanderweges Schmetterling, der einen entspannten Sonntagsspaziergang darstellt. Der Weg führt zu Beginn an der Böhme entlang. An der Therme vorbei geht es in Richtung des Röders' Park/Halifax. Dieser liegt genau auf dem 53. Breitengrad und ist eine schöne, alte Teich- und Parkanlage. Von hier geht es in Richtung Bundesstraße 3, die ihr überquert, um über die Straße Ebsmoor das Landschaftsschutzgebiet Ahlftener Flatt zu erreichen, das südwestlich der Ortschaft Ahlften liegt. Beim Ahlftener Flatt handelt es sich um einen Heideweiher, der sich in einer Windausblasungsmulde aus der letzten Eiszeit gebildet hat und wo Vogelbeobachter mit etwas Glück seltene Wasservögel entdecken und müde Wanderer im Sommer zur Erfrischung die Füße ins Wasser halten können. Am Ahlftener Flatt befindet sich neben zahlreichen Bänken auch ein überdachter Rastplatz, der ideal für eine kleine Pause ist. Die nächste Station ist das Wasserwerk mit dem Waldwasserlehrpfad. Von hier geht es bereits wieder auf befestigtes Geläuf, durch Wohngebiete führt der Weg zurück zum Böhmepark.

Zum Abschluss des Heidewochenendes lädt die SOLTAUER THERME 4 zu einem Besuch ein, um vor der Heimfahrt noch einmal den Akku aufzuladen. Hier findet jeder seinen persönlichen Badespaß, sowohl innen als auch außen. Neben dem Schwimmbad mit seiner 82 Meter langen Riesenrutsche gibt es hier auch eine Sole mit Thermalwasser, das aus mehr als 200 Meter Tiefe gefördert wird und mit einem Salzgehalt von fast 30 Prozent einen Mineralgehalt wie das Tote Meer erreicht. Eine Sauna und Wellnessbehandlungen runden das Angebot und auch das erlebnisreiche Wanderwochenende ab.

Alles, was ihr wissen müsst

Rundtour: gemütliche Zweitagestour // keine besonderen Anforderungen // festes Schuhwerk für Tag 1 nötig // **nicht kinderwagentauglich**

Markierung: Piktogramm mit Tanne beziehungsweise Schmetterling

Entfernung von Hamburg: 76 Kilometer
ÖPNV: RB 41 bis Buchholz, dann RB 38 bis Soltau (Shuttle für Abholung am Bahnhof unter 0171/2865099 mit 20 Minuten Vorlauf)
Auto: Parkplatz, Scheibenstraße 11, 29614 Soltau

Einkehr: **Übernachtung: Hotel Restaurant Zum Postillion,** Bergstraße 10, 29614 Soltau // **Gasthaus am Ebsmoor,** Ebsmoor 8, 29614 Soltau, roeders-park.de/gasthaus // **Don Camillo,** Hagen 9, 29614 Soltau, doncamilloesandrone.de // **Restaurant Delphi,** Wilhelmstraße 4, 29614 Soltau, delphi-soltau.de // **Heidepension,** Winsener Straße 67, 29614 Soltau, heidepension-soltau.de

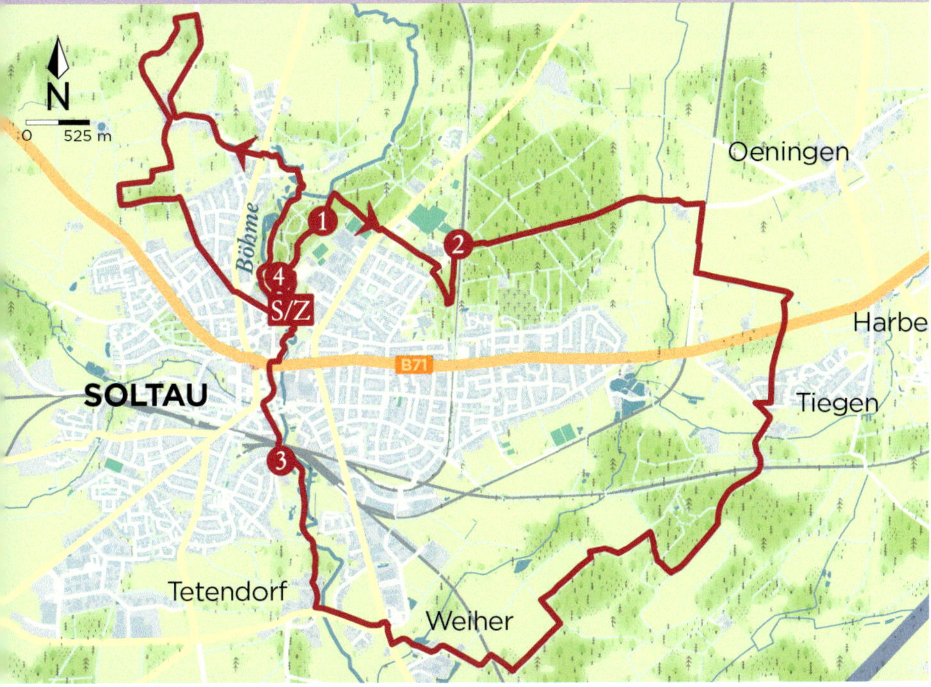

Bibliographische Informationen der Deutschen Nationalbibliothek:
Die Deutsche Nationalbibliothek verzeichnet diese Publikation
in der Deutschen Nationalbibliografie; detaillierte bibliografische Daten
sind im Internet über http://dnb.d-nb.e abrufbar.

MIX
Papier | Fördert gute Waldnutzung
FSC® C083411
FSC www.fsc.org

© Bilder: Philipp Markhardt, außer: S. 6: shutterstock/Samoli, S. 8: shutterstock/chriss73, S. 14: mauritius images/Joachim Jockschat, S. 19: shutterstock/LianeM, S. 23: Pixabay, S. 25: shutterstock/Oliver Hoffmann, S. 26: mauritius images/Torsten Krüger, S. 30: shutterstock/Alexander Schmitz, S. 32: shutterstock/TheUrbanwinner, S. 33; 34: shutterstock/MSchelhorn, S. 38: Adobe Stock/Carl-Jürgen Bautsch, S. 40: shutterstock/Heide Pinkall, S. 42; 44; 95: shutterstock/Andreas Rose, S. 55: Adobe Stock/Elke Hötzel, S. 62; 121: Adobe Stock/Biker, S. 63: Wikimedia Commons/Textundblog, S. 67: shutterstock/Danita Delimont, S. 70: shutterstock/Steidi, S. 71: shutterstock/Sandra Lorenzen-Mueller, S. 72: Pixabay, S. 73: Wikimedia Commons/Aeroid_Karlstein_(Ost), S. 76: shutterstock/Zingan, S. 80: Pixabay, S. 94: Adobe Stock/KlausMJan, S. 97; 102; 178: shutterstock/sweasy, S. 98: shutterstock/Jan Bargmann, S. 99: shutterstock/Fra.p, S. 100: Adobe Stock/Maren Konitzer, S. 104: mauritius images/Dirk Renckhoff/Alamy, S. 105: mauritius images/Panther Media GmbH/Alamy, S. 110; 111: shutterstock/Andreas Krumwiede, S. 114: Freilichtmuseum Kiekeberg, S. 115: Pixabay, S. 116: Wikimedia Commons/Matteo.Elias, S.118: Adobe Stock/Thomas, S. 119: shutterstock/Tomas Konopasek, S. 120: shutterstock/locrifa, S. 122: Wikimedia Commons/flamenc, S. 123: mauritius images/Gerken & Ernst/imageBROKER, S. 131: Pixabay, S. 134: Adobe Stock/rainerkerber, S. 139: Pixabay, S. 140: mauritius images/McPHOTO, S. 144: Pixabay, S. 161: shutterstock/Chantal de Bruijne, S. 168: shutterstock/Reinhold Wittich, S. 174: shutterstock/Ralf Gosch, S. 177: shutterstock/Fabian Steffens, S. 179: Adobe Stock/Matthias Krüttgen, S. 182: mauritius images/Jochen Tack/Alamy, S. 186: shutterstock/Olaf Simon, S. 188: shutterstock/Marc Venema, S. 191: shutterstock/Sven Boettcher, S. 196: Pixabay
Umschlaggestaltung: Nina Schäfer
Umschlagmotiv: shutterstock.com/everst
Layout: Editorial Design & Artdirection, Conny Laue, Bochum,
nach einem Konzept von Nina Schäfer
Kartografie: Altan Cicek, altancicek.design, www.altancicek.de

Druck und Bindung: CPI – Clausen & Bosse, Leck
Printed in Germany 2022
ISBN 978-3-7408-1815-9
Aktualisierte und überarbeitete Neuauflage September 2022